U0633029

土地权利和利益视角下的
农村集体建设用地流转研究

Tudi Quanli he Liyi Shijiaoxia de
Nongcun Jiti Jianshe Yongdi Liuzhuan Yanjiu

陈元红　刘冬春 /著

经济科学出版社
Economic Science Press

图书在版编目（CIP）数据

土地权利和利益视角下的农村集体建设用地
流转研究/陈元红，刘冬春著. —北京：经济
科学出版社，2015.11
ISBN 978 - 7 - 5141 - 6389 - 6

Ⅰ.①土… Ⅱ.①陈…②刘… Ⅲ.①农业用地 -
土地流转 - 研究 - 湖南省 Ⅳ.①F321.1

中国版本图书馆 CIP 数据核字（2015）第 298974 号

责任编辑：李 雪
责任校对：刘 昕
责任印制：邱 天

土地权利和利益视角下的农村集体建设用地流转研究
陈元红 刘冬春 著
经济科学出版社出版、发行 新华书店经销
社址：北京市海淀区阜成路甲 28 号 邮编：100142
总编部电话：010 - 88191217 发行部电话：010 - 88191522
网址：www. esp. com. cn
电子邮件：esp@ esp. com. cn
天猫网店：经济科学出版社旗舰店
网址：http://jjkxcbs. tmall. com
固安华明印业有限公司印装
710 × 1000 16 开 17.5 印张 260000 字
2016 年 2 月第 1 版 2016 年 2 月第 1 次印刷
ISBN 978 - 7 - 5141 - 6389 - 6 定价：62.00 元
（图书出现印装问题，本社负责调换。电话：010 - 88191502）
（版权所有 侵权必究 举报电话：010 - 88191586
电子邮箱：dbts@ esp. com. cn）

前　　言

　　随着统筹城乡发展政策的推出，农村集体土地制度再次成为农村改革发展的关键问题之一。集体土地所有制存在的产权主体虚置、权能不全等固有的缺陷，已经成为合理配置稀缺的农村土地资源的主要障碍，降低了农村土地资源配置的效率。从农民的角度来看，由于产权不清晰、权能残缺，农村土地（特别是集体建设用地）不能直接进入市场交易，使农民手上的土地不能转化为财富和资本，而是变成了"鸡肋"。因此，目前的农村集体土地制度是一种既不公平，又缺乏效率的制度安排。中国农村要进一步发展，亟待增加创新性的土地制度供给。研究农村土地流转，探讨相关制度创新，或许可以成为撬动农村土地制度供给的有力杠杆。

　　农村土地按用途可分为农用地、建设用地和未利用地三大类。农村集体建设用地，无论是有形的地块还是无形的利益，都是连接城市与农村的敏感地带。利益集团对农村集体建设用地的争夺，已经引发了各种社会问题，甚至社会危机。因此，研究农村集体建设用地流转问题，可以说是直接踏入了农村土地制度核心而敏感的领域。我们希望能够拨开利益争夺的迷雾，探索出一条农村集体建设用地市场化流转的途径，从而诱致整个农村集体土地制度的变迁，实现农村土地制度安排的公平与效率。

近年来，随着城镇化进程的加快，城镇建设用地需求扩大、供给紧张，成为制约城镇化进一步发展的关键因素。而农村集体所有的土地，由于目前土地法规的限制，无法直接进入城镇土地市场。即使是已经办理了合法建设用地转用手续的存量农村集体建设用地，除用地单位破产倒闭等情形外，也被限制流转，更无法直接进入城镇建设用地市场，导致大量的存量农村集体建设用地闲置浪费。这个矛盾反映了目前农村土地制度与管理法规已经严重脱离了农村经济和社会发展的现实要求。尽管存在诸多法规限制，但农村集体建设用地使用权的流转已在各地试水，其结果已显示出其在加强农民的土地权利、缓解城镇建设用地供求矛盾起到了重要的作用。

本书主要通过对农村集体建设用地流转的研究，探索合理高效配置农村集体建设用地资源的方式、方法和途径，提出提高农村集体建设用地资源的利用效率、保护农民土地流转权益以及促进统筹城乡发展等方面具操作性的对策建议。同时还将提出加强农村集体建设用地管理的操作规范，引导农村集体建设用地合理、有序流转。

本书的主要内容来自作者承担的湖南省国土资源厅的一项委托研究课题的研究成果。根据委托研究协议的要求，本课题侧重于实地调查与政策研究。但基于农村土地问题的复杂性，我们在研究过程中也做了相应的理论探讨。我们在遵循从实际出发、尊重常识、独立思考的原则的基础上，提出了一些新的观点和政策主张，不当之处，希望读者提出批评建议。

陈元红

2015 年 12 月 18 日于长沙中南林业科技大学

目　　录

第一章

导　论

一、研究目的

近年来，随着城镇化进程的加快，城镇建设用地需求扩大、供给紧张，成为制约城镇化进一步发展的关键因素。而农村集体所有的土地，由于目前的土地法规的限制，无法直接进入城镇建设用地市场。即使是已经办理了合法建设用地转用手续的存量农村集体建设用地，除用地单位破产倒闭的情形外，也被限制流转，不能直接进入城镇建设用地市场，这导致大量的存量农村集体建设用地闲置浪费。而对于农民而言，由于集体建设用地不能入市交易，无法通过市场发现并实现其价值，导致农民利益受损。因此，目前农村集体建设用地的非市场化配置已显现出公平与效率的双重缺失。

本书从集体建设用地的权利、利益和市场三个维度来研究集体建设用地的市场化配置问题，试图找到解决目前集体建设用地公平与效率的双重缺失的方法和途径。本书的目的是：通过对农村集体建设用地流转现状的研究，理清目前农村集体建设用地流转的方式、规模、绩效与机理，以及流转中存在的主要问题，探讨规范农村集体建设用地流转的方式、方法，为加强农村集体建设用地流转管理提供依据。

二、研究范围

本书以"农村集体建设用地及其流转"为研究对象。

根据 2004 年版《中华人民共和国土地管理法》第四条的规定，土地按其用途分为：农用地、建设用地和未利用地。其中建设用地是指用于建造建筑物、构筑物的土地。建设用地按其所处区域又可分为城市建设用地和农村建设用地；按其所有权的不同可分为国有建设用地和集体建设用地；按是否办理了相关法律手续可分为合法建设用地和违法建设用地；按其用途可分为公益性建设用地和经营性建设用地。

农村集体建设用地是指在农村地区的用于非农建设的土地，按其用途包括三大类：农村集体经营性建设用地、农村集体公益性建设用地和宅基地。农村集体经营现建设用地主要是乡（镇）企业用地和其他企业使用的农村集体所有的土地；农村公益性建设用地包括农村公共设施建设和公益事业单位用地；宅基地指农民住宅建设用地。

本书所研究的"农村集体建设用地"包括属于农民集体所有的除农村公共设施用地以外的上述三类用地，分别称为：农村经营性建设用地、农村公益性建设用地和宅基地。本课题研究的对象为"事实上的农村集体建设用地"，即不论是否办理了相关的法律手续，只要是目前事实上已兴建了建筑物和构筑物的土地，也就是农村实际用于非农建设的土地。

三、研究内容

1. 农村存量集体建设用地的来源

农村集体建设用地的存量分两个部分：一是有合法手续的集体

建设用地；二是没有合法手续但作为建设用地使用的"事实上的集体建设用地"。

"事实上的集体建设用地"的存量主要有三个时期：一是1987年前，即《土地管理法》出台以前农民集体或农民兴办企业和公益事业占用的土地，一般没有合法手续的，没有土地使用权证的建设用地；二是1987～1998年《土地管理法实施细则》出台前，农民集体或农民兴办企业和公益事业占用土地，只有部分办理了农地转用手续，取得土地使用权证；三是1998年后农民集体或农民用各种合法和不合法的形式占用的土地，部分办理了农用地转用手续，大多数没有合法的用地手续，如以国土部门签发的"临时占用耕地许可证"等占用耕地建设永久性建筑，形成事实上的建设用地。本课题在此基础上厘清农村"事实上的集体建设地"的大致数量及结构（性质、合法性等）。

2. 农村集体建设用地流转的现状

我们把农村集体建设用地流转的方式分为两种基本的类型：初次流转和再流转。初次流转是指把农用地转变为建设用地自用或出租出让给他人使用。再流转的方式包括出让、出租、作价入股、合作、抵押。本书研究农村集体建设用地流转的方式、各种流转方式所占的大致比重、各种流转方式的价格以及流转收益的分配。

3. 农村集体建设用地流转对各利益相关方的影响

笔者从以下几个方面考查目前农村集体建设用地流转的各利益相关方的影响：一是流转给农民、农民集体、农村基层组织（村委会）三个方面带来的收益；二是流转给流入企业带来的方便与收益；三是流转给地方政府带来的收益；四是流转的社会效益。由于数据收集的不完整性和收集困难，只能用案例数据做案例定量分析，同时通过对农村基层干部和农民的访谈来定性描述。

4. 农村集体建设用地流转的机理

我们尝试从各个利益主体的权利、利益与市场三个维度来分析探讨农村集体建设用地流转的机理。我们通过对实地调研资料的分析和对与基层干部、农民的讨论的梳理，致力于了解农村集体建设用地流转各利益攸关方的权利与利益是如何达到均衡，破解农村集体建设用地流转的机理，从而为我们今后规范农村集体建设用地流转找到一把钥匙。农村集体建设用地流转又是建立在供给和需求的基础上的，权利与利益的均衡要通过交换来实现，市场的力量和权利的力量是达成供求均衡的两个主要因素，这种特殊的交易结构构成农村集体建设用地流转的特有机理。

5. 农村集体建设用地流转的矛盾冲突及其原因

我们分两个层次来分析农村集体建设用地流转中的矛盾冲突：一是表层的矛盾冲突，如农村集体建设用地流转中的腐败问题、社会群体事件、违法流转问题等。二是深层次的矛盾冲突，包括农民土地权利保障、各利益攸关方的利益分配与平衡、土地法制缺陷等方面。同时通过实地调研分析，探讨产生这些矛盾冲突的原因。

6. 规范农村集体建设用地流转的方法与政策建议

在理清农村集体建设用地流转的相关问题后，我们提出了规范农村集体建设用地流转的基本思路，在此基础上探讨规范农村集体建设用地流转的方式、方法，为加强我省农村集体建设用地流转管理提供政策建议。

四、研究方法

1. 实地调研

本书采取全面调查、典型调查和抽样调查相结合的调研方法。

全面调查：为了摸清农村集体建设用地及其流转的基本情况，我们对湖南省内3个县共6个村（或社区）的集体建设用地进行了全面调查。这6个村（或社区）分别是：长沙县果园镇杨泗庙社区、光明村，湘潭县易俗河镇樟树村、杨溪村，靖州县太阳坪镇八村、太阳坪村。此项调研共涉及集体建设用地 51 宗，其中经营性集体建设用地 32 宗，公益性集体建设用地 19 宗。此项调查在 2014 年 7 月 12 日至 8 月 25 日完成。

典型调查：典型调查集中于建设用地流转典型案例调查。此项调研涉及四个乡镇（长沙县果园镇、湘潭县易俗河镇、桃江县鸬鹚渡镇、靖州县太阳坪镇）范围内的建设用地流转典型案例，包括经营性集体建设用地流转案例、公益性集体建设用地流转案例和宅基地流转典型案例。同时还选取广东省东莞市厚街镇、江苏芜湖市吴中区临湖镇作为外省典型调研点。调研采取面上调研资料收集和案例调研相结合的方法。外省调研点因面上资料收集困难，我们采取以案例调研为主。典型区域调查主要调研农村集体建设用地流转的大致情况，对村组干部进行了访谈，并对个案进行分析，以探明其流转的内在机理和基本规律。对长沙县果园镇、湘潭县易俗河镇、靖州县太阳坪镇的典型案例调查在 2014 年 7 月 12 日至 8 月 25 日完成；对桃江县鸬鹚渡镇和广东省东莞市厚街镇、江苏芜湖市吴中区临湖镇的调查在 2015 年 2 月完成。

抽样调查：抽样调查涉及 3 个方面：农户抽样调查、村干部抽样调查和经营性集体建设用地单位抽样调查。一是农户抽样调查。调查范围包括长沙县果园镇、湘潭县易俗河镇、靖州县太阳坪镇的 6 个村（社区）内农户按 5% 左右的比例进行抽样，对抽样农户进行实地问卷调查，主要从客观和主观两个方面了解农民对于农村建设用地的主观看法和农村建设用地流转的实际情况。该项调研共访谈农户 206 户，取得调查问卷 206 份，其中，长沙县果园镇杨泗庙社区 48 户、光明村 38 户，湘潭县易俗河镇樟树村 40 户、杨溪村 41 户，靖州县太阳坪镇村 21 户、八龙村 18 户。二是村干部抽样调查。此项调查涉及长沙县果园镇、湘潭县易俗河镇、靖州县太阳坪镇，共抽样调查调查村干部 22 人。三是经营性集体建设用地单位抽样调查。随机抽样调查集体经营性建设用地单位 34 家，包括长沙县果园镇 12 家、挑江县鸬鹚渡镇 10 家、湘潭县易俗河镇 8 家、靖州县太阳坪镇 4 家。这三项调研分别简称为"农户抽样调查"、"村干部抽样调查"和"用地单位抽样调查"。对长沙县果园镇、湘潭县易俗河镇、靖州县太阳坪镇的调查在 2014 年 7 月 12 日至 8 月 25 日完成，对挑江县鸬鹚渡镇的调查在 2015 年 2 月完成。

调查资料的分析处理方法：抽样调查数据采 SPSS 17.0 和 Excel 软件进行统计分析；典型调研案例则采用课题组讨论和召开研讨会的形式进行分析研究。本书研究结论秉持以数据和事实为依据，力求反映事物的本来面目和内在运行机理。

2. 文献资料研究

文献资料研究包括两个方面：一方面是农村集体建设用地流转研究文献收集与研究，在此基础上编制了《农村集体建设用地流转研究综述》；另一方面是对国家和各省市有关农村集体建设用地流转的政策法规的收集与比较分析，编制了《农村集体土地地流转政策法规汇编》。通过对文献资料的研究，基本了解全国各地农村集体建设用地流转的情况、理论探讨情况以及各地相关政策的异同。

3. 研讨会

为了了解县乡干部对于农村集体建设用地流转的看法与规范管理的建议，课题组分别在长沙县、桃江县和湘潭县召开了县国土资源局有关股室领导、典型调研乡镇主管副镇长及部分用地单位领导参加的座谈会，在课题组汇报调研情况的基础上，听取他们对于农村集体建设用地流转情况及如何规范管理的意见和建议。

五、相关概念的定义

（1）农村集体建设用地：指事实上用于建造建筑物和构筑物的农民集体所有的土地，包括乡镇企业及其他企业用地、乡（镇）村公共设施和公益事业用地、农村村民住宅用地等三类乡村建设所使用的农民集体所有的土地。本书中所指的"农村集体建设用地"是指目前上述三类事实上用于非农建设的用地。

（2）农村宅基地：指用于农村村民住宅建设的农民集体所有的土地。

（3）集体建设用地流转：指在集体建设用地所有权不变的前提下，集体建设用地使用权以有偿方式发生转移、再转移的行为，包括出让、出租、转让、转租、抵押等。

（4）集体建设用地初次流转与再次流转：初次流转是指集体土地所有者或（农民）把农地或未利用地（办理或未办理建设用地转用手续后）出让、出租给土地使用者的行为（留作自用和作价出资入股的视同出让）；初次流转是土地功能和土地权利的流转，是增量集体建设用地的主要来源。再次流转是指集体建设用地初次流转后，土地使用者将集体建设用地使用权转让、转租、抵押给第三方的行为；再次流转是土地权利在不同使用者之间的流转，是存量建设用地的流转。

（5）集体建设用地使用权出让：指集体建设用地所有者将一定期限的建设用地使用权让与土地使用者，并由土地使用者向集体建设用地所有者支付价款的行为。集体建设用地所有者以集体土地使用权作价入股兴办乡镇企业或农民集体自己兴办企业的，视同集体建设用地使用权出让。

（6）集体建设用地使用权出租：指集体土地所有者或使用权人作为出租人将集体建设用地使用权在一定期限内出租给承租人使用，由承租人向出租人支付租金的行为。

（7）集体建设用地使用权转让：指集体建设用地使用权人将集体建设用地使用权再转移的行为，包括出售、交换、赠予等。

（8）集体建设用地使用权转租：集体建设用地使用者将集体建设用地使用权连同地上建筑物及附着物租赁给承租人使用的行为。

（9）集体建设用地使用权抵押：指集体建设用地使用权人在保

留集体建设用地使用权的前提下，将该集体建设用地使用权作为债权担保的行为。

（10）乡镇企业：指农村集体经济组织或者农民投资为主，在乡镇（包括所辖村）举办的承担支援农业义务的企业。

（11）乡镇土地利用总体规划：是指在乡镇区域内，根据上级土地利用整体规划和当地自然、经济、社会条件，对土地的开发、利用、治理、保护在空间上、时间上所作的总体安排和布局，并报上级人民政府批准的土地利用规划，是国家实行土地用途管制的基础。

（12）宅基地流转：农民在取得宅基地后将宅基地使用权连同地上建筑物有偿转让或出租给第三方的行为。

六、研究综述

1. 农村集体建设用地和农村集体建设用地流转的概念

我国法律对于集体建设用地迄今并没有一个确切定义。依据现行《中华人民共和国土地管理法》及有关法律、法规、政策的规定，所谓集体建设用地，是指农民集体所有的、一般是地处农村的、并经依法批准使用的兴办乡村企业用地、村民住宅用地、乡村公共设施和公益事业用地；但这一定义并不能反映农村集体土地的实际。李金莲、陈会广认为"农村集体非农建设用地"，可简称为"农村建设用地"、"集体建设用地"[1]。按权属看，该建设用地的所有权属于农民集体，而不是属于国家；按土地的用途看，它不是指农用地，也不是指未利用土地；按合法性看，它是指依法经批准的建设用地，是合法的而不是非法的建设用地[3]。

集体建设用地流转也存在不同的解读。殷少美、李纪军、袁子青等认为：农村集体土地所有权流转是指由于国家征用，土地所有权由农民集体所有转变为国家所有的一种方式；土地使用权流转是农民集体或个体农户将其使用的集体非农建设用地通过出租、转让、入股等方式让与他人使用的行为[3~4]。龙开胜则认为从我国的国情出发，土地权利的流转，更多地表现为土地使用权的流转。集体建设用地使用权流转又可以分为初次流转和再次流转。权利转出方为土地所有权人（或者其代表）的，其转移使用权称为初次流转，包括流转申请、流转审批、流转交易、流转登记四个步骤；如权利转出方为土地使用权人，集体建设用地使用权再转移的行为称为再次流转，包括流转交易、流转登记两个步骤[4~5]。

2. 农村集体建设用地流转的现状和必要性

张梦琳、陈利根认为随着中国工业化、城市化的快速推进，国家每年通过征收农民集体土地来增加土地市场的供给，但城市对土地的需求量往往远高于国家每年的征地量[6]。李金莲认为目前集体建设用地流转可以概括为合法流转与非法流转并存。所谓"合法流转"，指的是符合现行法律规定的流转，它包括符合土地利用总体规划并依法取得建设用地的企业，因破产、兼并等情形致使土地使用权依法发生的转移。所谓非法流转，是指没有法律依据的流转，亦即"隐形流转"[1]。叶成良对农村集体建设用地流转进行了统计分析：除农村交通和水利设施用地外，我国集体建设用地总量约1800万公顷，其中农民宅基地约1000万公顷，乡（镇）村公共设施、公益事业用地约600万公顷，单位和个人用于生产和经营的集体建设用地约200万公顷[7]。除了乡（镇）村公共设施和公益事业建设外，集体经济组织成员可以使用本集体经济组织的土地办企业或建住房，但除企业破产、兼并外，土地使用权不得出让、转让或出租。虽然法律严格限制，但我国农村集体建设用地的流转却在数量、规模及地区覆盖面上呈不断扩大之势。项艺、殷少美、李纪军、周寅康等对农村集体建设用地的流转的"隐形市场进行了研究"，认为近年来"隐形市场"呈现出流转主体多层次、流转形式多样化、流转范围扩大化和流转失控化的趋势[20]。这种自发的无序的流转，严重扰乱土地市场的正常秩序，造成了大量集体土地资源的流失，并造成国家和集体土地收益的双重流失，给将来的土地争议埋下了隐患[3]。

　　陈利根、龙开胜认为农村集体建设用地流转是我国农村社会经济发展的客观要求[8]，是合理配置农村建设用地资源的有效措施，同时也是保障农民合法权益的方式[9]。柯峰、李媛认为规范农村土地管理，盘活农村土地资产，是统筹城乡土地利用的突破口。这样不仅可以缓解城镇建设用地供需矛盾，而且使国民经济特别是农村经济更加活跃，从而对解决住房问题具有重大的现实意义。一方面，加快农村建设用地流转将提高购买力。推进农村建设用地流转改革可以促进土地资源的配置，提高土地收益，增加农民收入[10]。李艳、邱道特、张怡然通过对宅基地流转的研究指出：建立宅基地流转宅基地流转收益分配机制，不仅可以推动农村集体建设用地流转，而且在保护既有耕地的前提下，可以促进农村建设用地更大范围地参与到市场中来，增加农民的收入[11]。柯峰、李媛指出允许农村建设用地直接进入交易市场流转可以避免征地这一环节，同样可以在一定程度上提高农民收入水平。另一方面，加快农村建设用地流转改革将提高融资能力，提高土地利用率[10]。章梅认为实现农村集体建设土地的入市流转，将使城乡的土地利用更加均衡，有利于实现土地资源的合理使用，进而刺激城市和农村规划的调整，刺激城市和农村产业结构的调整，对于促进城乡一体化发展，搞活农村经济，进而促进国民经济持续健康发展具有着重大的战略意义[12]。

3. 农村集体建设用地流转的运行模式

　　高慧对农村集体建设用地流转形式的研究指出：目集农村体建设用地流转已经涵盖了出让、转让、出租、抵押、联营、入股等多种形式[13]。具体的流转模式包括：农村集体经济组织直接转让、出租土地使用权；集体土地以征、转为国有，并办理转让、出租手续，补缴相关税费，实现所有权、使用权的流转；集体之间辖域调整，土地所有权或使用权相应调整；在基础设施项目建设中，以集体土地使用权合作的方式进行流转；集体土地使用权随企业厂房转让、出租；乡（镇）村以集体土地使用权作价入股、联营形式兴办各种企业；乡镇企业合并、兼并及股份制改组中的集体土地使用权转让、出租；由于企业倒闭或债权债务等原因，通过司法裁定使集体土地使用权发生转移；集体土地使用权随农民住宅转让出租。吕传进，杨洁宇则认为农村集体建设用地流转的主要形式是土地使用权流转，使用权流转又以出租为交易的主要形式[15]。

崔娟、陶镕认为：尽管国家垄断农村集体建设用地市场，禁止农民集体所有的土地直接入市的初衷是确保集体土地对农民社会保障功能的发挥，确保国家的粮食安全和生态安全利益，确保国家通过土地市场的垄断，以有效地进行宏观调控[21]。姜开宏、孙文华、陈江龙从制度变迁的角度对集体建设用地流转进行研究，指出由于建设用地价格的上升、农民政治地位的提高以及宪法秩序的改变，导致了农民对集体建设用地市场流转权利的需求。农民采取黑市流转、变相流转等方式进行集体建设用地的流转；地方政府也有很强的改革意愿，突破了中央对集体建设用地流转的限制[22]。张梦琳等[6]从资源配置的角度分析，集体建设用地直接入市流转改变了资源配置方式，适应了市场经济发展的内在要求；缓解了供需紧张，减少建设占用耕地的潜在威胁；实现了效率、公平的双重改进，从效率上看体现了帕累托改进，增进了社会福利，从公平上看体现了对农民利益的尊重。他认为允许集体建设用地直接入市流转，意味着集体建设用地可以在保持农村集体土地所有权性质的前提下进入土地一级市场，打破政府垄断供地的状态，使城乡建设用地市场由分割走向整合[6]。崔娟等从法理分析的角度分析，认为集体建设用地直接入市首先是符合《物权法》的平等保护原则；其次，依据中国《宪法》和《物权法》的规定，农民集体对其所有的土地依法享有收益和处分的权能；最后，集体建设用地流转改革可以成为社会政治改革的新动力[21]。黄小虎则从政府管理的角度分析现在集体建设用地市场虽然还没有放开，但在城市土地市场巨大效益的刺激下，农村集体建设用地自发流转的"黑市"十分活跃。政府只有放开，才能管住。而放开集体土地市场以后，除了能使农民的财产性收入增加，还可以形成倒逼机制，促进政府职能转变，促进财政体制改革，促进投融资体制改革，加强农民工的社会保障制度建设，加大对城市存量土地的集约利用[25]。

万键等通过对苏皖经济发展水平不同地区用地企业的问卷调查得到数据的基础上，研究发现，法人代表年龄、企业用地面积、投资规模和地区变量对企业集体建设用地流转方式的选择有负向影响，法人代表学历对企业集体建设用地流转方式的选择有正向影响，而企业性质、产业类型对企业集体建设用地流转方式的选择无显著影响[38]。韩璟提出以"4+2"工作法为政策工具，可以从解决农村集体土地所有权主体代表错位、理顺集体建设用地流转收益分配机制和规范农民集体对集体建设用地的管理三个方面助推农村集体建设用地流转[42]。

对集体建设用地是否应直接入市流转，经过长期争论后，大多学者都认为集体建设用地直接入市具有客观性、必然性[13]。从实际情况看，各地没有规定集体建设用地是否可直接入市流转。而江苏省无锡市则明确指出，城市（镇）规划区内集存量建设用地用于商业等经营性用途的，必须先征为国有土地[16]。由于各地流转路径不尽相同，各地甚至呈现出显著差异，这就形成了集体建设用地流转的模式问题。

4. 集体建设用地流转模式的研究

研究者们对各地集体建设用地的流转形式进行了综合归纳，总结出了八种具体的流转模式。

（1）苏州模式：韩宁、任小兴、姜爱林把苏州市集体建设用地流转模式概括为"苏州模式"。研究指出：苏州市在1996年颁布实施《苏州市农村集体存量建设用地使用权流转管理暂行办法》，对集体建设用地实行开始了规划区内外分别对待的政策：苏州市城区规划区、县级政府所在地的镇及省级以上开发区范围内的集体存量建设用地"转权让利"；上述范围外的集体存量建设用地"保权留利"[39]。2002 年根据国土资源部对苏州市征地制度改革试点方案所作的批复，苏州市在城镇规划区内全面探索国有土地和集体土地"两种产权、同一市场、统一管理"的新途径。城市规划区内外的存量和新增集体建设用地直接入市流转，实行不同用途的最低保护价[37]。研究指出苏州模式成功经验有：一是要及时制定规范文件；二是权源一定要明确；三是流转要给定规范的明确程序；四是妥善安置好无地少地农民的生产和生活问题。苏州的做法是：集体土地第一次流转时，如果所流转的土地在办理集体土地使用手续时，原使用单位未对农民进行过一次性补偿安置的，或补偿安置不完全的，流转方必须对无地农民参照国家征用土地安置补偿标准和办法进行妥善安置补偿。原已签订过补偿安置合同的要按原合同进行补偿，不得留有后遗症。补偿安置费用，由流转方从收取的土地流转收益中支付[32]。"苏州模式"在制度上，一是实行集体建设用地有偿有限期流转制度。二是实行两种市场统一管理制度。苏州的做法在于：两种市场一视同仁，即同质同价，优质优价，劣质劣价，尽力实现"国有集体同价制度"。这正是苏州的创新之处。三是实行最低保护价制度。四是实行指标有偿调剂使用制度。五是实行收益合理分配制度。除以上五项制度外，苏州还推出了有限期鼓励集体土地流转置换制度、土地置换与土地开发复垦挂钩制度、建立土地置换专项基金制度以及集体建设用地使用权收回制度、集体建设用地使用权转让租赁合同管理制度等[32]。

（2）重庆模式：王辰、段力、傅鸿源、郭振杰、彭作军、段力志、吴义茂、刘朝旭等对重庆市的集体建设用地流转的"地票"交易模式进行了探讨，把重庆的农村集体建设用地流转模式称为"地票模式"。所谓"地票"，就是建设用地挂钩指标，指农村宅基地及其附属设施用地、乡镇企业用地、农村公共设施和公益事业建设用地等农村集体建设用地复垦为耕地后，可用于建设的用地指标。"地票"运行程序包括四大环节：复垦、验收、交易和使用"地票"。研究认为，在城乡统筹工作稳步推进的背景下，重庆市作为全国统筹城乡综合改革配套试验区，对集体建设用地实行"控总量、调结构"，采取建设用地挂钩指标交易模式，实行城镇建设用地增加与农村建设用地减少挂钩，从而逐步建立城乡统一的建设用地市场。而且，建设用地的改革已经与其他制度有机地结合起来，如以打破农业户口和非农业户口二元结构为核心、实行城乡户口一体化登记管理制度的户籍制度改革；初步建立起统筹城乡的公共财政框架和城市反哺农村的扶贫机制；采取盘活农村多种土地资源、促进规模经营快速发展和保障各方权益等措施[39]。韩宁认为保障集体建设用地流转下农民集体经济组织的土地收益，"地票"交易模式可以借鉴。但是目前重庆市地票制度运行过程中主要存在有土地指标异地置换导致地票收入分配不合理、企业参与地票竞拍的积极性不足、地票指标的产生与交易过程中存在基层道德风险三个较为严重的问题[40]。重庆市"地票"交易作为一种新的土地交易方式，虽然有其弊端，但在目前情形下，其不仅实现了城乡建设用地的占补平衡，而且使农村集体建设用地使用权货币化，这对于在城乡建设用地挂钩试点下让农民分享城市化进程中的收益意义重大[67~79]。

（3）顺德模式：潘光辉、韩宁把佛山市顺德区的集体土地流转模式称为"顺德模式"。研究指出"顺德模式"的特点是：一是明确集体土地所有权证的发放主体。集体土地所有权证只能发给镇政府（街道办事处）、村（居）委会或股份合作社。二是建立农村集体建设用地使用权流转公开制度，充分尊重村（居）民、股民的合法权利。三是确立流转的条件、地价和程序。四是强化流转的监督制度。五是明确股份合作社集体建设用地使用权流转的收益分配[33]。集体建设用地流转须符合土地利用总体规划和城镇建设规划，建立集体建设用地基准地价，定期公布，作为政府向土地所有者核收流转收益金的依据；流转可采取招标、拍卖、竞价或协议方式进行，流转双方当事人须签订流转合同并备案，向土地所在地的区国土资源部门申请登记[39]。研究认为"顺德模式"成功的经验有：第一，试点的核心是保证农民的土地财产权，保障农民的合法权益。顺德的方案强调了土地流转收益应该向农民倾斜，农村集体建设用地使用权流转的收益，其中50%左右应用于农民的社会保障安排，剩余的50%左右，一部分留于集体发展村集体经济，大部分仍分配给农民，并鼓励农民将这部分收益以股份方式，投入发展股份制集体经济。第二，以流转代替征用，为农民创造了稳定和持续的收益来源。对土地所有者来说，有一点很关键，由于流转的是土地使用权，农民集体因保有土地所有权而将不断享有流转收益，这是土地流转与征用的重大区别。第三，建设用地指标以限制增量、盘活存量为主要内容，为解决建设用地与耕地保护的矛盾探索了新路子。第四，打破了国有土地市场的垄断，对农村土地市场建设作出了有益探索。顺德的试点，将这一隐形市场的运作公开化，纳入统一土地大市场。第五，以土地制度创新促进经济结构调整，推动工业化和城市化。顺德在农村集体土地管理制度改革中，采取了一系列的新措施，如简化征地程序、提高征地补偿标准、合理分配征地补偿费和安置补助费、固化农民宅基地置换建设用地指标、提供就业机会等[33]。

（4）芜湖模式：任小兴、韩宁对芜湖市农村集体建设用地流转形式进行了研究，并把这种模式总结为"乡镇政府推动型"流转模式。研究指出自1999年11月24日，经国土资源部批准，芜湖市成为集体建设用地流转试点市，并制定了《芜湖市农民集体所有建设用地使用权流转管理办法（试行）》，实行农民集体所有建设用地使用权有偿、有限期、有流动的制度，按地价对土地使用者或承包经营者进行补偿[37]。其特色在于在试点乡镇成立建设发展投资有限公司（或土地发展中心），该公司（或中心）作为土地的假定使用方，与农民集体组织签订协议，取得农村集体建设用地使用权，对该土地进行前期开发。之后，该土地运作主体向需要使用土地的企业提供农村集体建设用地使用权，具体可采取租赁、转让、作价入股等方式，土地收益按照1：4：5在县、乡、村集体三方分配[39]。

（5）成都模式：陈会广、陈利根、马秀鹏等对成都是的农村集体建设用的流转形式进行了研究，并把这种模式成为"城乡统筹型"流转模式。2007年成都市作为全国统筹城乡综合配套改革试验区，出台了《成都市集体建设用地使用权流转管理办法（试行）》。按照城镇建设用地增加与农村建设用地减少相挂钩方式，通过实施土地整理取得的集体建设用地指标在所有权不变的前提下，可以有偿、有限期流转。土地所有者持经村民会议2/3以上成员或2/3以上村民代表同意流转的决议和集体土地所有证，向当地国土资源部门提出流转申请，经县级人民政府审批后核发批准书。流转价格不得低于区域最低保护价。收益归农村集体经济组织所有，优先用于农民的社会保险[2]。

（6）湖州模式：张鹏对浙江省湖州市农村集体建设用地流转进行了研究，总结提出了"湖州模式"。1997年下半年，湖州市土地管理局为配合乡镇企业改制，在轧村镇开展了改制企业以租赁方式取得集体土地使用权的试点。浙江省湖州市的试点就是从解决乡镇企业土地资产处置为出发点的，湖州市的做法是乡镇企业无论以何种方式转制，改制前应具有合法的土地使用权，不具备的，须依法补办用地手续，并取得土地使用证书。湖州市由解决转制乡镇企业土地权属延伸的集体建设用地进入市场，为当地小规模私人企业发展提供了便利，农民集体也从中获益。但是，湖州市在集体建设用地上的试点是相当谨慎的，对这一流转施加了严格的限制条件，如只允许在规划区外进行，不能搞商业性开发，且主要是进行存量建设用地流转，在集体建设用地流转中，存量部分占了90%以上[47]。

（7）南海模式：洪宇华对广东省南海市（区）农村集体建设用地流转进行了深入考察，把农民土地入股、集体统一开发和流转的流转模式总结为"南海模式"。1992年以后，南海地方政府利用大量本地和外地资金投资设厂的机会，认可集体经济组织在不改变土地所有权性质的前提下，统一规划集体土地，以土地或者厂房向企业出租的方式，打破了国家征地垄断农地非农化的格局，在南海模式下，农民以土地入股的形式，分享土地非农化过程中的级差收益。南海模式最重要的实践意义是承认了农村集体非农建设用地的转让权，农村集体经济组织可以在不改变土地集体所有的前提下，流转集体建设用地使用权，将土地非农化的级差收益保留在集体内部，集体在上缴了与土地有关的各项税费以后，可以收益土地租金，并由全体农户按照股权分享。南海市（区）在集体建设用地使用权流转方面走在全国的前列，迄今为止已经取得了很大成效[69]。

（8）天津模式：周京奎、吴晓燕、胡云霞对天津滨海新区提出的宅基地换房、集体建设用地使用权入股、土地股份合作的集体建设用地流转模式称为"天津模式"。天津模式是在尊重农民自愿原则、承包责任制不变的原则、可耕种土地不减原则、政府领导与市场化相结合原则的前提下，以宅基地换房为主体的集体建设用地流转模式。并认为这种模式可以在一定程度上提高农民生活水平、节约农村耕地，但在实施过程中容易偏离该模式实施的原则，使得耕地被大量征用。同时没有安排好农民今后的生活，使得政策存在诸多需要改进之处[34]。

5. 农村集体建设用地流转模式之比较研究

唐健分别从政策、政府角色和政策效果三个方面，对比分析了成都模式和无锡模式。该项研究以调研的郫县为例，认为成都政策创新主要有 3 个：一是在集体建设用地所有权保持不变的基础上，允许集体建设用地使用权通过"招、拍、挂"等市场交易的方式转让给使用者用于工业、商业、旅游业、服务业等用途（不能用于商品住宅开发）。二是允许集体建设用地使用权的抵押、作价入股和租赁等方式流转。三是允许农村集体自主实施土地综合整治以及挂钩指标的市场流转，分享建设用地增值收益。该项研究认为无锡的政策创新主要也有 3 个。一是明确了集体建设用地使用权可以流转用于商业、旅游、娱乐等经营性项目，以及工业性项目，真正实现了"两种产权，一个市场"的操作模式。二是明确了土地使用权可以抵押，但抵押贷款额度很小（15 万元/公顷）。三是以出租为本质特征，采用年租制的"长租短约"形式，即虽然租赁年限由双方商定，但租金每隔 3 ~ 5 年就应做出相应调整，如果合同一方违约，可解除合同[36]。该项研究认为成都各级政府更多的是尝试站在一种引导和间接支持的地位，尝试"还权赋能"，目的是奠定农村长期发展的可靠基础。而无锡各级政府没有放松对集体建设用地的直接管控，流转行为基本上是一种政府主动实施和管理的情形，集体和农民处于一种配合地位或者具体执行地位。从政策总体的示范效果看，成都模式明显高于无锡模式。成都模式真正发挥了农村集体和农民的主动性、能动性，并提供给农民可靠的发展生产的手段和机会，可以预期成都的城乡差距必然逐渐减少。无锡模式体现了农民的资产性收入的增加，一定程度上也提高了农民收入，但对缩小城乡差距没有带来直接的效果[36]。

　　高慧认为，"模式"并非固化的概念，立足于不同角度，可归纳出不同的模式：以土地所处位置为立足点，可总结出近郊、远郊及广大农村腹地流转模式；以集体建设用地是否固有存在为立足点，可总结出存量建设用地及新增建设用地流转模式；以流转土地范围为立足点，可总结出城镇规划区内与城镇规划区外流转模式[17]。在集体建设用地流转实践中主要形成了 3 种流转模式：转权让利模式、保权让利模式、两种方式相结合，即规划区内转权让利，规划区外保权让利[13]。孙鹏、徐波银等指出发展权交易模式包括：发展权交易模式、指标捆绑挂钩流转模式、三位一体的浙江发展权交易模式、重庆的地票交易模式。黄庆杰等结合北京市集体建设用地流转的实践认为无论是城市规划区内集体所有还是规划区以外的集体土地用于非农业建设都应先转为国有，不允许集体非农业建设用地直接进入市场，若需进入市场，只有在实行国有化后才能实现，并提出了转权让利、统一出让的流转形式[18]。高迎春等[24]运用比较分析的方法，选择转权模式作为农村集体建设用地流转制度创新的方向，他们认为制度创新要有利于提高效率、降低成本，因此农村集体建设用地流转制度安排应在现有土地资源管理制度的框架下完成，实现对现有制度的完善，而转权模式更为接近现有土地资源管理法规。

6. 农村集体建设用地流转价格研究

杨杰、任绍敏认为，目前我国集体建设用地流转尚处于摸索阶段，存在着产权不清、价格混乱等问题，集体建设用地使用权流转的本质是集体建设用地的有偿使用，而流转价格关系到保障农民集体利益和保护集体土地资产。因此，建立和完善流转价格机制是规范集体建设用地流转的关键[94]。嵇金鑫、李伟芳、黄天元等针对各种流转形式，适合农村集体建设用地流转价格的科学合理确定，主要有使用权转让价格、出租价格、抵押价格、联营、入股价格，均具有可操作性嵇金[90]。孙海燕在分析我国农村集体建设用地流转价格相关概念，流转价格现状及存在问题的基础之上，提出了改善农村集体建设用地价格评估的建议[91]。路婕通过对河南省农地流转市场的考察，针对土地承包经营权流转价格现状，提出目前的流转价格中存在流转价格形成机制不规范、价格影响因素复杂、影响粮食生产安全等诸多现实问题，认为土地承包经营权流转价格应由农用地的未来经济价值所决定，应该建立土地承包经营权流转的标定地价管理体系以进一步培育土地承包经营权流转市场[92]。冯晓红等综合分析了集体建设用地基准地价评估在流转中的重要应用，但是集体建设用地基准地价还是我国地价管理中的空白，探索和完善集体建设用地使用权基准地价的评估工作迫在眉睫[97]。刘金国等在对集体建设用地流转现状与问题分析基础上，着重从集体建设用地流转的机制入手，探讨了集体建设用地流转价格扭曲的原因，认为缺乏集体建设用地估价规范是其价格扭曲的表层原因，政府与市场失灵是其价格扭曲的深层原因，而对集体建设用地价值认识模糊才是集体建设用地流转价格扭曲的根本原因。根据土地估价的原则与理论，研究了土地经济价值评估常用的三种估价方法：市场比较法、收益还原法、成本法，并对各个估价方法的特点作了比较，分析了各个估价方法在评估集体建设用地流转时注意事项，确定利用成本法对集体建设用地流转经济价值进行评估[95]。申琪也提出了五项改善农民集体所有建设用地价格评估的建议[85]。

7. 农村集体建设用地流转收益分配的研究

高慧认为土地收益分配的比例问题也是整个社会利益分享的价值判断问题。土地收益分配应坚持公平与效率的原则，也只有建立了合理的收益分配机制，最终才能达到保护农民利益、规范土地流转的目的。总体来看，土地所有者的分配比例在总的集体建设用地流转收益分配中所占比例偏低[13]。刘瑶、卢炳克、潘莹认为，党的十七届三中全会提出的要逐步建立城乡统一的建设用地市场，保护农民合法权益，而公平合理的利益分配是有序推进集体建设用地流转的关键。当前我国集体建设用地流转中存在的问题主要集中在政府、集体组织和农民三者的利益分配上。从集体土地的产权关系和建设用地市场化流转的方向考虑，政府可以通过开征相关税种来参与流转收益的分配，集体组织和农民之间可以通过确定分配比例来改善集体福利水平[44]。贺国贵则认为，农民、农民集体和国家因其权益和义务均应参与收益分配，国家由市、县、乡三级政府代表为宜[14]。吕传进也认为，集体建设用地的价值在很大程度上依赖国家基础设施建设，国家理应参与收益分配[15]。而储凡亮[26]和李延荣等则认为集体建设用地流转是一种交易行为，应根据权利与义务相一致及投资与收益合一原则进行收益分配，而参与这种交易关系的主体不包括地方政府。并且各级政府参与流转收益的分配，很可能会导致土地供给失控并扰乱正常的市场秩序[19]，因此李延荣认为土地使用权流转收益分配关系的主体应是土地所有者、使用者和国家，而非各级地方政府[31]。

李志辉认为：为了使土地资源得到更有效的配置，在农村集体建设用地过程中，应逐步完善产权主体，合理收益分配和建立健全相关法律法规[45]。王娟提出构建合理的收益分配机制必须明确收益分配主体，坚持农民集体经济组织是唯一的主体，区别对待初次分配与再分配，在对土地增值收益分配过程中，按投入的比例来分配收益，在划分分配比例时必须充分考虑区域经济水平，必须兼顾国家、集体与农民三者利益[48~49]。刘琼等提出应从产权改革、利益分配以及形成价格机制三种途径解决目前的产权残缺带来的问题，推动集体建设用地流转市场的建立[96]。

8. 农村集体建设用地流转中存在的问题的研究

庆杰[18]等以北京市为例，调查指出农村集体建设用地流转存在的问题有：一是农村集体建设用地流转中的违法、违规问题比较严重；二是集体建设用地规模大，但产业发展不足；三是农村集体建设用地利用分散，不符合节约和集约利用的要求；四是集体建设用地流转收益分配缺乏规范，农民权益得不到有效保障；五是政府缺乏对集体建设用地流转的有效管理。

李艳[11]等指出主要问题是法律法规冲突大、流转市场建设难、流转权益保障难。冯秀萍、蔡继明[41]等对中国农村集体建设用地使用权流转中农民权益流失进行反思，指出流失的根源在于制度安排的缺陷，制度完善是实现和保护农民土地权益的根本路径，并强调制度完善的关键在于建立包括产权、市场、管理和法律等在内的完整制度体系[50]。

袁青子[1]通过调研指出长沙市集体建设用地的流转情况中存在的问题主要有：集体建设用地流转缺乏立法保障；集体建设用地产权主体不明晰；流转收益分配不合理；缺乏流转监督机制；尚缺单独、统一的城乡建设用地流转市场；集体建设用地流转登记制度不完善。针对以上问题，提出应明确集体建设用地流转范围、条件、方式、期限；集体建设用地流转的立法建议；构建单独、统一的城乡建设用地使用权流转市场；合理分配流转收益；建立流转监督机制；改革集体建设用地产权制度；完善集体建设用地登记制度等对策。

9. 规范农村集体建设用地流转管理的研究

为了规范和完善集体建设用地流转管理，学者们从土地制度、产权制度等多个角度进行了研究，并提出相关政策建议。周思提出建立完备的集体建设用地产权制度，不改变集体土地所有权主体的前提下，实现使用权和所有权分离，淡化所有权、强化使用权的"准所有权"地位[55]。王晓霞、蒋一军认为农村集体建设用地流转管理，一是要规范健全土地登记制度，实现用前、用中、用后的全程管理。二是要加强集体建设用地流转的法规与制度建设，对限制集体建设用地流转的法律法规进行修改[16]。三是城市的建设受到城市总体规划的严格管理，因此城市国有土地的使用显得有条不紊，而对于集体土地，尤其是集体建设用地的利用，更加需要详细地规划控制和利用约束，以保证集体土地的集约利用和农村生态环境的平衡发展，因此应该搞好农村土地利用规划，加强国有、集体土地的统一管理[52~56]。

耿槟、朱道林、梁颖认为：农村集体建设用地流转市场建立过程中，政策上要从提高农民生产、生活水平和完善社会保障制度着手，逐步改善农村集体建设用地条件，并从法律上明晰农村集体建设用地使用权,赋予占有、使用和处置权能,依靠市场经济手段,激活农村闲置集体建设用地[89]。张传新从集体建设用地流转的现状出发,在对当前试点地区的基本模式进行分析总结的基础上,借鉴当前试点地区基本模式的经验和做法,对集体建设用地流转制度进行构建尝试,并根据制度运行需要提出了制度相关支撑体系的构建[59]。胡剑双系统地提出了结合"土地开发权"的集体建设用地流转新模式,与已有的流转模式相比,其特征包括在封闭范围内流转、土地开发权可存可取、"灯塔"投入机制完善、所有权与使用权的有效分离等,并对该模式运用过程中可能遇到的历史遗留问题提出了解决办法,最后从立法层面、企业准入制度、"村改居"政策和税收调节机制四个方面提出了完善流转政策的建议[88]。

10. 对现有研究的评价

目前,各专家学者的调研、研究和分析,都得出了较为一致的结论,认为农村集体建设用地流转势在必行,应逐步建立城乡统一的建设用地市场,保护农民合法权益。虽然目前全国各地有众多的试点实践,以及灰色市场的民间实践经验,也有国有土地使用流转的经验可供借鉴,但是使农村集体建设用地使用权流转成为一种合法和成功的实践,会面临相关利益主体关系的平衡、各种配套体制的制定、隐性交易市场混乱、流转中的多违规违法等问题。对此一些专家学者也提出了完善各项法律法规政策、明确界定农村集体土地产权、建立农民集体所有土地的产权制度、建立土地使用权管理办法、合理规划控制和利用约束集体建设用地等建议和措施。

由于农村集体建设用地流转问题的特殊性和国内外对集体非农建设用地流转缺乏具体的实证研究,大部分专家学者是通过经济学、法学理论,结合数据和典型案例加以论证,部分数据也只是起到证明部分研究观点的作用,理论分析也有待进一步深入和具体。如何建立农村集体建设用地的收益分配机制、流转价格形成机制等也有待进一步深入的研究。特别是农村集体建设用地各利益相关方的权利和义务，都需要进一步的研究和探讨。

农村集体建设用地流转问题涉及面比较广，国家对其制度上的改革可谓牵一发而动全身。总而言之，农村集体建设用地流转制度的构建是势在必行的，需要多方在综合考虑的情况下进行相关制度设计。

第二章

农村集体建设用地的存量与增量

一、农村集体建设用地的存量

我们以长沙县果园镇、湘潭县易俗河镇以及靖州县太阳坪镇6个村的农村集体建设用地的全面调查为依据，结合对其所在县、乡（镇）的情况来描述目前农村集体建设用地存量的状况。我们从集体建设用地的性质、合法性、不同性质企业间分布、利用状况四个维度来描述目前建设用地存量的状况。

此项分析的调查数据来自长沙县果园镇杨泗庙社区和光明村、湘潭县易俗河镇樟树村和杨溪村、靖州县太阳坪镇太阳坪村和八龙村，共6个行政村（社区）。调研村的选择依据是每个乡都有一个靠近乡镇所在地，另一个则在离乡镇所在地较远的地方。这三个县能大致能代表湖南省不同的农村经济的发展水平，以2013年农民人均纯收入比较，长沙县、湘潭县和靖州县分别为：14237元、8885元和4570元。以农村经济发展水平而论，基本可以代表发达、中等和落后三种不同类型的地区。

1. 不同性质的农村集体建设用地

农村集体建设用地按用途性质分：公益性建设用地、经营性建设用地、农村宅基地三大类。公益性建设用地中包含农村公共设施用地和公益事业单位用地两种类型，本书所指的公益性建设用地只限于公益事业单位用地这一小类。经营性建设用地主要是限于乡镇企业用地，但事实上还有部分国有企事业单位和其他单位占用了农村集体土地用于建设，我们把这部分也纳入研究范围。农村宅基地是农民用于住宅建设的农村集体土地，但事实上已有部分通过流转成为城市居民居所用，对于这种情况，我们仍然把它作为农村宅基地看待。调查村不同性质的农村集体建设用地情况如表 2－1 所示：

表 2－1　　　　　　　　　农村集体建设用地结构

类型	公益性建设用地		经营性建设用地		宅基地	
	总量	平均每村	总量	平均每村	总量	平均每户
宗地数（宗）	32	5.33	19	3.16	3032	1.036
面积（平方米）	21200	3533	42722	7210	—	—

调查村建设用地的分布具有以下特点：一是各村公益性建设用地的宗数大致相当，调查村平均拥有公益性建设用地 5.33 宗、3533 平方米，最少的八龙村 3 宗，最多的杨泗庙社区 7 宗。基本由村部（2~3 个）、学校新旧校址（1~2 个）、卫生院或养老院等（1 个）等公益事业单位用地构成。二是调查村拥有经营性建设用地的差距较大，平均每村拥有经营性建设用地 3.16 宗、7210 平方米，最少的八龙村没有 1 宗，而最多的杨泗庙社区则多达 8 宗。三是宅基地分布均平，平均每户 1.036 宗，经济发达村平均每户超出 1 宗，主要是有些家庭除在老居住地有一个宅基地外，还在在集镇购买了宅基地，另外有户籍不在当地的居民（包括部分城市居民）在当地购有宅基地。

2. 不同性质的农村集体建设用地利用状况

我们用"在用"、"部分闲置"和"闲置"三种状况来描述调查村三类集体建设用地的利用状况。"在用"是指目前充分利用的情形，"部分闲置"是指整块地有部分闲置的情形，"闲置"是指调查日完全没有利用的状况。宅基地闲置是指房主1年之内只偶尔回来看护1~2次,常年无人居住的情形。表2-2是调查村农村集体建设用地的利用情况:

表2-2　　　　　　　　农村集体建设用地利用情况

情况	集体公益性建设用地			集体经营性建设用地			宅基地	
	在用	部分闲置	闲置	在用	部分闲置	闲置	在用	闲置
宗地（宗数）	25	5	2	14	2	3	2747	394
占比（％）	78.1	15.6	6.3	73.6	10.5	15.9	87.5	12.5
面积（平方米）	16060	3460	1680	32650	4432	5640	—	—
占比（％）	75.7	17.2	7.1	76.4	10.4	13.2	—	—

调查村闲置的建设用地分别是:公益性建设用地闲置2宗,分别为杨溪村小学（杨溪村）和果园镇农科站（杨泗庙社区）;经营性建设用地闲置3宗,分别为果园镇拖拉机站（杨泗庙社区）、光明涂料厂（光明村）和樟样化工厂（杨溪村）。

（1）经营性集体建设用地的利用状况。

按面积计算,经营性集体建设用地闲置的比例为13.2%,部分闲置的比例为10.4%。对比用地单位抽样调查的结果（26.5%、20.6%）要低,如表2-3所示。

表2-3　　　　　　　　集体经营性建设用地的利用情况

项目		频率	占比（％）	有效占比（％）	累计占比（％）
有效	在用	18	52.9	52.9	52.9
	部分闲置	7	20.6	20.6	73.5
	闲置	9	26.5	26.5	100.0
	合计	34	100.0	100.0	

资料来源:用地单位抽样调查。

（2）公益性集体建设用地的利用状况。

目前在用（含部分闲置）的公益性建设用地有一半左右仍然用于公益用途，如村部、小学、养老院等；约44%用于经营性用途，主要是出租出让给企业或个人用于兴办企业、仓储等。具体如表2－4所示：

表2－4　　　　　　　　集体公益性建设用地使用情况表

项目	使用性质		利用方式	
	公益性	经营性	乡村集体自用	出租出让
宗地（宗数）	14	13	14	13
占比（%）	48.3	44.8	48.3	44.8
面积（平方米）	10900	8620	10900	8620
占比（%）	51.4	38.7	51.4	38.7

目前经营性建设用地在用比例为76.4%，比公益性建设用地利用率低10.3%。主要原因在于公益性建设用地出租出让价格一般低于经营性建设用地。

（3）宅基地的利用状况。

调查村宅基地总数2747宗，闲置394宗，闲置率15.5%。至于部分闲置的情形，则是比较普遍的。由于对部分闲置的定义与调查数据获取的困难，对于宅基地部分闲置的描述只能基于调研人员的定性描述，但这基本能够反映宅基地的利用的实际情况。

3. 不同性质的农村集体建设用地取得的合法性

我们把调查日拥有集体建设用地使用权证、已取得农用地转用审批手续（农用地转用审批单）或在1987年《土地管理法》颁布实施以前（宅基地在1982年《村镇建房用地管理条例》实施前）经乡镇以上政府（或人民公社）批准取得的建设用地都视为合法取得的集体建设用地。1987年《土地管理法》颁布实施以后未办理农业地转用手续、取得市级人民政府"农用地转用审批单"的集体建设用地及 1982 年《村镇建房用地管理条例》实施后未办理建房手续、取得县级人民政府颁发的"建房证"的宅基地，都视为非法集体建设用地。根据调查村的全面调查资料，不同性质的农村集体建设用地取得的合法性情况如表 2 - 5 所示：

表 2 - 5　　　　　　　　　　集体建设用地合法合规性

合法性		集体公益性建设用地		集体经营性建设用地		宅基地
		宗数	面积（平方米）	宗数	面积（平方米）	宗数
合法用地	数量	32	21200	7	16340	3141
	占比（%）	100	100	36.8	38.2	100
违法用地	数量	0	0	12	26382	0
	占比（%）	0	0	63.2	61.8	0
合计	宗数	32	21200	19	42722	3141

由此可见，集体公益性建设用地和宅基地全部为合法用地，但集体经营性建设用地中，违法用地的比例高达 61.8%，合法集体经营性建设用地只占 38.2%。全部 19 宗经营性建设用地分布情况如下：合法用地 7 宗，其中 5 宗为《土地管理法》颁布实施以前取得的，2 宗为《土地管理法》颁布实施后取得（分别为长沙县果园镇湖南佳农山庄和靖州县太阳坪镇农贸市场，前者根据农村土地流转政策取得集体建设用地 7.3 亩，后者经批准取得建设用地 2.2 亩）；违法用地 12 宗，主要取得方式：一是以临时占用耕地手续（"临时占用耕地许可证"）、到期不返耕，经国土部门多年罚款处罚后，形成事实上的建设用地；二是乡镇政府和村委会默许等方式，长期占用，形成事实上的建设用地。

4. 集体建设用地在不同性质的企业中的分布

我们采用抽样调查方式来了解目前经营性建设用地在不同性质之间企业分布情况，根据用地单位抽样调查，具体情况如表 2 - 6 所示：

表 2 - 6   经营性集体建设用地单位的类型

	项目	频率	占比（%）	有效占比（%）	累计占比（%）
有效	城镇集体所有制企业	2	5.9	5.9	5.9
	外商投资企业	2	5.9	5.9	11.8
	私营企业	20	58.8	58.8	70.6
	股份制企业	1	2.9	2.9	73.5
	港澳台投资企业	6	17.6	17.6	91.2
	其他	3	8.8	8.8	100.0
	合计	34	100.0	100.0	

资料来源：用地单位抽样调查。

从表 2 - 6 可见，主要用地单位为私营企业和外商（含港澳台商）投资企业。

从 6 个村的全面调查中，公益性集体建设用地中，占 51.4% 为公益事业单位使用，38.7% 为出租给私营企业使用。

二、农村集体建设用地的增量

目前集体经营性集体建设用地增量主要有四种取得方式：一是通过正常审批渠道获得。其中包括：村委会统征、乡镇企业以项目申请用地。所谓村委会统征地是由村民委员会申请，统一征用部分农用地转变为集体建设用地，再转让给企业使用，例如，鸬鹚渡镇玉溪村 2011 年经益阳市人民政府批准统征 4.5 亩地，用于玉溪手袋厂、玉溪综合商店等建设用地。企业项目用地是由乡镇企业申请集体建设用地，如长沙县果园镇浔龙河生态小镇建设项目，通过城乡建设用地增减挂钩，获批集体建设用地 134 亩，用于安置农民集中居住房屋建设。二是通过农地流转获得集体建设用地：根据长沙县人民政府文件规定，现代农庄建设按流转农地面积给予 7% 的建设用地指标（实际执行在 1% ~3%），截至 2013 年 8 月，长沙县共计有 47 家现代农庄获批集体建设用地。三是在乡镇政府和镇国土所默许下农民或企业私自占用的建设用地。四是农民私自占用农地转变为建设用地，主要为家庭工厂和驾校等规模较小的建设项目，如果园镇杨泗庙社区杨姓农民占用自家农田 800 平方米左右开办煤炭机械配件厂、鸬鹚渡镇农民占用自家承包地开办鸬鹚渡驾校等。

集体公益性建设用地和宅基地增量，基本都经过了正常申报审批程序，尚未发现违法占用农用地的情形。

第三章

农村集体建设用地流转的现状

一、农村集体经营性建设用地流转的方式、决策模式与利益分配

1. 集体经营性建设用地市场基本状况

集体建设用地流转是供给方和需求方双方博弈的结果，是一种市场交易行为。因目前农村土地政策与法规的限制，农村经营性集体建设用地市场相当不完善，缺少公开规范的市场交易，相反"隐性建设用地市场"则普遍存在。

从市场供给主体来看，初次流转主体是村委会、村民小组和农民个人。一般合法的集体建设用地流转是以村委会为主体，通过村统征地的方式流转给其他用地单位和个人。隐性建设用地流转主体是村民小组或农民个人。归村民小组的非承包地以外的土地作为建设用地流转的，一般以村民小组为转出方；而已承包地作为建设用地流转的，一般以农民（一户或多户）为转出方。上述三种情形的案例见：桃江县鸬鹚渡镇玉溪村统征地流转案、益阳中能生物质有限公司土地流转案、湖南中能生物质有限公司土地流转案。

再次流转的供给主体则以企业和村委会为主。初次流转为转让方式的，则再流转方多为原转入的企业和村委会。初次流转为出租方式的，一般再次流转则再流转方仍然为村委会或转出土地的

农民。

　　从流转信息来源看，主要还是靠村民互传信息和村务公开等有限渠道，反映出目前集体建设用地流转市场的局限性。表 3 - 1 是用地单位抽样调查的统计数据。

表 3 - 1　　　　　　　　　集体建设用地流转信息来源

类型	信息来源	频率	占比（%）	有效占比（%）	累计占比（%）
有效	村民互传信息	9	26.5	33.3	33.3
	村务公开栏	13	38.2	48.1	81.5
	土地流转中心	1	2.9	3.7	85.2
	其他	4	11.8	14.8	100.0
	小计	27	79.4	100.0	
缺失		7	20.6		
合计		34	100.0		

资料来源：用地单位抽样调查。

2. 农村集体经营性建设用地流转的方式

　　据调查统计，集体经营性建设用地在初次流转的基础上，出现再次流转的比例为40%。初次流转与再次流转又有各种不同的方式。

　　（1）初次流转的方式。

　　方式一：出让。主要形式为一次性出让一定年限的使用权。出让方式又分为以下几二种：一是村委会统征出让给一个或多个用地单位或个人，一般年限较长，大多在 40 年以上，多数有政府审批手续。例如，桃江县鸬鹚渡镇玉溪村于 2011 年统征 2997 平方米耕地，出让给水花塘手袋厂和 16 个人兴建商业门面，出让年限为 60 年；长沙县现代农庄建设用地采取村委员统征出让方式在出让给相应的农庄，如长沙县果园镇双河村 2013 年统征 134 亩出让给浔龙河生态农庄有限公司。二是村原有公益事业单位用地出让给个人或企业使用。如果园镇光明村有意合并前的老村部转让给 2 户长沙市民做居住用地，转让期限为 40 年。三是由一户或多户农民出让给一家用地单位或个人，一般年限较短，大多在 5~20 年，全部没有建设用地审批手续，为违法用地。如桃江县鸬鹚渡镇鸬鹚渡村 23 户农户向新湘竹胶板厂出让 10005 平方米耕地 10 年使用权，收取转让费 800 元/亩（共计 12 万元）。

方式二：出租。主要形式为在一定年限内将土地使用权出租给用户。出租也分为两种方式：一是种是由村委会出租给用地单位和个人，主要是属于原来村办企业用地，一般是连同地上建筑物一并出租，在出租期限内按年收取租金。如长沙县果园镇新民村委会将元村办木材厂出租给企业使用，按年收取租金。第二种是由一个或多个农民将土地使用权出租给一家企业或个人做建设用地。例如，2011 年鸬鹚渡镇鸬鹚渡村 30 户村民将 23.29 亩耕地出租给中能生物质有限公司，租期 30 年，按稻谷 500 千克/亩等值货币支付租金。

经营性建设用地初次流转方式特征比较，如表 3-2 所示：

表 3-2　　　　　经营性建设用地初次流转方式特征比较

流转方式	转出方	转入方	有无农用地转用手续	期限（年）
出让	村委会	企业或个人	多数无	40~60
	农民	企业或个人	无	5~20
出租	村委会	企业或个人	多数无	5~10
	农民	企业或个人	无	3~30

（2）再次流转的方式。

方式一：转让。主要是初次转入建设用地的企业或个人在土地使用期限内向其他企业转让全部或部分剩余使用期限的土地使用权。转让方一般为初次受让企业或个人。这种在流转的方式比较普遍，在再次流转中占比在 25% 左右。典型案例：鸬鹚渡镇鸬鹚渡村天圣山竹胶板厂将部分闲置厂房及用地 15 年剩余使用权转让给某企业。

方式二：转租。转租是初次流转是受让或租入土地使用权的企业或个人将剩余期限的土地使用权全部或部分出租给其他企业或个人。转租方式在再次流转中占大部分比重，约达60%，如鸬鹚渡村兴创竹胶板厂将土地及厂房转租给振源生物能源科技有限公司，租期3年，租金6万元/年，按年预付租金。

方式三：抵押。抵押是指将集体建设用地抵押给债权人作为融资担保的流转方式。目前仅限于合法集体建设用地使用权才能抵押，但由于集体建设用地的性质，国有金融机构一般不接受其作为融资担保抵押物，部分乡镇信用社有时会谨慎接受集体建设用地作为贷款担保物。如鸬鹚渡镇天圣山木胶板厂，曾用其租入的土地使用权和厂房做担保在当地信用社贷款。这种流转一般不会导致土地使用权转移，除非贷款方违约。

方式四：作价入股（合作经营）。合作经营的形式是土地使用权人将一定时期土地使用权作价参股组建公司，或在收取土地租金的同时约定享有合资企业一定比例的利润；前者简称为作价入股，后者简称为合作经营。这种情形在湖南比较少，但在广东和江苏等经济发达地区相当普遍。例如，正大集团在珠江三角洲所兴建的饲料加工厂用地基本都采取这种用地模式，其他早期境外投资者都采取这种用地模式。这可能是珠三角吸引外资的秘诀之一。

根据农户抽样调查，农户所反映的集体建设用地的流转以出租方式居多，各种方式的大致比例如表3-3所示：

表3-3 集体建设用地流转方式

项目	频率	占比（%）	有效占比（%）	累计占比（%）
出让	35	17.0	18.4	18.4
转让	18	8.7	9.5	27.9
出租	76	36.9	40.0	67.9
抵押	45	21.8	23.7	91.6

资料来源：农户抽样调查。

3. 农村集体经营性建设用地流转的决策模式

集体经营性建设用地流转的决策模式主要分两种情形：一种是

以合法形式流转的，大多数采取至少是名义上的民主决策模式，即由村民大会或村民代表投票表决，我们把这种决策模式简称为"民主决策模式"。另一种是非法形式的初次流转流转和再次流转，一般采取由农民个人或村委会决策模式，我们把这种决策模式简称为"个人决策模式"。

（1）民主决策模式。

采用村统征集体建设用地，申请办理农业地转用手续的，然后流转的用地方式，一般都采取"民主决策模式"。如果是村民小组所有的土地，采取村民投票，超过70%赞成获通过的民主决策模式。据农户抽样调查结果显示，有21.8%的农户参加过农地转用投票，如表3-4所示。

表3-4　　　　村民参加农用地转建设用地投票表决情况

项目	频率	占比（%）	有效占比（%）	累计占比（%）
是	31	15.0	21.8	21.8
否	111	53.9	78.2	100.0
小计	142	68.9	100.0	
缺失	64	31.1		
合计	206	100.0		

资料来源：农户抽样调查。

而对村干部的调查显示，认为农地转用需要村民投票决定的高达63.6%。说明村干部的民主决策意识还是比较强的，如表3-5所示。

表3-5　　　农用地转为集体建设用地时是否要村民或村民代表投票表决

项目		频率	占比（%）	有效占比（%）	累计占比（%）
有效	要	14	63.6	63.6	63.6
	不要	4	18.2	18.2	81.8
	没搞过	4	18.2	18.2	100.0
	合计	22	100.0	100.0	

资料来源：村干部抽样调查。

但在所谓的民主决策模式下，存在一个多少人决定少数人命运的情况。也就是说，流转的土地使用权（或承包经营权）是属于农民集体少数几个人的，但其流转决策却是由集体所有成员来决定。而集体内不拥有使用权（或承包经营权）的多数人由于转让给地块也能得到流转利益，他们大多数会倾向于赞成流转，因而使所谓的"民主决策"成为了多数利益相关性小的人决定少数利益攸关者命运的游戏。如在果园镇双河村，浔龙河生态小区项目在该村五七村民组流转土地 134 亩，涉及 13 户村名，但投票表决的范围却扩大到全村 476 户，因而通过率达到 90% 多。尽管被迫流转的 13 户村名都投了反对票，但他们的声音被无情地淹没了。这种多数人对少数人权利的剥夺，或者说多数人对少数人的"民主暴政"，在集体建设用地流转决策中相当普遍，也同样普遍存在国家征地决策中，成为农村因土地问题引发群体性事件的根源之一。

（2）个人决策模式。

个人决策模式在自发流转和再次流转领域比较普遍。

在自发流转的情形下，一般是通过买卖双方协商确定流转的价格、形式、时间等，以合同的形式加以明确，流转决策由流出方自主决定。农民自发流转的，流转决策由农民自主决定。比如鸬鹚渡村星宇竹木胶板厂就是与 30 户农户协商将共计 23.29 亩农地流转用于工业生产，流转中村委会仅仅起到一个鉴证人的作用，流转决策完全由承包土地的农民自主作出。

在再次流转的情形下，流出方分为农民和村委会或村民小组二种情况。农民为流出方的，流转的决策与初次流转并区别；但如果流出方为村委会和村民小组，则决策模式就有所不同了。村民小村为流出方的，一般仍然遵循民主决策模式，即仍然由村民表决决策。村委会为流出方的，流转的决策与初次流出就不一样了，流转的决策就不再民主决策了，而是村委会或村支书拍板决策了。这种决策模式转换的主要原因是村委会已经拥有了土地的支配权，不需要再与农民协商放弃承包经营权了。这种决策模式是导致农村地区有关土地群体性事件的根源之一。

4. 农村集体经营性建设用地流转的价格

根据建设用地单位抽样调查，农村集体建设用地流转价格确定的方式主要是协商定价为主，协商定价的比例高达 77.8%；其次是村委会定价，占比 14.8%；其他定价方式只占了极小的比例。表 3-6 反映了集体建设用地流转的各种定价方式的大致情况。

表 3-6　　　　集体建设用地流转价格的确定方式

	项目	频率	占比（%）	有效占比（%）	累计占比（%）
有效	机构估价	1	2.9	3.7	3.7
	双方当事人的协商定价	21	61.8	77.8	81.5
	村委会自行定价	4	11.8	14.8	96.3
	其他	1	2.9	3.7	100.0
	合计	27	79.4	100.0	
缺失		7	20.6		

资料来源：用地单位抽样调查。

集体建设用地流转价格确定的依据有两种情形：合法流转的情形一般比照国有土地征收模式定价；自发流转则是根据土地年净收入流现值法定价。

合法流转主要是村统征地的流转，由于统征地具有合法的建设用地批文并可进行土地登记，获得集体建设用地使用权证，但其地上建筑物不能办理商品房办理产权证，构成所谓的"小产权房"。由于其法律地位低于国有土地，所以这类建设流转价格要比国有土地略低，但定价依据与国有土地类似。如鸬鹚渡镇玉溪村统征地的情形就是这样。该案例的大致情形是：2011 年该村将村内 2997 平方米的耕地报批申请转为集体建设用地。申请用地单位为桃江县鸬鹚渡镇玉溪村，建设项目名称为鸬鹚渡镇玉溪村水花塘手袋厂，被用地单位为鸬鹚渡镇玉溪村。农用地转用面积为 2997 平方米，地类为耕地，对于涉及转用地块的农户，以比照国家征收补偿标准，按每亩 2.5 万元出让使用期限 60 年，共计支出 11.2 万元，支出"三通一平"费用 10 万元，国土所收费 22.38 万元（其中包括罚款 77922 元，罚款标准为 26 元/平方米，后国土所收费 2000 元），铺建下水道费用为 3.6 万元。玉溪村 4.5 亩农用地转为建设用地共支出 47.18 万元。该地块经过三通一平（通水通电通路及平整场地），共分成水花塘手袋厂和 16 个店面用地。店面出售价格为店面 3.5 万元/个，使用期限为 60 年；水花塘手袋厂交付村集体 9 万元流转费用。收入情况：16 个店面，价格 3.5 万元/家，其他费用 2000 元/家，共计 59.2 万元，收取手袋厂 9 万元，共计收入 68.2 万元。村集体收入 = 68.2 - 47.18 = 21.02（万元）。由此案例可知，无论是村征收农地，还是统征后出让，基本比照了国有建设用地征收出让定价形式，不过价格稍低而已。

自发流转的情形则稍有不同。由于这种流转方式以出租为主，因此一般以农地农产品净产出计算租金。为了保证租金不受物价水平的影响，大多采取与一定量的净产出与当年国家收购价或市场价格的乘积的价值确定当年的租金。即每亩年租金 = 每亩净产出量 × 该产品当年国家收购价（或市场价格）。调查发现，相对落后地区的年租金为每亩 100 ~ 300 斤稻谷，如靖州县太阳坪镇；中等发展水平地区小城镇附近为每亩 800 ~ 1000 斤稻谷，如鸬鹚渡镇鸬鹚渡村；而大城市周边则为每年每亩 600 ~ 800 斤稻谷，如长沙县果园镇。

5. 农村集体经营性建设用地流转的利益分配

集体经营性建设用地流转利益分配也因流转方式不同而有所差异。合法的初次流转的利益分配相对来说是公开透明的；而农民自发流转（隐形流转）和集体经济组织的再次流转的利益分配就相对来说不是那么公开透明了。据调查，这三种情形下集体经营性建设用地流转的利益分配大致如下。

（1）集体经营组织建设用地合法的初次流转的利益分配模式。

这种流转方式大多要取得农民的同意，流转收益也相当透明，利益分配方式在取得农民同意的同时也已公开。因此，这种流转方式下的利用分配模式是公开而透明的，类似于国家征地的收益分配方式。对村干部的调查显示，集体建设用地流转收益公开的有效百分比达75%，表3-7反映了这种收益分配是否公开的状况。

表3-7　　　　集体建设用地流转收益分配情况是否公开

项目		频率	占比（%）	有效占比（%）	累计占比（%）
有效	公开	9	40.9	75.0	75.0
	不公开	3	13.6	25.0	100.0
	小计	12	54.5	100.0	
缺失		10	45.5		
合计		22	100.0		

资料来源：村干部抽样调查。

对于集体建设用地流转收益是否公开的问题，对村民的调查结果与对村干部的调查结果显示出比较显著的差异。村民们认为没有公开或不公开的有效百分比高达70.2%，如表3-8所示。目前尚不清楚产生这种差异的原因。

表3-8　　　　集体建设用地流转收益分配情况是否公开

项目		频率	占比（%）	有效占比（%）	累计占比（%）
有效	公开	33	16.0	28.9	28.9
	不公开	80	38.8	70.2	99.1
	不知道	1	0.5	0.9	100.0
	小计	114	55.3	100.0	
缺失		92	44.7		
合计		206	100.0		

资料来源：农户抽样调查。

　　流转收益主要分为以下几个方面：土地使用权（类似征地的所有权出让）出让金、房屋拆迁补偿金、青苗补偿金、临时安置补偿金。集体土地使用权出让金归农民集体所有，由集体成员根据政府相关和本集体实际决定分配方式。房屋拆迁补偿金、青苗补偿金、临时安置补偿金则全部归被征地的农民所有。

　　土地使用权出让金的分配，则由村集体占据了主要的份额。根据对村干部的调查，全部归村集体支配的有效百分比高达77.8%。这种分配模式隐藏着村干部们巨大的道德与违法风险，是农民不满和普遍发生村干部巨额违法腐败现象原因之一。表3-9是对村干部的调查结果。

表3-9　　　　　　　　　集体建设用地流转收益分配方式

	项目	频率	占比（%）	有效占比（%）	累计占比（%）
有效	全部归村集体支配	7	31.8	77.8	77.8
	村集体组织和村民按比例分配	1	4.5	11.1	88.9
	县政府乡政府村集体组织村民按比例进行分配	1	4.5	11.1	100.0
	小计	9	40.9	100.0	
缺失		13	59.1		
合计		22	100.0		

资料来源：村干部抽样调查。

　　与集体建设用地流转收入是否公开类似，对村民的调查显示出与村干部的不一致性，一是认为应该全部归村民所有的有效百分比达35.4%，二是认为应全部归集体支配的仅仅20.2%，与77.8%村干部们的认为应全部归集体支配的比例相差55.6个百分点。这反映出村民与村干部对于集体建设用地流转收益支配权的巨大分歧，如表3-10所示。

表 3－10　　　　　集体建设用地流转的收益是以何种方式分配

项目	频率	占比（%）	有效占比（%）	累计占比（%）
全部都归村民	35	17.0	35.4	35.4
全部归村集体支配	20	9.7	20.2	55.6
乡镇政府、村集体组织和村民按比例分配	7	3.4	7.1	62.6
村集体组织和村民按比例分配	8	3.9	8.1	70.7
县政府、乡镇政府、村集体组织、村民按比例分配	21	10.2	21.2	91.9
不清楚	8	3.9	8.1	100.0
小计	99	48.1	100.0	
缺失	107	51.9		
合计	206	100.0		

资料来源：农户抽样调查。

　　集体建设用地的这种利益分配方式完全忽视了对农民土地承包经营权、林地承包经营权等用益物权的补偿，实际上是土地所有者（农民集体）无偿收回了承包经营权。虽然有个别案例考虑到了流转收益分配向土地承包者倾斜，但由集体成员共享土地使用权出让收益却是非常普遍的现象。没有将土地承包经营权补偿列入集体土地流转补偿项目、忽视对土地承包经营权等用益物权的补偿是当前集体建设用地流转的普遍现实。这种土地流转收益处理方法，隐含了对农民土地承包经营权的剥夺，是农村土地问题导致群体性事件的根源之一。

　　（2）集体经济组织建设用地再次流转的收益分配模式。

　　农民集体（以村委会为代表）的集体建设用地再次流转，由于其决策模式不再是所谓的"民主决策"了，而是由村委会一班人来决定流转的对象和价格，因而其收益的分配也不再公开透明，而是由代表村集体的村委会说了算，比较强势的村支书往往扮演着决策者的角色。这部分在流转的收益主要是租金，大多数情况下，是作为村委会的收入的来源之一，集体组织成员很难分享到这部分利益。通常这也招致集体组织成员（农民）的不满，并且也成为不法村干部的灰色或违法收入来源之一。

（3）农民自发流转（隐形流转）集体建设用地的收益分配模式。

集体建设用地隐形流转在现实中是大量存在的。虽然这种流转方式存在需要支付较大的违法成本的可能性，但基层政府官员在完成上级政府要求的经济增长指标的压力下，往往会支持这种流转方式，以便于更方便招商引资。对鸬鹚渡镇的调查显示，该镇数十踪隐形流转的案例中，几乎都得到了镇政府的支持或默许，当地国土管理部门也以发放"临时占用耕地许可证"的方式为企业占用农地开绿灯，然后经过几年罚款处理，使占用的农地成为事实上的建设用地。隐形流转方式多数为出租，租金一般以每亩农地的净产出的价值来计算；少量以出让方式流转的，出让的期限也不长，出让金也以累计的租金来计算。隐形流转的收入几乎全部归农民所有，集体经济组织一般无法参与这种流转收入的分配。这种收入形式类似于出租承包经营权，不过是考虑到了如果将来需要复垦而增加了部分附加的费用（对农民来说是收益），如鸬鹚渡镇天圣山木胶板厂与农民签订的耕地流转合同中，就明确地规定了租金中包含的复垦费用。因此，农民自发流转的建设用地收益要比农用地流转的收益高出许多。这也反映了流转双方对这种"隐形流转"方式的担忧，从而预提了承担违法责任的成本。

二、宅基地流转情况与城市居民购买农民房屋的意愿与影响因素

1. 宅基地流转的基本情况

目前，除农民集体经济组织内部农民外，农村宅基地的流转在法律上是被严格禁止的，即城镇居民和本集体经济外的农村居

民都在被禁止购买农村宅基地之列。但目前的实际情况是：城镇居民和其他非本集体经济组织外的农村居民在农村购买宅基地的情况普遍存在。在大城市周边，城镇居民下乡购买宅基地的情况较多；而在经济落后地区，集体经济组织外的村民购买宅基地的情况较普遍。相反，本集体经济组织内流转宅基地的情况则较为少见。

本课题组在长沙县果园镇、挑江县鸬鹚渡镇分别调查了7宗宅基地流转案例。6宗属于城镇居民向当地村民购买，1宗属于本集体经济组织外的村民向本村村民购买。流转形式都是转让方式。流转价格由双方协商确定，在8000~50000元不等。宅基地流转一般没有明确转让期限，但都征得了当地村民小组甚至村委会的认可。在果园镇光明村，村委会甚至向流入城镇居民提出向村公益事业捐资的要求，从而获得村委会的默许或认可。从对农户抽样调查的调查结果看，57.4%农民反映村委会对宅基地的流转是不加干涉的，如表3－11所示。

表3－11　　　　　　　　村委会是否干涉宅基地的流转

项目	频率	占比（%）	有效占比（%）	累计占比（%）
干涉	21	10.2	10.7	10.7
不干涉	113	54.9	57.4	68.0
不知道	63	30.6	32.0	100.0
小计	197	95.6	100.0	
缺失	9	4.4		
合计	206	100.0		

资料来源：农户抽样调查。

实际上，村干部对宅基地流转大多持支持态度。在对受访的22位村干部的问卷调查显示支持或有条件支持的有效百分比高达81%，如表3－12所示。

表 3 – 12　　　　　　　　村干部对农民宅基地流转的态度

	项目	频率	占比（%）	有效占比（%）	累计占比（%）
有效	支持	11	50.0	52.4	52.4
	反对	4	18.2	19.0	71.4
	只要不影响他人就可以	6	27.3	28.6	100.0
	小计	21	95.5	100.0	
缺失		1	4.5		

资料来源：村干部抽样调查。

2. 宅基地流转对农村居民的影响

调查发现，大多数村民对宅基地流转持正面看法。主要理由是城里人下乡可以带来投资，增加消费，改善农村文化结构等。即使不愿意出售其宅基地的大多数村民也对引进城里人下乡持欢迎态度。村民们带城里人下乡置业的担忧是可能破坏农村的环境和带来不良生活方式，如开办污染环境的家庭工厂和赌博等。

3. 城市居民购买农民房屋的意愿与影响因素

根据对城市居民的抽样调查分析，影响城镇居民购买农民宅基地和住房使用权的主要因素如下：

（1）受教育程度。

城镇居民的受教育程度与购买农村住房使用权的意愿呈负相关。从分析结果看，城镇居民的受教育程度系数在5%水平上显著，且系数为负值。因为城镇居民受教育程度越高，对国家政策了解程度越深入。由于目前农村住房使用权市场尚未开放，还没有出台明确的相关法律法规和政策。因此，城镇居民受教育程度越高，对农村住房使用权的购买意愿越小。

（2）农村生活的经历。

城镇居民在农村生活的经历与购买农村住房使用权的意愿呈正相关。从分析结果看，城镇居民在农村生活的经历系数在5%水平上显著，且系数为正值。可能是在农村生活时间越长，对农村生活的习惯、环境了解程度越深，相对城市而言，农村生活更为舒适、恬淡。因此，城镇居民在农村生活时间越长，对农村住房使用权的购买意愿越强烈。

（3）资金购买力。

城镇居民是否有充足的资金情况购买农村住房使用权与购买意愿成正相关。从分析结果看，城镇居民是否有充足的资金系数在5%水平上显著，且系数为正值，综合卡方检验也可得出，资金充足的城镇居民购买农村住房使用权的可能性是资金不充足的1.086倍。这是因为资金越充足，则城镇居民购买农村住房使用权的支付能力越强烈，购买意愿也就越强烈。

（4）家庭成员人数。

城镇居民的家庭成员人数与购买农村住房使用权的意愿呈负相关。从分析结果看，城镇居民的家庭成员人数系数在10%水平上显著，且系数为负值。因为城镇居民家庭成员人数越多，则家庭支出越大，对于购买农村住房使用权的支付能力越弱。因此，城镇家庭成员人数越多，购买意愿越小。

（5）农村公共设施。

农村公共设施与城镇居民是否购买农村住房使用权的意愿呈正相关。从分析结果看，农村公共设施的系数在10%水平上显著，且系数为正值，综合卡方检验也可得出，城镇居民愿意购买农村公共设施条件好的农村住房使用权的可能性是公用设施条件不好的2.498倍。因为农村公共设施健全与否影响着人们的生活是否便利、舒适，农村公共设施越健全，购买意愿越强烈。

（6）交通方便的繁华地段。

交通方便的繁华地段与城镇居民购买农村住房使用权的意愿呈负相关。从分析结果看，交通方便的繁华地段在10%水平上显著，且系数为负值，综合卡方检验及访问调查也可得出，城镇居民不愿意购买交通方便的繁华地段的农村住房使用权的可能性是非繁华地段的 0.395 倍。原因可能是城镇居民购买农村住房使用权时更愿意返璞归真，生活在原生态的农村，体验淳朴的农村生活，而过多的娱乐性设施建设则破坏了农村原有的安静和自然。因此，农村所处地段越繁华，娱乐设施越多，反而购买意愿越不强烈。

（7）国家的政策支持。

国家政策是否支持与城镇居民是否购买农村住房使用权的意愿呈正相关。从分析结果看，国家政策支持系数在 1% 水平上显著，且系数为正值，综合卡方检验也可得出，国家政策支持下，城镇居民愿意购买农村住房使用权的可能性是没有国家政策支持的 7.004 倍。因为国家政策支持是城镇居民购买农村住房使用权的依据和保证，反之，则无。因此，国家政策越明确则购买意愿越强烈。

（8）适合的房源。

农村住房使用权是否能够满足城镇居民的个性化需求而成为适合的房源与城镇居民是否购买农村住房使用权的意愿呈正相关。从分析结果看，农村住房使用权是否能够满足城镇居民的个性化需求系数在 10% 水平上显著，且系数为正值，综合卡方检验也可得出，城镇居民在购买农村住房使用权时，能够满足其个性化需求的农村住房使用权的被购买的可能性是不适合自己需求的农村住房使用权的 0.37 倍。因为城镇居民主要还是以城镇生活为主，农村住房使用权主要作为避暑御寒、度假休闲及治病疗养等个性化生活为特点的临时性住房。因此，农村房源越适合城镇居民个性化的需求，则购买意愿越强烈。

三、农村公益性建设用地的流转情况与流转方式

在被调查的 6 个村里，平均每个村拥有公益性建设用地 5.33 宗，共 32 宗。目前仍然用于公益性用途的 14 宗，经营性用途的 13 宗，闲置 5 宗。用于经营性用途的公益性建设用地有 12 宗出租给

企业作为厂房或仓库，一宗用作民办幼儿园，另一宗（果园镇新民村老村部）转让给了城市居民作为住宅用。

由于土地法规对公益性建设用地流转有严格的限制，特别严厉禁止作为经营性用途使用。但在实际中，特别是农村行政村的合并调整后，每个村都多出了 3 ~ 4 宗公益性用地（主要是并村前的老村部和小学），而农村公益性项目（如养老院等）又没有开办起来，客观上造成了公益性建设用地的富余。如果不能流转作为经营性用途，则势必造成土地资源的浪费。因此大多数的村委会采取了比较现实的做法，即把这些富余的公益性用地低价出租，尽量不签长期合约，以便在能在可以预见的时间内能够收回，以此作为规避政策和法律风险的措施。但这种流转方式，既减少了村集体的收益，又消减了承租企业长期投资的信心，甚至造成了公益性土地严重的闲置浪费。

四、各地经营性集体建设用地流转政策与流转情况的比较

1. 不同地区经营性集体建设用地和宅基地流转法规比较

各地对集体经营性建设用地流转的政策法规不尽相同，通过实地考察和对相关法规的梳理，不同省份的法规差异比较如表 3 - 13 所示：

表 3 - 13　　　　各地经营性集体建设用地流转法规比较

省份	土地转用审批	出让主体规制	流转对象规制	流转市场规制	流转方式规制	流转价格规制	流转收益分配规制
湖南省	地、市、州政府	村委会、乡镇政府	各类工商企业但不得用于商品房开发	通过公开市场交易，通过招、拍、挂方式	出让、出租、作价入股、抵押	市场定价	集体收取土地流转收益，政府收取土地增值收益

省份	土地转用审批	出让主体规制	流转对象规制	流转市场规制	流转方式规制	流转价格规制	流转收益分配规制
湖北省	地、市、州政府	村委会、乡镇政府	无	通过市场交易，通过招、拍、挂或协议方式	出让、出租、转让、转租、入股	市场定价、协议定价	各级政府收取部分土地流转收益（分成）、其余作为集体收入
广东省	县、市政府	土地所有者、乡镇村集体经济组织	不得用于商品房开发	统一供地，协商定价	出让、出租、转让、转租、入股、抵押	协商定价	流转收益分配：所有者、村委会和各级政府分成
江苏省	县、市政府	村委会、乡镇集体经济组织	不得用于商品房开发	协议或招、拍、挂（限商业、娱乐、旅游用地）	出让、出租、作价入股、抵押	市场定价、协议定价	全部归村和村民小组

2. 广东省和江苏省典型地区经营性集体建设用地流转情况介绍

课题组组织了对广东东莞和江苏苏州集体建设用地流转情况的调查。这两个地区集体建设用地流转模式各有其特点，调研范围仅限于典型案例调研，因而缺乏面上的数据，从只能通过案例提供一个观察视角。

东莞市的调查点定在厚街镇。该镇集体建设用地供地主体分为以下几种类型：一是村委会。属于村集体的未承包给农民土地转为建设用地的，由村委会作为供地主体，办理农用地、未利用地转用手续，并以招商方式实现土地流转。但是，村委会供地中，至少有80%以上没有办理土地转用手续，而是直接将土地（大多为耕地）直接租赁给企业，用作工业和住宅开发。二是村级经济发展（或开发）公司。在村范围内成片开发的，成立村级经济发展（或开发）公司，承包土地的农民以土地入股公司，以此为平台办理农用地、未利用地转用手续，并以招商方式实现土地流转（资料来源：王小映，"论土地利用规划的公平与小率"，《国家行政学院学报》，2003年年底3期）。三是跨村级经济发展（或开发）公司。在乡镇内跨村开发的，成立经济开发区和跨村级经济发展（或开发）公司，承包土地的农民以土地入股公司，以此为平台办理农用地、未利用地转用手续，并以招商方式实现土地流转。集体建设用地审批权限在县（区）级政府，通过协议确定流转对象和流转价格，流转收益在政府与集体经济组织（公司）分成，同时国家通过对公司征税获得税收收入。设立明确的供地主体，以此作为集体建设用地审批和流转平台，这是东莞市集体建设用地流转的特色。

苏州市的调查点选在吴中区临湖镇。该镇集体建设用地供地主体分为以下几种类型：一是镇级经济开发公司（开发园区）。目前该镇有三个经济开发园区：装备科技园、新材料产业园、现代物流园，分别了成立了三家开发公司，以公司作为集体建设用地申报和流转平台。二是村委会。属于村集体的未承包给农民土地转为建设用地的或作为承包地统征主体征地，由村委会作为供地主体，办理农用地、未利用地转用手续，并以招商方式实现集体建设用地流转。

这两个地区集体建设用地流转的规模都相当大，如厚街镇，几乎占到了全镇土地面积的一半，占建设用耕地地的70%以上。如此大规模的土地转用，尚不清楚是否都有合法的用地手续（是否办理了农用地和未利用地转用手续）。

3. 湖南省与其他地区集体建设用地流转差异

与上述两个地区相比，湖南省的集体建设用地的流转主要有以下差异：一是湖南审批部门层次不一样。湖南规定集体建设用地的土地转用由地州市级政府审批，并占用相应的土地转用指标；而上述两地区集体建设用地土地转用审批为县区级政府，但尚不清楚是否占用土地转用指标或存在超标审批的情况。二是湖南几乎没有设立集体建设用地流转运作平台。据我们的调查，湖南很少有成立专门的土地运作平台公司来实施集体建设用地流转操作的，我们见到的唯一平台是村委会，即使有企业参与，但集体建设用地的审批流转程序还得通过村委会来实施。比如果园镇浔龙河生态小镇建设，其用地仍然是通过双河村村委会来运作的。三是湖南要求集体建设用地在土地市场公开交易，而广东、江苏则以协议流转为主，江苏只对商业、娱乐、旅游用集体建设用地要求公开交易。四是流转收益的分配主要以土地所有者为主，政府主要通过税收方式参与分配；湖南在这方面没有明确的规定。

五、农村集体建设用地流转对各利益相关方的影响

由于要掌握集体建设用地流转的绩效的全面分析资料是困难的，因而只能从用流转各案来分析其对社会各方地带来的利益或损失，然后大致估计集体建设用地流转的社会经济绩效。集体建设用地流转涉及的利益相关方主要包括：拥有承包经营权的农民、土地所有者（村民小组，村农民集体）、村委会、各级政府、转入建设用地的企业或个人。

在无法取得全面数据资料的情况下，如何分析集体建设用地流转的绩效？可行的办法是找一个参照物来进行对比，比较分析它对于各方的有利和不利影响，进而讨论它对于整个社会的影响。我们认为，以国家征地和国有土地使用权流转作为参照物是一个比较好的选择。

对于初次流转，我们以果园镇双河村浔龙河生态小区项目（涉及集体建设用地134亩）作为个案来分析其作为集体建设用地（实际状况）和假设其被征收为国有建设用地（假设状况）对各个利

益相关方的影响。有关情况列表分析如表 3 - 14 所示：

表 3 - 14　　农地转用（集体建设用地）与国家征地的绩效比较

对比项目		集体建设用地初次流转（村统征地）	征收为国有建设用地（假设）	指标对比	
				绝对值	相对值（%）
被征地农民	土地补偿	青苗补偿（元/亩）	7200	15500	- 8200	- 52.90
		社保承诺（元/亩）	无保障	有保障		
	房屋及其他补偿	钢混 + 装修（元/平方米）	750 + 550	1850	- 550	- 29.73
		砖混 + 装修	600 + 450	1680	- 630	- 37.50
		砖木 + 装修	500 + 400	1550	- 650	- 41.94
		土木 + 装修	400 + 300	1200	- 500	- 45.80
		生产用房	120 元/平方米	400	- 280	70.00
		搬迁补助	12 元/平方米	60	- 48	- 80.00
		过渡补助	144 元/平方米	450	- 306	- 68.00
		标准户（元）	309240	635400	- 326160	- 51.33
村委会		土地补偿费（元）	40000	50500	- 10500	+ 20.79
		设施补偿费（元）	15000	22900	- 7900	- 34.50
		土地流转收入（元）	35000	0	+ 35000	+ 100
		小计（元）	90000	73400	+ 16600	+ 22.62
政府		土地收入（元）	22000	150000	- 128000	- 85.33
用地企业		用地成本（元）	150000	280000	- 130000	- 46.43

　　注：户均按标准户型估算，标准户型设定：砖混房 240 平方米、生产用房 120 平方米、人口 4 人。

　　资料来源：根据长沙县国土资源局提供的相关资料整理。

　　对此案例分析可以看出：集体建设用地的最大受益方是用地企业，其使用集体建设用地成本比国有建设用地成本低 46.43%；第二大受益方是村委会，其土地收入比国家征收增加了 22.61%。被征地农民和政府土地收入分别比国家征地减少 51.3% 和 85.33%。这种土地收益分配格局在其他地区的调查案例中也获得了印证。对农民的抽样调查显示：53.8% 的受访者认为集体建设用地流转使农民利益受损，高达67.6%的受访者希望国家征收，希望集体征收（转用）的仅占5.3%。但对村干部的调查则显示相反的结果，高达62.5%的受访者希望由村里来转用，而不是国家征收。至于用地企业，集体建设用地无论是出让还是出租，都持正面态度，唯一抱怨的是集体建设用地不能设定抵押权及再次流转受限。表3-15是对农户抽样调查统计结果。

表3-15　　农民对国家征收和村里转为建设用地的支持率

项目	频率	占比（%）	有效占比（%）	累计占比（%）
国家征收	127	61.7	67.6	67.6
集体转用	10	4.9	5.3	72.9
无所谓	40	19.4	21.3	94.1
其他	11	5.3	5.9	100.0
小计	188	91.3	100.0	
缺失	18	8.7		
合计	206	100.0		

资料来源：农户抽样调查。

第四章

农村集体建设用地流转的机理

影响集体建设用地流转的主要因素包括：土地权利、土地收益、土地市场。集体建设用地流转是土地权利、土地利益和土地市场三个方面达到均衡的结果。因此，了解集体建设用地流转的机理要从这三个方面来进行探讨。

一、农用地、集体建设用地和国有建设用地的权利差异

根据物权法规定的原则，我国现行法律对农用地、集体建设用地和国有建设用地所设定的权利是不一致的。土地权利包括所有权、承包权、使用权、经营权以及对这些权利设定的交换、抵押、收益权。对于使用权与经营权又有规划和用途的管制，限制了其改变用途的权利，形成土地的发展权。构成土地基本权利有所有权、使用权（或承包经营权）和发展权。土地的发展权是指权利人改变其用途的权利，如农业地改变为建设用地，建设用地中工业用地改变为商业用地等。表4-1描述了现行法律体系下三种类型的经营性土地的权利体系设置的概貌。

表 4 – 1　　　　　　　　　三种类型的土地的基本权利比较

权利要素	农用地			集体建设用地			国有建设用地		
	所有权	承包经营权	发展权	所有权	使用权	发展权	所有权	使用权	发展权
权利人	农民集体	农民家庭	政府	农民集体	企业或个人	政府	国家（政府）	企业或个人	政府
期限	永久	30 年	不定	永久	不定	不定	永久	40 ~ 70 年	不定

由表 4 – 1 可见，目前法律对于三种类型的土地权利的设置是有区别的。农用地的权利限制最大，表现在所有权主体虚置、承包经营权期限短、所有权和承包经营权都没有设置明确的抵押权、发展权被政府垄断（集体和农民都无权改变其用途）。其次是集体建设用地的权利也受到多种制约，主要表现在所有权主体虚置、使用权期限不明确、抵押权难兑现，使用者和所有者都没有发展权。相对来说，国有建设用地的权利体系是比较清晰和完整的，其使用权和抵押权都得到了市场的认可。

在基本权利体系框架下，所有权和使用权（或承包经营权）又可以分别设置交换权和抵押权。目前法律体系下这两种次生权利的设置情况如表 4 – 2 所示。

表 4 – 2　　　　　　　土地交换权和抵押权的设置和实施情况

实施情况	农用地				集体建设用地				国有建设用地			
	所有权		承包经营权		所有权		使用权		所有权		使用权	
	交换权	抵押权	交换权	抵押权	交换权	抵押权	交换权	抵押权	交换权	抵押权	交换权	抵押权
是否设置	否	否	有	有	否	否	有	有	否	否	有	有
是否实施	否	否	有	否	否	否	不全	不全	否	否	有	有

交换权和抵押权设置的差异，在市场上表现为土地的资源和资

产特性差异。简单来说，从可否交换、变现和增值的角度来考察，集体土地所有权仅仅只是一种资源而已，其权利人无法通过交换变现，更难实现增值（资本属性）；而国有建设用地使用权则可以通过交换来实现变现（买卖、抵押）、增值，具备了资本的特性；集体建设用地权利的特征则介于农用地和国有建设用地之间，在一定条件下可以变现（如破产清算、收购兼并）、甚至增值，还有可能转变为国有建设用地（无须用地指标），因此它成为了权利人的一项资产被市场接受。

　　土地权利的第三个层次是无论是交换还是抵押获得的价值（或收益）的处分权或受益权。由于土地所有权的交换权和抵押权前仍然是被禁止的（国家征收除外），因此对土地收益权的讨论只限于土地的使用权和承包经营权的收益处分权。土地交换（流转）收益的处分权，在目前的法规体系下，其设置情况如表4-3所示：

表4-3　　　　　　　土地使用权和承包经营权收益处分权划分

权力层次	农用地			集体建设用地			国有建设用地		
第一层次	承包经营权			使用权			使用权		
第二层次	交换权、抵押权			交换权、抵押权			交换权、抵押权		
第三层次	收益处分权			收益处分权			收益处分权		
受益人和收益处分情况	承包权人	集体	国家	使用权人	集体	国家	使用权人	集体	国家
	大部分	少或无	无	有	有	税费收入	大部分	无	土地出让金、税收

　　土地流转收益的分配，目前有部分地区出台了一些行政规章，广东等沿海发达地区的一些地市级政府出台有相关的政策，但至今还没有见到省市级以上的法律法规和行政规章规范集体建设用地流转的收益分配。集体建设用地无论是其有形的地块，还是其无形的利益，都是连接农村和城市的敏感地带，引发了个利益相关方的对其收益的争夺，造成了严重的社会问题甚至社会危机。因此，对于

集体建设用地权利的界定已经到了刻不容缓的地步。

集体建设用地的有序流转主要取决于三个方面的均衡：权利均衡、收益分配均衡和市场均衡。权利决定收益分配模式，市场决定价格，土地市场价格和土地收益分配模式决定各利益相关方的实际受益。集体建设用地流转只有在这三个方面取得均衡，才能实现有序的流转，实现各方共赢。

二、集体建设用地流转的权利均衡

集体建设用地的初次流转阶段涉及土地的所有权、承包经营权、使用权、交换权和发展权；再次流转阶段涉及使用权、发展权、交换权和抵押权；而这两个阶段上述权利的落实都会涉及收益处分权。集体建设用地有序流转必须以上述权利安排达到均衡为条件，否则无序的流转和寻求权利平衡的过激行动（以群体性事件为代表）就不可能杜绝。

土地权利主体明确化、边界清晰化是土地有序流转的前提。而要明确权利主体和清晰地界定权利边界，又必须尊重历史和现实，在此基础寻求达到权利平衡的方法和途径。在课题调查过程中，我们发现各地都有这个方面的实践探索和创新，并且有些成功的案例可供我们借鉴。

在目前的现实条件下，集体建设用地的各利益相关方的权利在什么条件下可以达到均衡？如何达到均衡？这个问题是了解集体土地流转机理的关键。我们还是从权利主体和权利边界的界定两个方面来分析，力图找到避免权利冲突，达到权利均衡的条件。

1. 集体建设用地所有权的权利主体——历史与现实

集体建设用地所有权属于农民集体，不管它是来自农民的承包地或宅基地，还是没有承包的未利用地。这一点在法律上是非常明确的。但是，在实际上还存在两个需要澄清或明确的问题。首先，这个"农民集体"到底指的是什么，它能否成为名副其实的可以行使土地所有权的主体？其次，农民对土地集体所有制（特别是宅基地）到底有多大的认同度？

按照现行的权威解释，"农民集体"包括村民小组、村农民集体、乡镇农民集体、其他农民集体经济组织。在农村集体土地所有权确权颁证实践过程中，实际颁证的对象只有村民小组、村农民集体、乡镇农民集体三大类。实际上是承包下去了的土地所有权确权到"村民小组"、未承包下去的原来属于村里的或乡镇管理的土地的所有权分别确权到"村农民集体"和"乡镇农民集体"。至于"其他农民集体经济组织"，在办理土地所有权确权发证过程中还没有取得土地所有权的案例。因此，所谓的农民集体在实际中就是"村民小组"、"村农民集体"和"乡（镇）农民集体"三大类了。

如果追溯历史，很显然这三类所谓的"农民集体"就是人民公社体制下的生产队、生产大队和人民公社的翻版，只不过是地域范围有所变化而已。尽管名称不同，所辖地域有异，但共同的特点却没有变：那就是把某一自然地域内的人群强制性地捆绑在一起，组成一个"集体"，由这个"集体"来行使区域内至为重要的生产资料（主要是土地）和公共设施的所有权和管辖权。这个"集体"相比人民公社的最重要的变化是：集体成员不需要强制性地参加集体的统一经营和集体劳动了。这一点也就是20世纪70年代末以来开始的农村改革的重大成果。历史事实已经证明：人民公社体制是不成功的、灾难性的社会实验。生产资料公有、统一经营、共同劳动是人民公司体制的基本特征，而生产资料公有则是人民公社的基础，统一经营和共同劳动是建立在生产资料公有这个基础上的。农村联产承包责任制改革的实践把共同劳动给改掉了，也实行了以家庭经营为主的体制变革，但基本生产资料的公有和集体统一经营层次仍然被保留下来。现今农村土地公有（集体所有）的主体"村民小组"、"村农民集体"和"乡（镇）农民集体"就是这种改革后遗留下来。这就需要我们从实际出发，来回答这些"集体"是否可以承担农村集体土地所有权的职责，并达到设计集体所有制的初衷：保护农民的土地权利。

所谓"组织"是以结构化和协作的形式共同工作来实现一系列目标的群体，这些目标包括利润（企业）、知识发现（大学）、国家安全（军队）和社会满意（慈善机构）等。经济组织则是以经济利益为目标，以结构化（分工）和协作的形式共同工作的群体。很显然上述三类"农民集体"不具备作为一个经济组织的基本特征，也没有获得农民的认同。首先，"农民集体"成员不具确定性。即使是最低层次的"农民集体"——村民小组，它到底由哪些人组成？他们的共同目标是什么？目前无论在理论、实践还是法律上，都无法准确地予以界定。至于"村农民集体"和"乡（镇）农民集体"就更无从谈起了。其次，目前"农民集体"实际运作情形也否定了"农民集体"存在的价值。村民小组并不具备经济组织的特征，实际上大多数的村民小组没有一个管理的机构（一般只有一个小组长），甚至没有一枚象征组织的印章，无法行使"以结构化和协作的形式"共同工作的使命。我们在调查过程中发现，作为农村集体土地的所有者，大多数的村民小组和小组长竟然不愿意领取"农村集体土地所有权证"，而是交由村委会代管。尽管农村土地所有权大部分确权到了"村民小组"，但村民小组的领证率却极低，这个事实也证明了村民小组并不具备作为经济组织而存在的价值。至于"村农民集体"和"乡（镇）农民集体"则近乎虚构，完全是由村委会和乡（镇）政府代表了。再其次，从目前农村集体土地管理的实际来看，事实上行使农村集体土地所有权的是村委会、乡镇政府或其代理机构（开发园区、管委会、控股公司等），并无"农民集体"的身影。目前农村在农用地转用、国家征地、宅基地的批准、落实承包经营权等涉及行使土地所有权的事项实际上几乎都是由村委会、乡镇政府或其代理机构实际操控的。即使是关系农民切身利益的宅基地的审批，认同村民小组具有决定权的仅占到出样调查农户的2.6%，如表4-4所示，各地大量出现的村统征集体建设用地就是一个典型的案例，在这些案例里，村委会都是作为集体土地所有者的身份出现在政府的批文里。这种情形导致了乡村权贵对农村集体土地所有权的实际操控和大量的乡村官员贪腐案的发生。

表4-4　　　　　　　农民宅基地的申请审批权限的认识

项目	频率	占比（%）	有效占比（%）	累计占比（%）
村长或乡（镇）长说了算	5	2.4	2.6	2.6
村委会成员讨论决定	12	5.8	6.2	8.7
村民小组讨论决定	5	2.4	2.6	11.3
县政府批准	77	37.4	39.5	50.8
乡镇政府审核	62	30.1	31.8	82.6
不知道	16	7.8	8.2	90.8
其他	18	8.7	9.2	100.0
小计	195	94.7	100.0	
缺失	11	5.3		
合计	206	100.0		

资料来源：农户抽样调查。

　　无论历史和现实都已证明，传统意义上的画地为牢的"农民集体"，是无法真正代表农民行使土地所有权的。因为"农民集体"主体虚置，而法律又规定其为农村集体土地的所有者，这实际上是由一个虚构的实体来行使农村土地的所有权。这就如同英联邦的土地都属于英国女王所有一样，象征意义更为明显。这样的权利主体设置模式，实际上给一些并不拥有权利的人行使权利创造了条件，为乡村权贵操控农村土地所有权开了绿灯。

　　从更深层次来考察，农民到底对土地的集体所有制有多高的认同度呢？课题组也试图从实证角度来回答这个问题。我们以宅基地和农村建设用地作为观察样本来考察农民对于建设用地集体所有权的认同度。根据对农民的访谈和农户抽样调查的数据分析，可以得出以下几点结论：

（1）农民对宅基地集体所有的认同度非常低。对农民的抽样调查显示，认同宅基地归国家或个人所有的占比最高，分别达36.6%和41.2%；认为属于村集体和村民小组所有的，合计只占19.1%，如表4－5所示。这个结果与我们在访谈了解到的情况相一致：农民宁愿把宅基地交给国家，也不愿意交给"集体"；当然最好是归农民个人所有。

表4－5　　　　　　　　　　宅基地使用权归谁

项目	频率	占比（%）	有效占比（%）	累计占比（%）
国家	71	34.5	36.6	36.6
村集体	30	14.6	15.5	52.1
村民小组	7	3.4	3.6	55.7
自己	80	38.8	41.2	96.9
不知道	6	2.9	3.1	100.0
小计	194	94.2	100.0	
缺失	12	5.8		
合计	206	100.0		

资料来源：农户抽样调查。

（2）农民希望拥有宅基地的永久使用权。抽样调查的结果显示这一比例高达85.5%，如表4－6所示。这个结果与我们在访谈了解到的情况也完全一致：绝大多数的农民希望保留他们世世代代住居的"老屋"，甚至把它传给子孙后代。这体现了农民对乡土的情感和传承财富的强烈意愿，也是他们对于本应属于自己的财产的最后坚守。

表 4 - 6   宅基地使用期限

项目	频率	占比（%）	有效占比（%）	累计占比（%）
有期限	6	2.9	3.0	3.0
无期限	171	83.0	85.5	88.5
不知道	23	11.2	11.5	100.0
小计	200	97.1	100.0	
缺失	6	2.9		
合计	206	100.0		

资料来源：农户抽样调查。

（3）农民对与自己切身利益无多大关系的农村建设用地的所有权不甚关心，大多认同其属于集体（村集体和村民小组）所有，占比高达69.8%。这个结果与我们对农民的访谈了解的情况也是高度吻合的。农民们已经退让到除宅基地外的其他土地都可以公有化甚至放弃的地步。表4-7是抽样调查的分析结果。

表 4 - 7   调查对象建设用地应属谁所有

项目	频率	占比（%）	有效占比（%）	累计占比（%）
个人	4	1.9	2.6	2.6
村集体	69	33.5	44.2	46.8
村民小组	40	19.4	25.6	72.4
乡（镇）政府	4	1.9	2.6	75.0
国家	31	15.0	19.9	94.9
不清楚	8	3.9	5.1	100.0
小计	156	75.7	100.0	
缺失	50	24.3		
合计	206	100.0		

资料来源：农户抽样调查。

根据以上分析，可见农民对除宅基地外的农村土地集体所有的认同度是非常高的。不管是无奈之举，还是真心实意，农民似乎已经放弃了对于除宅基地之外的农村建设用地的所有权要求。而对于宅基地，农民要求有所有权，或干脆把所有权交给国家，但要求有永久使用权。要求农民把宅基地所有权交给"农民集体"，并由"农民集体"来决定宅基地的使用权的做法，将会触及农民对于土地权利的底线。

2. 集体建设用地的权利边界——农民、集体、政府的权利划分

现行法律法规对集体建设用地的权利分配以及在现实中是如何行使的，前面我们已经做了描述，但农村建设用地的各利益相关方对土地权利的要求及其合理性仍然值得进行更深入的分析，以便寻找现实经济条件下各方的权利冲突的根源及调整的方法。表4–8以宅基地为例，描述目前农村集体建设用地（宅基地）的权利分配与权利要求的情况。

表4–8　　　　　　　　宅基地的权利分配与权利要求

权利主体	权利分配					权利要求
	所有权	使用权			发展权	
		交换权	抵押权	收益权		
农民	无	受限（限制在本集体内）	无	有限	无	永久使用权及其附带权利，有限发展权
农民集体	名义	无	无	无	无	主体虚置，无要求
村委会	有（实际控制）	受限（可统征）	无	有限	无	所有权、有限发展权
政府	受限（可强征）	受限（可强征）	无	有	有	不受限制强征权，垄断发展权

目前宅基地权利分配最突出的矛盾是：一是农民集体（村民小组等）所有权旁落，村委会成为集体土地（包括宅基地）所有权的实际控制人。除此之外，村委会还可以以集体的名义统征宅基

地，并享有大部分收益权；同时村委会也把控了宅基地的发展权（转为集体工业或商业用地）。作为村民自治组织的村委会操控农村集体土地所有权是农村土地矛盾的根源所在，也为乡村权贵控制集体土地所有权提供了条件。二是农民土地权利严重受限。尽管农民仍然享有宅基地使用权，但其交换权被限制在本集体内，除出租的情形外，其收益权也被严格限制，只能享有政府公布的分配土地收益且还要分利给村委会。事实上，本集体内的宅基地交易是没有必要的，因为只要符合条件，本集体村民都可以分得宅基地。在我们调查的宅基地交易案例中，就没有一个本集体内宅基地交易案例。三是农民集体名存实亡，法定土地权利无法落实。四是政府对于农民和农民集体土地的权利漠视，征地权限超出法律规定。

在矛盾冲突的同时，各个权利主体又对农村土地权利提出了各自要求。农民要求宅基地永久的使用权及其带来的各项权利，同时也希望获得有限的发展权，比如利用自家宅基地开办家庭工厂，且这种案例在农村中是非常常见的。村委会则希望获得农村土地的实际所有权，并支配部分使用权，同时还希望有部分发展权，如村统征地就是要求发展权的典型的案例。而政府，特别是基层政府，则要求更多的征地权，不管是否出于"公共利益需要"。在果园镇杨泗庙社区，社区曾以统征（以宅基地名义）方式获得邻镇街道两边约20亩土地，以宅基地的名义向外招商，计划获利近120万元，后被县政府以不合法的名义收回并实施国家征收，获利400多万元。这被该社区主任比喻为政府"吃霸王餐"。这种政府"吃霸王餐"与村委会争夺发展权的案例在其他地区也普遍存在。

农民土地交换权、抵押权为何不能落实？其中的原因还包括土地产权不清，农民无法提供交易的产权凭证。目前开展的土地确权发证有望解决这一问题。

3. 土地权利均衡的条件

如何重塑农村土地权利体系，以使各个利益相关方土地权利达到均衡?

实现土地权利均衡主要应该具备三个条件:一是权利主体实体化,且各主体权利边界清晰;二是权利内容明确,并且具有明确的法律规定,也就是真正实现物权法定;三是权利的实际运用受到法律的保护。

根据我们对于农民、村干部的调查了解,能够被双方接受的权利边界大致如表4-9所示:

表4-9 农民和村干部基本认可的宅基地权利边界

权利要求	所有权			使用权			发展权
	交换权	抵押权	收益权	交换权	抵押权	收益权	
农民	无	无	部分	有	有	有	受限
农民集体	有	有	大部分	无	无	无	受限
村委会	无	无	管理费	无	无	管理费	协调权
政府	有限（征收）	无	税收	无	无	税收	决定权

4. 避免农村集体建设用地权利冲突的探索与创新

调查发现重塑农村集体建设用地权利关系的创新方式是以土地入股方式重构农民集体经济组织。"农民集体"虚置是农民土地权利旁落的根本原因。为了解决这一问题,沿海省份进行了一些有益的探索和创新。具体的办法是"集体成员明晰化,成员权利股份化",以土地入股组建股份公司,以股份公司的名义组织开发土地。如广东东莞各村组建的经济开发公司就是这种创新的案例。

三、集体建设用地流转的市场均衡

明确的权利主体和清晰的权利边界,是集体建设用地流转（市场交易）得以顺利进行的前提条件，但市场供求则是实现流转的决定性力量。目前集体建设用地的市场还极不完善，还需各方面的改善才能达到有效的市场供求均衡。

1. 集体建设用地市场供给

集体建设用地的市场供给来自两个方面：存量建设用地和增量建设用地。正如前面的描述的集体建设用地存量情况一样，存量建设用地中的大部分是不合法用地，一般没有合法的土地使用权证，其市场流转也以"隐形流转"的方式进行。由于现时对农村土地管控严格，增量建设用地一般来说都是有合法集体建设用地使用权证的，其实市场流转也是公开的，有些甚至通过农村土地交易市场（如长沙市）。由于集体建设用地审批难度大（需地市级政府审批），有些地方的城镇建设以宅基地（只需县市级政府审批）的名义向社会批租转让，造成这部分购地农民"一户二基"甚至"一户多基"，而城镇购地居民则拥有农村宅基地的现象。长沙县果园镇大河村就有 32 户农户因此出现"一户多基"现象，造成农民因翻修旧宅无法获批而集体上访。这种现象在 20 世纪 90 年代末的小城镇建设过程中非常普遍，成为一个有待解决的历史遗留问题。

用地单位抽样调查调查结果显示：占 97.1% 的集体建设用地来自村集体（村委会），只有 1 家（占 2.9%）来自企业或个人。但在挑江县鸬鹚渡镇的调查则显示，大部分的集体建设用地供给来自农民个人，而这些建设用地大多是不合法的。因此，可以合理地估计，村委会几乎垄断了合法的集体建设用地的供给。这本身是目前政策选择的结果，因为只有村委会才能成为农地转用申请报批的主体，这导致了作为村民自治组织的村委会操控农村集体建设用地流转的条件，从而把真正的土地所有者排除在外，如表 4 - 10 所示。

表 4 - 10   集体建设用地的来源

项目		频率	占比（%）	有效占比（%）	累计占比（%）
有效	村集体	33	97.1	97.1	97.1
	企业或个人	1	2.9	2.9	100.0
	合计	34	100.0	100.0	

资料来源：用地单位抽样调查。

从供给量来看，经营性集体建设用地整体上处于供过于求的状态。这从目前经营性集体建设用地 20% 多闲置状况可以得到印证。

至于宅基地的供给，增量宅基地目前则基本处于计划供给状态。在城市规划区以外，符合条件的村民基本都可以申请到宅基地；而在城市规划区以内，申请宅基地的难度就要大得多。但存量宅基地则存在 12.5% 左右的闲置，并且 31.5% 的宅基地愿意提供给市场出租或出售。

2. 集体建设用地市场需求

对于集体建设用地，主要的需求方包括：自主创业的农民、小型企业主、从事农产品加工大企业的产业化延伸、其他利用乡村资源的中小型企业，大城市周边则还包括物流、仓储企业和中小型加工企业。对 34 户集体建设用地企业的调查显示，私营企业占到58.8%。

企业和个人选择集体建设用地的主要原因：一是集体建设用地的价格（租金）相对较低；二是相对于国有建设用地，集体建设用地可以租赁，一次性投入少（买地），降低了创业门槛；三是用地手续简便，省去了许多复杂的行政审批程序；四是可以利用农村丰富廉价的劳动力资源。表 4 - 11 是对用地单位抽样调查的结果。

表 4 - 11　　　　　　　用地单位选择集体建设用地的原因

	项目	频率	占比（%）	有效占比（%）
有效	建设用地流转费用低	21	61.8	67.7
	可以租赁	18	52.9	58.1
	流转手续简单	20	58.8	64.5
	劳动力丰富廉价	16	47.1	51.6
	其他	8	23.5	25.8

资料来源：用地单位抽样调查。

我们还从用地单位"为何不选择国有建设用地"这个角度来考察企业和个人用地倾向，得到的答案与前面的结论十分吻合。说明在目前的情形下，用地单位宁愿冒一定的违法风险，而选择使用集体建设用地的事实。表 4 - 12 是调查统计的结果。

表 4 - 12　　　　　　　用地单位为何不选择国有建设用地

	项目	频率	占比（%）	有效占比（%）
有效	国有地太贵	20	58.8	64.5
	手续繁杂	19	55.9	61.3
	国有地不能出租，一次性投入太大	16	47.1	51.6
	其他原因	10	29.4	32.3

资料来源：用地单位抽样调查。

3. 宅基地的市场供求

（1）宅基地的市场供给。

事实上如前所述，农村宅基地存在 12.5% 的完全闲置现象，部分闲置者则更多。在农村，空置的房屋比比皆是，如果说有部分城市成为"鬼城"的话，那么"鬼村"现象则相当普遍。造成"鬼村"的原因在于城市化，数以亿计的农民工及其子女进城务工就学，留下无人居住的房屋。这种现象造成的社会资源的浪费是十分惊人的。那么，进城的农民是否愿意将其空置的房屋连同宅基地出售呢？通过对206户农民的插样调查，农民愿意出售空置房屋和宅基地的比例达31.5%。如果按照完全空置的比例（12.5%）与愿意转让宅基地的比重计算，整体上至少有3.94%的农民愿意出让其宅基地。按2012年湖南省1421万农业户估算，全省愿意出售宅基地及房屋的农户多达55.99万户，如果能够投放市场，将形成巨大的供给。农户抽样调查统计结果如表4-13所示：

表4-13　　　　农民转让空置房屋和宅基地使用权的意愿

项目	频率	占比（%）	有效占比（%）	累计占比（%）
愿意	62	30.1	31.5	31.5
不愿意	117	56.8	59.4	90.9
不知道	18	8.7	9.1	100.0
小计	197	95.6	100.0	
缺失	9	4.4		
合计	206	100.0		

资料来源：农户抽样调查。

（2）城镇居民购买农村宅基地的意愿与影响因素。

通过对153位城市居民的抽样调查，愿意购买农村宅基地的比例高达66.2%。按2012年湖南省161万户城镇居民推算，有意愿购买宅基地的城镇居民高达99.8万户。因此，如果不考虑购买力因素，仅从购买意愿分析，如果放开村宅基地市场，与愿意出售宅基地的农户55.99万户比较，农村宅基地将呈现供不应求的市场情势。

城镇居民购买农村宅基的意愿主要与以下因素呈正相关关系：一是农村生活的经历。城镇居民在农村生活的经历与购买农村房屋的意愿呈正相关。在其他条件不变的情况下，城镇居民在农村生活的时间越长，城镇居民对农村房屋的购买意愿越大。二是是否有充足的资金。城镇居民是否有充足的资金情况购买农村房屋与购买意愿呈正相关。在其他条件不变的情况下，城镇居民有充足的资金，则购买意愿越强烈。三是农村交通情况。农村交通情况与城镇居民是否购买农村房屋的意愿呈正相关。在其他条件不变的情况下，农村交通条件越好，则城镇居民的购买意愿越强烈。四是国家政策支持情况。国家政策是否支持与城镇居民是否购买农村房屋的意愿呈正相关。在其他条件不变的情况下，能得到国家政策的支持，则城镇居民的购买意愿越强烈。五是合适的农村房源。合适的农村房源与城镇居民是否购买农村房屋的意愿呈正相关。在其他条件不变的情况下，农村房源越贴合城镇消费者对农村房屋的需求，则城镇居民的购买意愿越强烈。

宅基地市场需求与经营性建设用地市场不同，其需求相对来说比较旺盛，特别是城镇居民对于农村宅基地的潜在需求巨大，在对城镇居民的随机抽样调查中，有接近2/3的受访者有购买意向。

4. 经营性集体建设用地市场供求均衡的条件

经营性集体建设用地市场供求均衡取决于供求双方的力量。决定性的因素包括供地和用地成本、交通便利程度、市场开放程度与市场保护。这些因素共同决定经营性建设用地市场均衡与价格。

从供给方面来看，集体建设用地市场供给主要受到供地成本、农用地收益、农村土地政策与执行情况的影响。由于通过正规途径供给集体建设用地的成本相对较高（增加政府税费），而农用地的收益相对建设用地的收益又普遍较低，加上农村土地政策的矛盾冲突执行困难，故导致大量的非法供地的现象发生。据调查分析，非法供地成本一般只有合法供给集体建设用地的30%，而合法集体建设用地的供地成本又在国有建设用地成本的10%~50%。这导致非法供地盛行、集体与政府争地（所谓政府"吃霸王餐"）、集体建设用地难审批的情况。

从需求方面看，集体建设用地市场需求主要受到用地成本、交通便利度、国有建设用地成本、国家土地执法等因素的影响。集体建设用地用地成本低、一次性投入少的特点，是吸引厂商和创业者的根本原因，以至于他们不惜冒违法用地的风险。

由于土地政策法规的限制，目前集体建设用地市场发育的不完全性，集体建设用地市场尚不具备完全竞争条件，市场交易仍然处于"隐形交易"状态，交易价格并不是完全市场价格。一般来说，供方强势时，价格由供方决定，如村委会为转出方的，价格基本由村委会决定，但这并不意味着高价格。因为村委会可能存在照顾关系或私下牟利的行为。而需方强势时，需方往往拥有定价优势，如农民私下流转的行为，出让或出租的价格都比较低，一般仅比农作的收益略高。这是由于需求方一般拥有政府资源，可以降低违法的成本。

由此推断集体建设用地市场均衡的条件是：

$$需方期望的价格 = 供方期望价格 + 最低违法成本。$$

5. 建立和完善集体建设用地市场的探索与创新

目前，湖南建立和完善农村土地交易市场的探索与创新主要有两种方式：建立农村土地使用权公开交易市场和以城乡建设用地增减挂钩为手段实现"农民集中居住"工程。

农村集体建设用地公开市场交易尝试：2009年7月10日，长沙农村土地流转交易中心成立。成立后的长沙农村土地流转交易中心主要是受理长沙市行政区内和各地区农村土地物权交易的委托，可以进行农村土地承包经营权，农村集体建设用地使用权以及林权等流转交易。2010年10月，长沙市人民政府以长政发〔2010〕9号文发布《长沙市集体建设用地使用权流转管理办法（试行）》，规定集体建设用地使用权的流转，应当进入交易中心公开进行。该中心成立4年来，主要以农村土地承包经营权和林权流转为主，可查到的集体建设用地使用权交易仅2宗（黄兴镇蓝田新村工业用地8031平方米和黄兴仙人市村工业用地8844平方米），于2011年12月23日挂牌成交，受让方均为浏阳河农业集团公司，该两宗地都位于该公司开发经营的九道湾生态农庄范围内。

农民集中居住工程：在取得城乡建设用地增减挂钩试点的地区开展，即农民在放弃宅基地的前提下，异地（本村）置换集体建设用地用于建设农民集中居住区。长沙县果园镇双河村的浔龙河生态小镇建设项目和长沙县板仓小镇建设项目采取这种方式。其中浔龙河生态小镇项目由双河村委会统征 134 亩集体建设用地，由企业投资建设农民集中居住小区。

四、集体建设用地流转的收益分配均衡

集体建设用地流转收益分配决定于土地权利配置和市场供求，但由于土地收益的来源非常复杂，收益分配不能采取纯市场分配模式，政府的介入是必不可少的，这也是世界各国的通例。因此，相关各方的收益分配均衡也是集体建设用地有序流转的条件。

1. 集体建设用地流转中的农民利益

集体建设用地流转涉及农民利益相关的领域包括初次流转和再次流转中的利益分配。初次流转与农民的土地所有权和承包经营权相关联，再次流转则只涉及与所有权相关的利益。因为一般来说，如果涉及农民的承包地转用为建设用地，就意味着农民承包经营权的丧失，农用地的承包经营权转化为建设用地使用权，农民有权要求对丧失承包经营权进行补偿。再次流转的情形则不一样，此时农民对建设用地已没有了承包经营权，只能以集体所有者成员的身份要求取得部分流转收益。在农村现实的土地流转实践中，失去承包经营权的农民往往要求得到比同一集体组织中的成员更多的补偿，并且也能得到其他集体成员的允许，这就从客观上印证了这种权利与利益的关联。而在农业地转用过程中农民的承包经营权因得不到合理的补偿，往往成为引发群体性事件的主因，因为这些群体主要成员毫无列外地以失去承包经营权或宅基地使用权的所谓"失地农

民"居多。

在集体建设用地流转实际中，农民在土地流转收益的分配过程中往往处于弱势地位。特别是在由集体（由村委会代表）主导的流转收益的分配，农民的利益往往被无视或得不到应有的份额。农户抽样调查发现，大多数农民对集体建设用地流转收益分配不满，有效占比高达67%；另有53.8%的受访者表示建设用地流转收益分配中农民利益受损，调查对象对集体建设用地流转收益分配的满意度如表4-14所示。

表4-14　调查对象对集体建设用地流转收益分配的满意度

项目	频率	占比（%）	有效占比（%）	累计占比（%）
满意	34	16.5	33.0	33.0
不太满意	51	24.8	49.5	82.5
不满意	18	8.7	17.5	100.0
小计	103	50.0	100.0	
缺失	103	50.0		
合计	206	100.0		

资料据源：农户抽样调查。

导致这种结果的原因：一是现行法律没有规定对农民土地承包经营权的补偿，包括国家征地补偿中涉及剥夺农民承包经营权的情形也不包含承包经营权补偿费项目。二是农民在建设用地流转收益分配中没有话语权，虽然农地转用设置有民主投票机制，但在收益分配（特别是再次流转收益分配）时这种机制被取消了。三是政府对建设用地流转收益的分配只有原则性的规定，给集体（村委会为代表）对于收益分配使用过大支配权，忽视农民参与决定收益分配的权利。《长沙市集体建设用地使用权流转管理办法（试行）》对集体建设用地流转收益的分配的规定是"集体土地所有者出让、租赁集体建设用地使用权所取得的土地收益应当纳入农村集体财产统一管理，主要用于本集体经济组织成员的社会保障安排和村内公益设施建设，不得挪作他用"。这就把农民排除在了收益分配决策体系之外，给代表集体的组织（主要是村委会）和个人提供了支配流转收益的权利，成为村官贪腐的源泉。

那么，农民在什么条件下愿意把土地作为建设用地流转去出呢？如果需要农民放弃承包经营权的话，农民的利益要求显然是：土地流转纯收益＞承包地经营纯收益。农民放弃宅基地使用权的要求是：宅基地流转收益＞使用宅基地的实际收益和潜在收益。放弃宅基地的潜在收益包括使用宅基地可以种菜、养殖等带来的潜在收益。只有满足这种收益要求，农民才可能同意实现建设用地的流转。

2. 集体建设用地流转中"农民集体"的利益

农村土地所有者——三级"农民集体"：村民小组、"村农民集体"、"乡镇农民集体"中，只有村民小组具有一定的实体性质（但也不是一个真正的经济实体），"村农民集体"、"乡镇农民集体"实际上是虚置的，其分别被村民委会和乡镇人民政府代表。因此，集体建设用地流转的利益分配关系中，土地所有者"农民集体"利益实际上分别被村民小组、村委会以及乡镇政府代表；而大多数情况下，村民小组也被村委会代表。对于这一点，可以从下面这个事实得到佐证：大多数情况下村民小组的土地所有权证是由村委会代管的，多数村民小组甚至无法找到保管土地使用权证的责任人，更遑论行使土地使用权了。村民小组的这种现实状况，与虚置的"村农民集体"、"乡镇农民集体"实际上没有多少差别，其使用权职能被村委会代表也就是很自然的事了。因此，真正意义上行使农村集体土地所有权的是村委会和乡镇政府，村委会行使属于村民小组和村农民集体土地的所有权，乡镇人民政府行使属于乡镇农民集体的土地（如乡镇园艺场等）的所有权。

除了国家征地的情形外，集体建设用地流转实际上不涉及土地所有权流转，只是由农民的土地承包经营权转换为集体建设用地使用权（初次流转）和集体建设用地使用权的转移（再流转）。因此，作为土地所有者的"农民集体"，并没有从承包经营权和土地使用权流转中分享利益的法理依据。但土地承包经营权转换为集体建设用地使用权实际上是把农用地转变为了建设用地，这就实现了农用地的发展权，作为所有者拥有分享农地发展权带来的利益（土地增值收益）的权利。就国家征地的情形而言，既有所有权的转移（农民集体所有转变为国家所有），又有发展权的实现，农民集体分享的利益包括这两个部分的收益。

目前合法的集体建设用地流转中，代表"农民集体"的村民委员会起着主导作用，并且得到了地方政府的认可。从农地转用的审批，到村统征地的出租出让，几乎都由村民委员会主导，因为地方政府并不认可真正的"农民集体"申请农地转用，事实上也并不存在具有法律实体意义的"农民集体"。正如"农民集体"是虚幻的一样，集体建设用地流转的"农民集体"利益事实上也并不存在，也没有政策法规确认"农民集体"的利益。调研过程中，并没有发现合法的集体建设用地流转收益分配到"农民集体"（包括村民小组）的情形。

但是，在农民的自发流转中，"农民集体"的利益却能得到体现。在长沙县果园镇新民村老屋组，一位长沙市民（沙石场老板）租用了该组4户农民约5亩土地（0.6亩耕地，4.4亩荒山）建房（别墅）。4户农民出租50年土地使用权获得约2.2万元，村民小组获得0.9万元（村民小组明确此项经费作为组上抗旱之用），村委会获得2万元。在这里，转让协议明确了村民小组是作为土地所有者的身份收取土地流转收益，村委会则因为为此项交易提供鉴证和保护而获得报酬（提供发展权承诺），4户农民则是转让承包经营权获得收益。这个案例从市场交易的角度反映了集体建设用地流转中各利益相关方认可的对于承包经营权、所有权、发展权的收益分配模式。

3. 集体建设用地流转中村民委员会的利益

在现行法律框架内，村民委员会是一个村民自治组织，对农村土地是不享有任何权利的（参见 2010 年 10 月 28 日修订通过的《中华人民共和国村民委员会组织法》）。但在现实的集体建设用地流转过程中，村民委员会却起着主导作用，成为农用地转用审批、建设用地统征的申报者、受益人。对农村土地权利的这种安排错位，导致村委会成为集体建设用地流转收益的主要受益人。

在现实中，集体建设用地流转收益被明确规定："集体土地所有者出让、租赁集体建设用地使用权所取得的土地收益应当纳入农村集体财产统一管理，主要用于本集体经济组织成员的社会保障安排和村内公益设施建设，不得挪作他用。"这里的集体经济组织虽未明确为村委会，但事实上都是由村委会来代行其职的。在集体建设用地初次流转中，村委会一般是作为统征方和转出方出现的。因此，村委会对初次流转的收益分配具有支配权，因而更多地考虑本身的利益而忽视农民利益。在对农民的抽样调查中，有 67.6% 的受访者表示宁愿接受国家征地而不愿接受村统征，仅有 5.3% 的受访者接受愿意村统征，这个事实可以间接证实我们的这一判断。同时调研中有两个案例可以证实我们的这一判断。桃江县鸬鹚渡镇玉溪村村统征地案，农民出让 60 年土地使用权补偿仅为 2.2 万元/亩，而村委会出让该地块每亩盈利达 4.67 万元，对农民补偿低于国家征地。从长沙县果园镇双河村浔龙河生态小区项目对农民的住宅拆迁补偿标准更是低于农民的建房装修成本，而这一点在该项目拆迁指挥部当作是他们的显赫成绩之一。由此可知，村委会征地（集体建设用地）比国家征地对农民的补偿更低，农民意见也更大，对农民利益的侵害更大。

村委会在集体建设用地流转中的利益诉求是什么？期望得到多少利益？由于村委会代表"村农民集体"，所以其利益主张是非常广，对上试图减少国家征地，挤压政府利益；对下以土地所有者自居，挤压农民利益。这从受访的村干部对于国家征地和村统征地更合意以及村委会如何分配集体建设用地流转收益两个问题给出的答案可以得到证实。62.5%的受访村干部认为村委会自己申请农地转用比国家征地更合意；而高达77.8%的受访村干部反映集体建设用地流转收益是全部归村委会支配的。这表明，集体建设用地流转中如何平衡村委会的利益确实是一个难题。

4. 集体建设用地流转中用地单位的利益

用地单位是集体建设用地的流入方。按照国家土地管理法规规定，使用集体建设用地的单位只能是具有为农业服务功能的乡镇企业，且本集体内的成员举办的企业有优先使用权；但各地自行制定的法规对使用对象大大的放宽了，除房地产开发企业外，其他工商企业几乎都可以使用集体建设用地。实际上，目前集体建设用地的使用者，几乎涵盖了各种类型的企业，包括房地产开发企业（部分小产权房就是由他们开发的）。表4－15是对34家集体建设用地单位的行业分布和企业性质分布。

表 4－15　　　　　　　　经营性建设用地单位的行业分布

项目		频率	占比（%）	有效占比（%）	累计占比（%）
有效	农林牧渔	3	8.8	8.8	8.8
	制造业	8	23.5	23.5	32.4
	建筑业	7	20.6	20.6	52.9
	批发和零售业	2	5.9	5.9	58.8
	其他	14	41.2	41.2	100.0
	合计	34	100.0	100.0	

资料来源：用地单位抽样调查。

企业选择集体建设用地，主要基于费用低、一次性投入少（可租赁）和手续简便。在乡镇由于缺少可供出租的标准化厂房，中小企业主又无力购买国有建设用地（需要申请国家征收），租用集体建设用地是在乡镇和农村地区投资设厂的唯一选择。在一般的情况下，企业使用集体合法集体建设用地的成本在使用国有建设用地成本的 1/5~1/10；使用非法集体建设用地的成本则在使用国有建设用地成本的 1/10~1/20。企业租赁存量集体建设用地（含公益性建设用地）的成本更低。在一次性投入方面，则更是有着惊人的差异。有一个实际的案例可以说明在乡镇和农村地区投资办厂的企业主们面临的这种情况。长沙县果园镇田汉村机砖厂，现租用村办企业用地（集体建设用地）49 亩，年租金 4 万元。由于村里办厂时欠下信用社债务 1000 多万元，2012 年底村委会申请该地块由国家征收后拍卖还债，现已进入招拍挂程序，据了解起拍价将达 38 万元/亩，即使按起拍价成交，总价估计达 1862 万元。现业主表示无力参加竞拍，即使拍到也无力继续经营企业，因为拍到后财务成本至少将增加 120 万元（按银行贷款利率计算），而现在每年的利润不到 30 万元，仅财务成本增加一项，就将使企业每年亏损 86 万元（除去 4 万元租金）。如果不能获得银行贷款而靠民间融资，则财务成本至少增加 1 倍达 200 万元，年亏损将高达 166 万元，这无疑会将企业卷入万劫不复的境地。

企业使用集体建设用地直接用地成本的节约和一次性投入减少带来的财务成本的节约，成为企业使用集体建设用地的动力。

就企业使用集体建设用地的成本而言，除租金或转让费外，还有一项"隐性成本"。这包括违法用地的成本和应对其他风险的成本。违法用地成本包括罚款、保护费等。在桃江县鸬鹚渡镇调查发现，使用事实上的集体建设用地（未办理农用地转用手续的建设用地）的企业，大多以临时占用耕地的名义租地建厂，连续数年接受土地管理部门罚款和关系疏通后成为事实上的建设用地。疏通村、组、乡镇政府及土地管理部门的隐性成本难以估计。同时，企业还还需要支付一笔应对政策风险的成本，一旦严格执行土地政策，他将不得不终止经营或搬迁，这无疑将付出巨大的政策风险成本。调查发现大多数违法使用集体建设用地的企业没有长期投资计划，这与他们规避政策风险有关。

据以上分析，从成本收益角度考察，企业使用集体建设用地的条件是：

集体建设用地直接用地成本＋隐性成本＜国有建设用地用地成本

5. 集体建设用地流转中各级政府的利益

根据现行法律规定，政府对于集体建设用地并无所有权和使用权，但有根据公共利益需要强制征收的权利以及规划与用途管制权力，也就是征收权、规划权和用途管制权。政府的这些权利实际上是限制和管控集体土地的发展权，并通过管控发展权参与集体建设用地流转的收益分配。政府参与集体建设用地流转收益分配的方式主要有以下几种：一是征收集体土地（农用地、未利用地或建设用地）为国有建设用地，把生地变为熟地后，并通过招拍挂有偿出让，获取高额回报。二是在农地转用审批环节收取各种费用。按照有关规定，新增建设用地的土地有偿使用费，30%上缴中央财政，70%留给有关地方人民政府（省、市、县），专项用于耕地开发。三是在集体建设用地流转审批备案环节收取税费。表4－16是长沙县国土资源局公布的与集体建设用地有关的收费项目和标准。

表 4－16　长沙县国土资源系统行政收费项目、收费依据、收费标准

收费项目名称		收费依据	收费标准
供地许可	国有土地使用权划拨		不收费
	划拨土地使用权按原用途补办出让，统征地、储备地土地使用权协议出让，国有土地使用权"招拍挂"出让	按照长政发〔2006〕19号、湘财综〔2007〕65号等相关文件规定收取土地出让金	土地纯出让金（土地纯收益）占标定地价比例分别为：商业用途为40%、住宅用途为35%、工业用途为25%

收费项目名称	收费依据	收费标准
农村村民建房用地审批	根据湘财税〔2008〕4号、湘价费〔2003〕42号、湘价综〔2005〕8号	(1) 耕地占用税：12.8～16元/平方米； (2) 集镇建房用地管理费：140元/户； (3) 代办费：新建80元/户，原基30元/户
集体建设用地许可		不收费
土地使用权改变用途许可	湘财综〔2007〕65号、长政发〔2006〕19号、长政发〔2007〕26号、长县国土资政发〔2008〕11号	按湘财综〔2007〕65号、长政发〔2006〕19号、长政发〔2007〕26号、长县国土资政发〔2008〕11号等相应文件具体测算应补缴的地价款
土地确权与土地确权初始登记	长县政发〔2008〕4号	(1) 权属调查费 ①100平方米（含100平方米）以下的每宗13元，每超过50平方米加收5元，不足50平方米的按50平方米计算，加收不得超过30元； ②1000平方米（含1000平方米）以下的每宗100元，每超过500平方米加收40元，不足500平方米的按500平方米计算，加收不得超过20000元； (2) 证书工本费：20元/本； (3) 印花税：5元/本
集体土地使用权变更登记	长县政发〔2008〕4号	(1) 权属调查费 ①100平方米（含100平方米）以下的每宗13元，每超过50平方米加收5元，不足50平方米的按50平方米计算，加收不得超过30元； ②1000平方米（含1000平方米）以下的每宗100元，每超过500平方米加收40元，不足500平方米的按500平方米计算，加收不得超过20000元； (2) 证书工本费：20元/本； (3) 印花税：5元/本

收费项目名称		收费依据	收费标准
集体土地使用权初始登记		长县政发〔2008〕4号	（1）权属调查费 ①100平方米（含100平方米）以下的每宗13元，每超过50平方米加收5元，不足50平方米的按50平方米计算，加收不得超过30元； ②1000平方米（含1000平方米）以下的每宗100元，每超过500平方米加收40元，不足500平方米的按500平方米计算，加收不得超过20000元； （2）证书工本费：20元/本； （3）印花税：5元/本
用地转用、征用、使用	办理农用地转用、土地使用（集体建设用地）	湖南省人民政府第231号令，湘财税〔2008〕4号，湘政办发〔2007〕35号，长县政发〔2008〕4号	（1）用地管理费（县收）：工业用地400元/亩、基础设施用地300元/亩（全日制公办学校全免）； （2）防洪保安资金（县收）：800元/亩； （3）耕地开垦费（县收）：水田33万元/公顷，旱地21万元/公顷； （4）耕地占用税（县收）：耕地、园地32元/平方米；其他农用地25.6元/平方米（学校、幼儿园、养老院、医院全免）
	办理农用地转用、土地征收（国有建设用地）	湖南省人民政府第231号令，湘财税〔2008〕4号，湘政办发〔2007〕35号，长县政发〔2008〕4号	（1）新增建设用地有偿使用费（省收70%，国库30%）：28元/平方米（圈外单独选址项目全免）； （2）用地管理费（县收）：经营性用地800元/亩、工业用地400元/亩、基础设施用地300元/亩；全日制公办学校全免； （3）防洪保安资金（省收）：800元/亩（圈外单独选址的公路项目经省财政厅批准全免）； （4）耕地开垦费（省收20%、县收80%）：水田33万元/公顷、旱地21万元/公顷； （5）耕地占用税（县代收）：耕地、园地32元/平方米；其他农用地25.6元/平方米（军事设施、学校、幼儿园、养老院、医院占用耕地的免征；铁路线路、公路线路、飞机场跑道、停机坪、港口、航道占用耕地，减按每平方米2元的税额征收）； （6）社会保障资金（县收）：20元/平方米

续表

收费项目名称	收费依据	收费标准
测绘工程产品	国测财字〔2002〕3号文件、湘价服〔2009〕36号文件	根据国测财字〔2002〕3号文件、湘价服〔2009〕36号文件等相应文件内具体测绘工程产品价格计算收费

资料来源：长沙县国土资源局网站。

政府土地收入的主要来源是国有土地出让金。在集体建设用地转用、使用审批环节的税费收入有限，以长沙县为例，主要的税费项目和收取标准如表4－17所示：

表4－17　农用地转用、土地使用（集体建设用地）收费标准

收费项目	收费依据	收费标准
办理农用地转用、土地使用（集体建设用地）	湖南省人民政府第231号令、湘财税〔2008〕4号、湘政办发〔2007〕35号、长县政发〔2008〕4号	（1）用地管理费（县收）：工业用地400元/亩、基础设施用地300元/亩（全日制公办学校全免）； （2）防洪保安资金（县收）：800元/亩； （3）耕地开垦费（县收）：水田33万元/公顷、旱地21万元/公顷； （4）耕地占用税（县收）：耕地、园地32元/平方米；其他农用地25.6元/平方米（学校、幼儿园、养老院、医院全免）

资料来源：长沙县国土资源局网站。

初步估计，占用耕地园地的工业用集体建设用地转用、使用收费约2.32万元/亩，耕地占用税2.13万元/亩，税费合计4.55万元/亩。如果将农地转用为国有建设用地并出让，以耕地转用为工业用地为例，各项收费为：新增建设用地有偿使用费18676元/亩、用地管理费400元/亩、防洪保安资金800元/亩、耕地开垦费22000元/亩、社会保障资金13340元/亩，共计55216元/亩；耕地占用税21344元/亩；土地出让金（纯收益）约10万~30万元不等。由此估计，政府在建设用地征收的税费和纯收益（按工业用地

最低标定地价 38 万元/亩计算）在 175600～375600 元之间，如表
4－18 所示。

表 4－18　　农用地转用、土地征收（国有建设用地）收费标准

收费项目	收费依据	收费标准
办理农用地转用、土地征收（国有建设用地）	湖南省人民政府第 231 号令，湘财税 [2008] 4 号，湘政办发 [2007] 35 号，长县政发 [2008] 4 号	（1）新增建设用地有偿使用费（省收 70%、国库 30%）：28 元/平方米（圈外单独选址项目全免）； （2）用地管理费（县收）：经营性用地 800 元/亩、工业用地 400 元/亩、基础设施用地 300 元/亩；全日制公办学校全免； （3）防洪保安资金（省收）：800 元/亩（圈外单独选址的公路项目经省财政厅批准全免）； （4）耕地开垦费（省收 20%、县收 80%）：水田 33 万元/公顷、旱地 21 万元/公顷； （5）耕地占用税（县代收）：耕地、园地 32 元/平方米；其他农用地 25.6 元/平方米（军事设施、学校幼儿园、养老院、医院占用耕地的免征；铁路线路、公路线路、飞机场跑道、停机坪、港口、航道占用耕地，减按每平方米 2 元的税额征收）； （6）社会保障资金（县收）：20 元/平方米
划拨土地使用权按原用途补办出让，统征地、储备地土地使用权协议出让，国有土地使用权"招拍挂"出让	按照长政发 [2006] 19 号、湘财综 [2007] 65 号等相关文件规定收取土地出让金	土地纯出让金（土地纯收益）占标定地价比例分别为：商业用途为 40%、住宅用途为 35%、工业用途为 25%
土地使用权改变用途许可	湘财综 [2007] 65 号、长政发 [2006] 19 号、长政发 [2007] 26 号、长县国土资政发 [2008] 11 号	按湘财综 [2007] 65 号、长政发 [2006] 19 号、长政发 [2007] 26 号、长县国土资政发 [2008] 11 号等相应文件具体测算应补缴的地价款

资料来源：长沙县国土资源局网站。

可见，农用地转用、征收（农地经征收转为建设用地）和农用

地转用、使用（农地经集体申请使用转为集体建设用地）两者对于地方政府而言，征收为国有建设用地和转用为集体建设用地的税费项目不一样，政府收入差距巨大，因而地方政府存在压缩集体建设用地的动力，强征集体建设用地的案例也不少见，这被村委会指谪为"吃霸王餐"。由于集体建设用地与国有建设用地同地不同权，社会认可度不同，流动性差异大，部分用地单位更乐意使用国有建设用地，这客观上为"吃霸王餐"提供了市场。政府在这两种用地方式上的收入差距如表4-19所示：

表4-19　　农用地转用征收（国有建设用地）与土地转用、使用
（集体建设用地）的地方政府收入比较（以长沙县工业用地为例）

税费项目	国家征收（元/亩）	集体使用（元/亩）
新增建设用地有偿使用费	18676	无
用地管理费	400	400
防洪保安资金	800	800
耕地开垦费	22000	22000
耕地占用税	21344	21340
社会保障资金	13340	13340
土地纯出让金（按标定地价38万元/亩的25%计）	95000	无
合计	171556	57880

资料来源：根据长沙县国土资源局提供的相关资料整理。

　　由于农用地转用存在总量指标控制，使用集体建设用地和征收国有建设用地之间存在此消彼涨的关系，因此大多数地方除了基本保证符合政策规定的宅基地外，很少审批新增集体建设用地，甚至出现把存量集体建设用地征收为国有建设用地出让的情况。调查中发现，仅2013年，果园镇田汉村有2宗、大河村有3宗集体建设用地被征收为国有建设用地出让。存量集体建设用地的征收，通常

是地方政府与村委会协商一致的结果。一方面，地方政府承诺返还一部分土地出让金给村委会（主要用于偿还集体经营债务）；另一方面，地方政府从土地出让金中和土地投资中获利。

地方政府从土地转用中收取税费，用于提供公共服务和补偿公共设施建设支出，是行使土地发展权的体现。对于这一点，集体（村委会）和农民都是认同的，但这种权利的边界却难以把握。由于相对于集体（村委会）和农民来说，地方政府处于强势地位，集体（村委会）和农民一方在土地收益分配中几乎没有话语权，因而招致后者的不满。那么，多少是地方政府在土地收益分配中的合理份额呢？这还得从权利的角度来分析。用一部分土地收益来补偿政府在基础设施建设上的投入或用于支付政府提供公共产品与公共服务的耗费，集体（村委会）和农民都是能够接受的；同时只要有合理的补偿，农民也愿意政府根据公共利益需要征收集体土地。对农民抽样调查的结果显示，愿意被征收的受访者高达 67.2%。可以说，政府的基础设施建设、发展规划和用途管制是农村土地发展权的源泉，政府取得部分或全部土地发展权收益也是正当的。但是，地方政府追求超出发展权收益的土地利益，施行所谓"土地财政"，则会引起农民和集体的不满。因此，政府在参与集体建设用地收益分配中，确保公平有序的集体建设用地流转的条件是：

政府的集体建设用税费收入≤土地发展权收益（分摊政府土地的基础设施建设支出＋政府提供土地公共服务的支出）

6. 集体建设用地流转中投资者的利益

在初次流转中，有些需要投资把"生地"变成"熟地"才能流转；再次流转中，原使用者对土地进行投资也需要得到补偿。这两者构成了对于集体建设用地的投资收益权。初次流转的投资者可能是地方政府、村委会或其他投资者；再次流转建设用地包含原使用者的土地开发投资。无论投资者是谁，都有要求投资回报或得到补偿的权力。

7. 实现各方利益均衡的条件

综合以上分析，我们认为集体建设用地收益均衡条件是：

厂商用地成本（供地总收益）－集体（或农民）供地成本－政府发展权收益＞农地平均收益＋违法成本。

第五章

农村集体建设用地流转中的
矛盾与冲突

一、农村集体建设用地的"隐形流转"

所谓"隐形流转"指集体建设用地供需双方的私下交易，在调查问卷设计中表述为"自发流转"。其主要特点是：未经政府土地管理部门批准或登记备案，未办理法定土地权证或进行土地流转登记，未上交国家土地流转税费和集体土地收益。目前，"隐形流转"是集体建设用地流转普遍而突出的问题之一。经营性集体建设用地、宅基地、公益性集体建设用地都存在"隐形流转"的问题。

1. 集体经营性建设用地"隐形流转"

对于集体经营性建设用地的"隐形流转"问题，受访企业、村干部和农民的回答存在较大差距，有30.3%的受访农户认为存在"隐形流转"的情况，但只有15.8%的村干部认为存在"隐形流转"。而我们对用地单位的抽样调查显示，有89.5%的企业用地属于"隐形流转"。这种差异可能出于农民、村干部和我们对于"隐形流转"概念的不同理解，但无论如何集体经营性建设用地"隐形流转"普遍存在却是不争的事实。

通过典型案例的调研，我们发现集体经营现建设用地"隐形流转"具有以下三个方面的特性：一是土地来源不具合法性。这些"事实上的建设用地"其实都是没有办理土地转用手续的，正如鸬鹚渡镇调查所揭示的，用地单位在当地乡镇政府、村委会的默许、支持下，通过办理"临时占用耕地许可证"的方式，采取"先占用，再建设，交罚款，永久化"的方式使之成为"事实上的建设用地"。二是双方协商签订流转合同，但都没有进行土地登记。据调查，抽样调查的 34 家用地企业中有 89.7% 签订了土地流转合同，但多数合同并不规范；由于不具合法性，自然也无法进行土地登记。三是多数用地企业需要支付数额不详的"违法成本"。明的"违法成本"是支付土地管理部门的罚款，在鸬鹚渡镇每宗地的罚款是 1000 ~ 5000 元/年（按面积大小罚款不一，连续罚 4 ~ 6 年），以及支付乡镇、村、土地管理部门的各种费用和赞助；暗的"违法成本"则是向相关人员请托以获得保护的费用，虽然无法获得调查数据支持，但访谈中多数企业主提到了这项成本的存在。

2. 宅基地"隐形流转"与"一户多宅"

由于宅基地在非本集体成员之间和城镇居民之间的流转是被明明令禁止的，而本集体成员之间的流转又非常少见，因此宅基地的流转几乎都是"隐形流转"。调查中我们收集了 6 个宅基地再流转的个案，也收集到宅基地初次流转中非本集体成员和城镇居民购买宅基地的大量案例。

在宅基地再次流转主要具有以下特点：一是购买方多数为城镇权贵人物。这 6 个个案中，有 3 个买家为机关事业单位退休干部，1 个企业主，1 个国有企业退休管理人员，仅 1 个为非本集体的农民（买卖双方为亲戚关系）。二是双方协商签订宅基地（或房屋）流转合同，但都没有进行土地登记。流转合同相对简单，其中有 2 起产生合同纠纷，由村委会出面调解。三是以房屋作为流转标的的价格低廉，甚至不够建房成本费，有 3 个案例购房面积都在 200 平方米以上，价格是 2 万多元。四是村委会和村民小组都介入了城市居民购房（宅基地）案例，并从中获得部分利益，这也可以看成是购房（或宅基地）者支付的"违法成本"。

在宅基地初次流转中，因为城镇开发，在城镇周边存在着大量非本集体成员的农民和城镇居民购买宅基地的情况。在 20 世纪 90 年代和 21 世纪初期，各地为了发展小城镇和集镇，乡镇政府建立各种商贸城、开发区等，向社会批售宅基地进行小城镇和集镇开发。在这些小城镇和集镇购买宅基地的除本地（本集体）农民外，还有非本集体村民和部分城镇居民，有些人还一次性购买了多地地（多个宅基地）。这些农民购买者，多数在本集体或其他集体都申请过宅基地并建有房屋，这就造成了这些农民"一户多宅"。而那些城镇购地（宅基地）的居民，则成为了农村宅基地的拥有者。这种情况，果园镇政府所在地杨泗庙社区共计有 30 多户，该镇大河村集镇有 29 户，鸬鹚渡镇、太阳坪镇等都存在类似的情况。由于在城镇（或集镇）购有宅基地，这些"一户多宅"的农民在原来集体（村）申请旧房翻修或重建、子女申请新宅基地时遇到了"一户一基"政策限制，无法改善住居条件、子女也无法获得新宅基地，在多地出现了群体性上访事件。2013 年 3 月，大河村 29 名在该集镇购买宅基地的农民（本村、村外均有）集体到长沙县政府、县国土资源局上访，请求将他们在 1993 年在该集镇购买的宅基地征收变更为国有建设用地（所谓土地"变性"），对此村委会、镇政府都持支持态度，但他们所请至今没有得到解决。

3. 公益性建设用地"隐形流转"

目前的土地管理法规是明令禁止公益性集体建设用地流转为非公益性用途的。由于乡村管理体制变革，大量的行政村被合并，使原来行政村减少了一半以上，一半以上的老村部废弃。加上农村小学生源减少，小学合并，约 2/3 村小学被废弃。这就使合并后的新村多出了 2～4 宗公益性建设用地。这些原来的公益性建设用地，在村庄合并后除少数用于养老院、幼儿园等公益性用途外，其他的主要有三个流向：一是土地连同地上建筑物出租或出让给企业或个人作为生产经营用；二是出租或出让给城乡居民作住宅；三是闲置。由于公益性集体建设用地流转为经营性用途被禁止，无法办理合法的土地流转手续，因此这类流转也具有"隐形流转"的性质。

农村公益性建设用地的流转，主要是用于非公益用途，我们调查的13宗公益性建设用地流转个案中，转为经营性用地的达11宗，占比84.6%；另2宗地也是用作民办幼儿园。由于公益性建设用地流转有明确的限制，流入方对土地使用没有明确的预期，加上其流转的决定权完全在村委会，因而流转价格相对较低，合同期限也不长。从使用情况来看，利用也不充分，即使流转出去了，其利用率也不高。我们调查的13宗公益性用地流转个案中，有5宗存在部分闲置现象，占比38.5%。

4. "隐形流转"导致的矛盾与冲突

集体建设用地"隐形流转"导致以下三个方面的问题。

（1）"隐形流转"导致集体建设用地供方、需方和政府三方利益受损。首先是供给方（农民或村委会），由于土地权利界定不清晰，大部分事实上的建设用地无法获得土地产权证书，与国有建设用地比较缺乏可流动性，亦即没有合法的交换权和抵押权，不能按照市场供求关系决定价格，其流转价值被低估，从而使农民和集体利益受损。二是集体建设用地流入方（企业或个人）由于无法获得稳定的用地预期，无法做长期投资计划，加上需要付出或明或暗的"违法成本"，短期利益受损的同时，失去追求长期利益的机会。三是政府（或国家）因集体建设用地"隐形流转"，流失本可以获得的税费。更为严重的是这些税费转变为"违法成本"落入乡村权贵之手，并使用地企业失去长期投资的信心。

（2）集体建设用地"隐形流转"降低土地资源配置的效率。由于"隐形流转"，导致集体建设用地无法形成有效的市场，其流转大多数情况是在"熟人"之间进行，很难形成有效的竞争，导致集体建设用地使用效率低下。在农村建设用地闲置和部分闲置的普遍存在反映了集体建设用地资源配置效率低下的现实。

（3）集体建设用地"隐形流转"诱发各种社会问题，成为农村地区的不稳定因素之一。一是由于集体建设用地流转特别是再次流转，主要是由村委会来操作的，相关流转信息不公开透明，成为乡村干部贪腐的源头，引发农民不满，造成干群、党群对立。二是集体建设用地"隐形流转"，合法性存疑，加上流转合同不规范，导致流转双方纠纷、矛盾不断。特别是宅基地流转，由于无法办理合法的用地手续，流转双方矛盾突出。果园镇光明村4宗宅基地流转案例中，有2宗存在严重纠纷，至今没有平息。

二、农村集体建设用地流转的权利冲突

集体建设用地流转的权利冲突是指集体建设用地流转过程中，各权利方在行使权利时产生的矛盾与冲突。由于集体建设用地权利边界不清晰，加上所有权主体虚置等原因，各权利方矛盾冲突十分突出。

作为集体建设用地所有者的集体基本上是一个虚置的概念。事实上乡、村农民集体并不存在一个现实的治理实体；即使是村民小组也没有一个法律意义的治理机构。因而，在大多数的地区村委会成为了农村土地集体所有权的代表，地方政府在办理土地转用等事项时也基本认可了村委会代行农村土地所有权的职责。

目前，村委会和农民在集体建设用地流转过程中涉及的土地权利包括以下四个方面：一是土地所有权的变更，这主要与国家征地相关。二是申请农地发展权，包括申请农用地或未利用地转用为集体建设用地和集体建设用地转变为国有建设用地。三是集体建设用地使用权的再次流转。四是集体建设用地使用权流转的收益分配权。

土地所有权变更和农地转用的权利分配情况是：在农民一方必须取得集体土地所在的农民集体 2/3 的农民或村民代表表决同意；在村委会一方，对于国家征地名义上只有协调之责，但农地转用（农用地转用为集体建设用地）中却拥有相当大的决定权。

集体建设用地申请转变为国有建设用地和集体建设用地再次流转的权力分配情况是：村委会和用地单位拥有决定权，虽然个别地方规定集体建设用地再次流转须取得农民集体所有者同意，并由本集体农民或村民代表表决决定，但实际的情况是在集体建设用地再次流转决策中，本集体的农民或村民代表并没有参与决策的权利。在果园镇有多宗集体建设用地由村委会申请国家征收的案例，本集体农民或村民代表均被排除在决策程序之外，如原田汉村手帕厂、大河村机砖厂用地（均为集体建设用地），都是通过这种方式申请国家征收为国有建设用地的。

这种权利安排导致农民与农民、农民与集体（村委会）之间的权利冲突。

1. "失地农民"与"非失地农民"的权利冲突

被转用（或征收）土地的农民（所谓"失地农民"）和本集体其他农民之间的冲突，起因为土地是否转用或被征收的决策是由本集体的全部成员投票表决的，而非仅限于被转用或征收土地的集体成员投票表决。由于土地是集体所有，被转用或征收后本集体农民都能获得土地收益，未被转用或征收土地的农民自然会投赞成票，如果后者占多数（超过 2/3）的话，转用或征收的决定无疑会获得通过，后者即使全都反对也无法改变成为"失地农民"的命运，形成多数人对少数人的所谓"民主暴政"的事实。在对果园镇双河村 13 户因土地转用而成为"失地农民"的调查过程中，大多数"失地农民"表达了他们对被本集体多数村民同意征用拆迁的无奈与愤怒。由于土地转用或征收而导致集体内农民之间的裂缝及其对农村社会的影响还难以准确评估，但这种矛盾和冲突是显而易见的。

2. 集体（村委会）与"失地农民"的土地权利冲突

"失地农民"与集体（或村委会）的权利冲突的实质是土地所有权与承包经营权或使用权的冲突。对于"失地农民"和原用地单位而言，无论是土地转用还是土地征收，都意味着土地承包经营权或使用权的灭失。而目前的农地转用制度设计，没有涉及对农民土地承包经营权的保护与补偿；而集体建设用地的征收制度设计，则把原用地单位的土地使用权的处理交由流转双方协议处理，一般来说由于流出方（主要是村委会）处于强势地位，对使用权的保护与补偿也难以得到保证。在《物权法》已经明确承包经营权和使用权为用益物权的情况下，无偿剥夺"失地农民"的承包经营权和原用地单位的使用权于法于理都是说不过去的。近年来"失地农民"维权事件多发，其原因恐怕不仅是"失地农民"利益受损，更多的可能是权利受损的结果。"失地农民"承包经营权受损和村委会代行土地所有权的矛盾与冲突，在存在农地转用或土地征收的区域多有发生，但农民自发流转的案例中，这种状况却很少见，村委会仅仅是以一个协调者的身份出现，而"农民集体"（村民小组）则真正作为所有者行使权利并分享土地发展权收益，果园镇新民村的几宗宅基地流转案例就是这种情形的实际例证。

3. 政府和村委会的土地权利冲突

县、乡（镇）政府和村委会（或社区）对于集体建设用地的冲突主要集中在土地的发展权的分享上。农村土地的发展权体现在以下几个方面：一是农用地或未利用地转用为集体建设用地；二是农用地或未利用地直接征收为国有建设用地；三是集体建设用地征收为国有建设用地；四是建设用地中工业用地转为商业或住宅用地。按照目前的土地市场行情，农用地或未利用地、集体建设用地和国有建设用地的市场价格差异巨大，每一次由低到高的用途转换都意味着土地价值的巨大提升。建设用地中，商业用地和住宅用地比工业用地又有巨大的价格差异。同一地域不同用途的土地或同一地块改变用途，其价格差异高达数倍。

政府通过土地用途管制和制定、实施、调整规划来行使土地发展权。

在多数情况下，村委会（或社区）代表土地所有者"农民集体"主张土地发展权，希望分享实现土地发展权带来的土地红利；而地方政府则通过土地用途管制权和规划权控制土地转用和征收，并以招拍挂方式出让征收过来的建设用地获取巨额土地红利，形成所谓的"土地财政"。毫无疑问，地方政府希望把更多的用地指标用于土地征收（国有建设用地），而不愿意用于土地转用（集体建设用地）。这种状况产生两个后果：一是有的地方为了保证征地需要，甚至连政策要求必须保证的农民宅基地也压缩下来，招致农民不满。二是地方政府对符合集体建设用地审批条件的土地转用申请极力压缩，甚至强征已有的集体建设用地。地方政府强征集体建设用地的情形被村委会指称为政府"吃霸王餐"，招致村委会（或社区）的不满。果园镇杨泗庙社区的集体建设用地征收案例反映了这种矛盾冲突。

4. 权利冲突带来的社会问题

集体建设用地各利益相关方在行使土地权利时的矛盾与冲突，带来了诸多社会问题，对农村治理产生了深刻的影响，在农村社会群体之间制造了巨大的裂缝。在这个领域，公权与私权、强者与弱者的博弈激烈而持久，血泪交融的场景四处可见，底层的人们期待着公平正义的阳光普照。归纳起来土地权利冲突带来的社会问题主要有以下三个方面：

（1）目前的土地转用或土地征收投票表决机制的设计不能确保农民正确地行使土地权利，造成农民之间的分裂。从法理角度来看，土地转用（农用地或未利用地转用为集体建设用地）并没有改变所有权，只是把农用地或未利用地转用为建设用地、把土地承包经营权转变为集体建设用地使用权，而土地所有者和土地所有权并没有改变，所以由全体集体成员（所有者）而不是由拥有承包经营权的集体成员投票决定土地转用的制度设计是不合理的，尤其是在后者只占少数的情况下，无疑会产生多数人的"民主暴政"，"失地农民"不可避免地成为这种制度设计的受害者，而多数人则因此获利。土地征收（集体所有的土地改变为国有土地）的情况则略有不同，它涉及土地所有权的变更，即土地由集体所有变为国家所有，但这种变更的前提是拥有这些土地的农民自愿放弃对这些土地的承包经营权或使用权，因此公平公正的投票表决机制的设计应当是：在投票表决土地所有权变更之前，必须先由拥有这些土地的承包经营权或使用权的农民投票表决是否愿意放弃承包经营权或使用权，在上述表决获得通过的基础上再由集体所有成员对土地所有权变更进行投票表决。因此，无论是土地转用还是土地征收，只有设置一道农民是否愿意放弃土地的承包经营权或使用权的投票表决程序才能确保"失地农民"的土地权利，避免多数人的"民主暴政"。目前的土地权利制度设计不可避免地会造成"失地农民"和未失地农民的分裂与不合，对建设和谐稳定的农村社区带来不利影响。

（2）由于"农民集体"主体虚置，社会治理实体（村委会或社区）代行"农民集体"土地所有权（主要是集体建设用地）职权，造成农村治理混乱和农村权贵（精英）与普通农民之间的矛盾加深。由村委会等社区治理实体代行"农民集体"建设用地权利，实际上是没有法理依据的，但却得到了地方政府的默认，也似乎被农民认为是理所当然的。村委会的法定地位与其实际地位有着巨大的差别：实际上它不仅是农村的社会治理实体，还被赋予管理集体经济或代表"农民集体"的职能，同时它还是一个拥有部分行政权力的准政府组织。村委会职能的复杂性质和"农民集体"主体虚置，使农村社会治理与经济运行处于一种无序的混乱状态。村委会对于农村社会和经济管理拥有的模糊不清的权利，吸引了农村各路

"精英"想方设法加入村委会"班子"，各地普遍存在的村委会贿选反映了这一事实。在建设用地紧缺或土地转用和土地征收较多的地区，村委会的选战尤其激烈，这无疑与农村"精英"们对于控制农村土地权利的欲望有关。而这些"精英"一旦上位获得土地控制权，无不表现出对于权利与利益的贪婪，"小官大贪"见诸媒体不计其数。这种状况，无疑加深了农村"精英"与农民之间的不信任。

（3）由于地方政府不断强化"土地财政"，加强农村土地的控制，激发了农民与政府对立和村委会与政府的不合作倾向。首先，由于政府征地已经不满足于"公共利益的需要"，经营性用地征收占比越来越大，尽管对征地设置有投票表决机制，但农民根本无法通过这一机制否决政府的征地要求，强征强拆现象普遍存在，加上征地补偿标准低于市场重置价值或市场价，加上征地收益分配不公，导致农民权利与利益的双重受损，失地农民与地方政府的对立不可避免。其次，由于地方政府出于土地财政的需要，尽量压缩集体建设用地的规模，即使一些符合集体建设用地政策规定（如乡镇企业用地）的用地申请也很难获得批准，加上部分地区出现强征现有集体建设为国有建设用地的情况或集体建设用地企业出于自身利益要求土地变性（集体变国有），这直接损害了代表集体行使土地所有权的村委会的权利，因此村委会对政府征收集体建设用地和限制集体建设用地审批相当不满，加深了村委会和地方政府不合作倾向。

三、农村集体建设用地流转的收益分配冲突

集体建设用地流转收益可分为两个部分：土地转用收益（初次流转收益）和再次流转收益。二者的收益结构与分配方式存在较大的差异：初次流转收益中包含了发展权收益和使用权流转收益；而再次流转则只包含使用权流转收益。由于土地用途不同，土地使用权的价值有着巨大的差异，这一点即使在比较落后的农村地区也是

十分明显的。在鸬鹚渡镇玉溪村的调查显示：同一地块用作农业用途出租的年租金为 100～150 斤稻谷（等值的货币）、用作工业用地为 900～1050 斤稻谷（等值的货币），用作宅基地或商业用地的买断价格（50 年使用权）约为每亩 28 万元，以简单平均法计算每亩年租赁价格达 5600 元，相当于 3862 斤稻谷（按稻谷市场价每百斤145 元计算）。显然这种差异主要是由于土地用途改变的结果，也就是实现土地发展权带来的收益。区分土地发展权收益和使用权流转收益的重要性在于：在此基础上，我们可以建立一个政府、农民集体（村委会）和农民如何公平地分享土地发展权收益的分析框架，寻找部分农民因土地征收或土地转用而暴富和部分"失地农民"生活贫困并存的现象的成因，并提出建设性的解决方案。

1. 农民集体、村委会与农民收益分配的矛盾与冲突

由于土地转用并不涉及所有权的变更，只涉及土地用途的改变，即由农用地或未利用地转用为集体建设用地，因此土地收益来源可分为土地发展权收益和土地使用权流转收益两部分。农民和村委会在收益分配上的矛盾主要集中在如何分享土地发展权收益。由于土地转用过程中，村委会负责申报、土地平整和其他基础设施建设投入，把"生地"变成"熟地"方可出租出让，因此一般来说村委会要求获得土地用途改变带来的绝大部分收益，而只愿意付给农民相当于农用地略高的流转收益。如鸬鹚渡镇玉溪村地块，农民出让 60 年使用权的收益为 2.5 万元/亩，相当于每年 280 斤/亩稻谷等值的价值，略高于农地流转的价格，体现了一部分土地发展权的价值；而村委会每亩净收益为 4.71 万元/亩。显然村委会获得了土地发展权收益的绝大部分。村委会在申报土地转用前，一般来说会先就如何支付的土地使用权流转（承包经营权转变为集体建设用地使用权）收益与承包户进行协商，达成流转价格协议。由于村委会是政府认定的建设用地转用申报单位，在价格协商过程中处于强势地位，农民在村委会面前往往不得不退让求全。在靠近大中城市

的地区，个别特别强势的村委会甚至与申请集体建设用地单位一起，强迫"征收"农民土地（所谓"村统征地"），补偿标准远低于国家征收标准，引发农民的抵制与不满。村委会在土地转用、集体建设用地使用流转增值收益的分配使用上也存在不公开、不透明的情况，这也加深了农民对村委会的不信任；而村委会成员私分集体建设用地流转收益的案例也不少见，这种情形成为引发农民群体性上访的主因。

2. 地方政府与村委会收益分配冲突

目前地方政府与村委会对集体建设用地流转收益的分配大致是：地方政府（以长沙县为例）收取以下费用：①用地管理费（县收）：工业用地 400 元/亩、基础设施用地 300 元/亩（全日制公办学校全免）；②防洪保安资金（县收）：800 元/亩；③耕地开垦费（县收）：水田 2.2 万元/亩、旱地 1.4 万元/亩；④耕地占用税（县收）：耕地、园地 21344 元/亩；其他农用地 17075 元/亩（学校、幼儿园、养老院、医院全免）；⑤测量办证等其他费用（略）。耕地转用为工业用地的税费为 44544 元/亩，其他农用地转用为工业用地的税费为 40275 元/亩。村委会的收益主要来自土地转用后的流转价格与土地转用成本的差价，即土地增值的收益。土地转用成本包括：支付给农民的土地使用权（或承包经营权）出让金、地方政府收取的税费、土地整理（三通一平等）费用等。一般来说，土地转用成本占集体建设用地（以工业用地为例）出让收益的60% ~ 80%，也就是村委会土地转用纯收益达 20% ~ 40%，在大城市郊区要偏高一些。村委会取得土地增值收益的源泉在于政府赋予它作为土地转用主体的地位，使其成为实现土地发展权的主要受益者，并使其在与农民分享土地发展权的谈判中处于强势地位。

地方政府与村委会在集体建设用地流转收益分配方面，表面上看起来地方政府不过是按照上级政府有关部门的明文规定收取税费而已，但事实上并没有这么简单。由于地方政府拥有土地转用、使用的最终审批权，但没有明确的政策规定参与土地增值收益分配的权利（目前由村委会独享），不能取得国家征地产生的土地出让金纯收益，因此地方政府对于土地转用为集体建设用地一般持消极态度。地方政府与村委会在集体建设用地流转收益分配上的矛盾冲突体现在两个方面：一是地方政府尽量压缩集体建设用地的规模，用地指标分配主要倾向国家征地，使大多数地方的村委会和农民无法获得土地转用的红利。目前事实上的集体建设用地大多数处于不合法状态，很大程度上是地方政府执行土地政策偏向的结果。二是地方政府强征存量集体建设用地，并且支配征地后产生的土地纯出让金收入的分配，除了补偿或偿还用地企业负债外，村委会无法参与分享土地纯出让金收益。三是地方政府对于建设用地指标的控制，使本来符合用地政策的集体建设用地无法获得批准，迫使乡镇级政府在面对经济增长政绩考核的压力下，越权批准建设项目或建立开发区，大量占用农地，造成大面积的违法用地。而县级国土管理部门在上级部门严管土地的政策压力下，不断对违法用地行为进行处罚，但多数违法用地案例最后都不了了之，形成大量"事实上的建设用地"。

四、农村集体建设用地流转法规的矛盾与冲突

我国对于土地权利的界定与管理规范是以法律和法规的形式确定的。在国家立法层面，有《宪法》、《物权法》、《土地管理法》、《土地承包法》、《城市房地产管理法》等；在行政规章层面，有中央部委和地方政府即有关部门制定的各种土地管理规章，如《土地管理法实施条例》、《集体建设用地管理暂行办法》、《农村宅基地管理办法》等。这一系列的法律法规，存在着许多自相矛盾、上下矛盾和地区差异，特别是对建设用地适用的法律法规更是如此。我们通过对这些法律法规的梳理，发现其存在四个方面明显的不足。

1. 《宪法》的征地悖论

土地管理法规本身的矛盾源自于《宪法》。我国《宪法》第十条规定："城市的土地属于国家所有。农村和城市郊区的土地，除由法律规定属于国家的以外，属于集体所有；宅基地和自留地、自留山，也属于集体所有。国家为了公共利益的需要，可以依照法律规定对土地实行征收或征用并给予补偿。"随着城市化的推进，城市用地规模不断扩大，《宪法》规定"城市的土地属于国家所有"，而城市规模扩大必然会占用属于农民集体使用的土地，这种占用只能通过国家征收来实现；但《宪法》又规定国家征收集体土地又必须符合"公共利益"需要的目的，这就使城市非"公共利益"需要的用地项目不可以使用征收方式获得。《宪法》的这项规定无疑会产生这样一个悖论：随着城市用地规模的扩大，在城市规划范围内，对于不符合"公共利益"用途的农地转用，征收为国有地则违背征地须符合"公共利益"需要的《宪法》的准则；不征收（仍然归集体所有）则违背城市土地属于国家所有的《宪法》准则。《宪法》对于城乡土地制度设计的这一矛盾，被周其仁教授（周其仁，2004）称为"征地悖论"。在这一悖论下，必然产生两个结果：一是地方政府出于经济建设的需要，肆意扩大征地范围，无论城市还是非城市地区，大多数的非"公共利益"目的的农地转用都采用征收方式，剥夺农民集体的土地权利。二是在扩大了的城市规划区，必然会存在并还将产生大量的所谓"小产权房"，由于"小产权房"用地（集体土地）不符合"城市的土地属于国家所有"的规定而处于非法状态。

2. 土地管理法规与其他法规的矛盾与冲突

《物权法》、《担保法》与《土地管理法》的冲突。根据《物权法》第60条的规定，集体所有的土地属于村农民集体所有的，由村集体经济组织或者村民委员会代表集体行使所有权。因此，农民个人是没有农村集体建设用地的所有权和使用权的，但是宅基地上房屋所有权则属于农民所有。《物权法》第 39 条规定："所有权人对自己的不动产或者动产，依法享有占有、使用、收益和处分的权利"，即农民个人可以自主进行处分，但如果农民进行转让农村集体建设用地上的房屋必定会涉及宅基地的使用权，而农民个人对此是无权进行处分的，这也就意味着农民无权转让其有权处分的房屋。这在所有权和使用权流转之间就产生了冲突，当然也对自由流转产生了障碍。此外，《土地管理法》第 63 条明确规定："农民集体所有的土地的使用权不得出让、转让或者出租用于非农业建设"，即使对于不改变用途的使用权流转，也附加了诸多的限制。但是，我国法律又规定在两种特殊情况下，集体土地使用权的流转是合法的。一是《土地管理法》第 63 条的"但书"规定："符合土地利用总体规划并依法取得建设用地的企业，因破产、兼并等情形致使土地使用权发生转移的除外"，即集体土地使用权不能主动进入市场，但是由于发生兼并、破产等情形而被动地进入市场，又是允许的。二是《担保法》第 36 条规定："乡（镇）村企业的土地使用权不得单独抵押。以乡（镇）村企业的厂房等建筑物抵押的，其占用范围内的土地使用权同时抵押。"该规定表明，集体土地使用权原则上不能抵押，但乡村企业的厂房等建筑物占用范围内的土地使用权可以随厂房抵押。

《土地管理法》与中央有关政策的冲突。《土地管理法》第 43规定："任何单位和个人进行建设，需要使用土地的，必须依法申请使用国有土地。"第 63 条规定："农民集体所有的土地的使用权不得出让、转让或者出租用于非农业建设；但是，符合土地利用总体规划并依法取得建设用地的企业，因破产、兼并等情形致使土地使用权依法发生转移的除外。"可见，在法律层面，农民集体土地在不改变所有权性质的前提下是禁止入市流转的。而党的十七届三中全会审议通过的《中共中央关于推进农村改革发展若干重大问题的决定》提出建立城乡统一的建设用地市场，一些省份人民政府据此制定了集体建设用地有偿使用和使用权流转试行办法，明显与《土地管理法》相矛盾，难以进一步推进集体建设用地的入市流转。

3. 国家立法与地方法规之间的矛盾与冲突

适用于农村集体建设用地管理的立法主要是 1998 年修订的《土地管理法》。该法第 43 条规定："任何单位和个人进行建设需要使用土地的，都必须依法申请使用国有土地。但本集体经济组织成员使用本集体经济组织的土地办企业或建住房除外。"第 63 条规定："集体土地使用权不得出让、转让或出租用于非农建设。但是符合土地利用总体规划并依法取得建设用地的企业，因破产、兼并等情形致使土地使用权发生转移的除外。"应该说，现行法律严格限制集体土地用于非农建设的使用范围，只允许农村集体经济组织自用，即本集体经济组织成员可以使用本集体经济组织的土地办企业或建住房，但不得出让、转让或出租集体土地使用权，也就是说，集体建设用地向本村镇以外的企业和个人流转行为尚不被法律所认可。可见，国内各试点地区允许农村集体组织自行流转农村集体建设用地使用权的做法是和上述法律规定相冲突的。

然而，随着社会经济的发展，自发的集体建设用地流转活动已经相当普遍，集体建设用地使用权流转的规模也越来越大，实践早已突破法律的限制。集体建设用地通过出租、转让、合作、入股等形式流转到集体经济组织以外的单位和个人早已是无可否认的事实。各地政府以规章形式规制农村集体建设用地使用权流转的情况在很大程度上造成了相关法律的不统一，两者之间形成了冲突。在经济发达地区的城乡（镇）结合部，如广东、江苏、上海等地，均出现了集体建设用地使用权多形式、大规模交易的隐形市场。在这些地方自发形成的流转实践中，集体建设用地使用权流转的主体、流转形式越来越多样。在流转主体上，转让方既有乡（镇）、村、组集体经济组织，也有乡镇政府和村民委员会，还有乡（镇）、村企业和个人等；受让方既有本集体经济组织内部成员，也有本集体经济组织以外的单位和个人。在流转形式上，集体建设用地使用权流转涵盖了出让、转让、抵押、出租、联营、作价入股等多种形式。

通过对农村集体建设用地使用权流转方式的调查研究，我们可以得出这样的结论：符合法律规定的流转方式非常有限，现行的土地管理法规限制了农村集体建设用地使用权的流转行为，不适应发展社会主义市场经济的要求。各地虽然出现了大量的集体建设用地流转案例，但是这些均是在地方政府的政策指导下或自发流转过程中形成的突破法律的行为。

4. 宅基地政策法规的矛盾与冲突

在规范宅基地流转的法律法规中，同样存在着上位法与下位法不统一的现象。《物权法》第152条规定："宅基地使用权人依法对集体所有的土地享有占有和使用的权利"，其中并不包含处分权，也即无法进行流转。但是依据《土地管理法》第62条规定："农村村民出卖、出租住房后，再申请宅基地，不予批准。"法律对由于出卖、出租住房导致的宅基地使用权被动转移的情况并没有明确禁止，只是不再批准再次申请宅基地而已。该条规定隐含的前提就是宅基地的使用权是可以随房屋一起转让的，因此一定程度上也可以看作宅基地流转的法律依据。一些地方的行政规章则对宅基地使用权流转规定矛盾百出，如《中山市农村集体建设用地使用权流转管理暂行办法》第十二条允许宅基地使用权的流转，但其上位法广东省施行的《广东省农村集体建设用地使用权流转管理办法》第四条却限制了宅基地使用权的流转，第四条第一款明确村民住宅用地使用权不得转让，又在同条第二款做出了除外说明。这也体现了地方政府在宅基地流转管理与立法上的矛盾与冲突。

5. 法规滞后于实际

随着我国经济发展，土地资源的供需越发紧张，农村集体建设用地使用权的价值逐渐凸显出来。农村集体建设用地大量隐形流转的事实表明：农村集体建设用地的流转是社会经济发展的需要，也符合经济发展的规律，但我国现有的法律制度与流转实践却出现了脱节的状况，立法的滞后以及现有法律的冲突造成了诸多规避法律的现象，这对于土地的整体规划和土地资源的利用，以及农村集体、农民权益的保障都是一个弊端，明显的阻碍流转行为的有序进行。对此，要求既要从完善现有法律制度的角度出发，也要强化政府监督管理与权力制约，还要建立健全相关的配套制度，如农村集体土地所有权制度、允许集体建设用地直接入市流转制度、收益分配制度、农村社保制度等，形成一套相对合理、科学的规范体系，这对于土地使用权流转市场健康有序发展无疑是一项重要任务。

五、农村集体建设用地的历史遗留问题

集体建设用地的历史遗留问题主要有二：一是"事实上的集体建设用地"的合法性问题；二是"一户多宅"问题。

"事实上的集体建设用地"可分为两类：一是《土地管理法》颁布实施以前已经成为建设用地（含公益性、经营性建设用地和宅基地），一直没有办理合法用地手续的集体建设用地问题；二是《土地管理法》颁布后，经由地方政府（主要是乡镇政府）许可转用的建设用地问题。这两种情况导致产生了大量的没有合法用地手续而形成的"事实上的集体建设用地"。具体历史遗留问题分以下四种：一是《土地管理法》颁布以前，经人民公社、乡镇政府同意的公益建设用地，如中小学用地、卫生院用地、村委会（或大队）办公用地、其他公益事业用地，这些建设用地在《土地管理法》颁布实施后有部分未补办用地手续。二是《土地管理法》颁布以前，经人民公社、乡镇政府同意的社队企业、乡镇企业、农民住宅用地，其中用一部分至今未补办用地手续。三是《土地管理法》颁布以后，部分地方政府为推动小城镇的发展，批量出售宅基地，造成部分农民"一户两宅"甚至"一户多宅"和一部分城市居民拥有

农村宅基地（有的是购买宅基地的农民转为城镇户籍居民）。四是《土地管理法》颁布以后，地方政府（主要是乡镇政府）许可或默许下，部分乡镇企业和其他类型企业以临时占有农地的方式转用大量的农地，形成"事实上的集体建设用地"。这些"事实上的集体建设用地"上已经建成永久性建筑物或构筑物，无法复垦为农地。

"一户多宅"则主要是发展小城镇政策不配套造成的。由于地方政府政策不配套或打政策"擦边球"，致使购地农民及部分城镇居民"违法"购买宅基地，造成农户"一户多宅"和城镇居民拥有农村宅基地现象。

第六章

规范农村集体建设用地流转
管理的对策

根据中央十八届三中全会通过的《中共中央关于全面深化改革若干重大问题的决定》，结合农村集体建设用地流转的实际情况，我们认为规范农村集体建设用地流转，要从保障农民的土地权利，建设城乡统一的建设用地市场，建立兼顾国家、集体、个人的土地增值收益分配机制，用创新方法解决历史遗留问题四个方面寻求切实可行的解决方案。

一、理顺农村集体建设用地各方的权利关系

1. 农村土地所有者（农民集体）实体化

目前农村土地所有者构成为村民小组、村农民集体和乡（镇）农民集体，基本沿袭了"人民公社"时期的三级所有体制。但不同的是这三级所有者都不具备法定的经济实体形式，国家也没有相应的"集体经济组织法"规范管理集体经济组织。这种情形导致"农民集体"主体虚置和农村集体土地所有权主体缺位。在国家没有集体经济组织立法的条件下，如何解决这一问题，实现农村土地所有者实体化？我们根据各地农民及农村基层组织的探索，提出以下解决方案：

（1）村民小组实体化。以村民小组为单位组建农民土地合作社，把村民小组所有的土地作价平均分配到每一位村民，并在工商管理部门登记注册，由登记注册的农民土地合作社代表农民行使集体土地所有权。

（2）允许农民在自愿的前提下，组建跨村民小组甚至跨村的农民土地合作社或土地开发公司，农民以所在村民小组分割出来的土地所有权作价入股，由农民土地合作社或土地开发公司代表农民行使土地所有权。广东、江苏等地已经存在类似的土地开发公司。

（3）属于村农民集体所有的土地，委托村民委员会或村委会设立的土地开发公司行使土地所有权。

（4）有乡镇农民集体所有的土地，委托乡镇人民政府或乡镇人民政府设立的土地开发公司行使土地所有权。

2. 保障农民的土地承包经营权和宅基地使用权作为用益物权的财产权利

《物权法》已经明确把农民土地承包经营权和农民宅基地使用权作为农民的用益物权，明确作为农民的财产权利。现实中农民这两项权利没有获得像其他财产权利一样有效的保障，侵权事件多发。为切实保障农民的这两项权利，建议采取如下措施：

（1）申请土地转用时设置拥有转用土地的承包经营权人前置投票程序，必须获得2/3以上转用土地承包经营权人的同意后，才能进入土地所有权人内部成员投票程序。通过这种方式体现对农民财产权利保护，避免多数人的"民主暴政"。

（2）延长土地承包经营权期限和确保宅基地使用权永久化。在第二轮农村土地承包到期后，建议比照国有建设用地使用权期限确定承包经营权期限为70年，到期再自动延期。立法明确农民宅基地的永久使用权。同时探讨农地承包经营权与经营权的分离，允许拥有承包经营权的农民流转承包地的经营权。

（3）赋予集体建设用地（含宅基地）与国有建设用地同样的

权能。

第一，要保证集体建设用地拥有与国有建设用地有相同交换权，破除对集体建设用地使用范围和交换对象的限制。目前集体建设用地（含宅基地）使用范围和使用对象受到严格限制，如不能用于商品房开发、禁止城镇居民购买宅基地等，导致集体建设用地市场价值严重缩水。建议在符合规划的前提下，比照国有建设用地，放开对集体建设用地使用范围与使用对象的管制，真正使国有建设用地与集体建设用地同地同权，这是实现同地同价的保证。

第二，允许农民宅基地自由流转，放开城镇居民购买农民宅基地政策限制。开放宅基地自由流转是利国利民之举，因为事实上宅基地流转已相当普遍，但处于非公开状态，这导致三种不利结果：国家失去税费收入、集体失去土地流转收入、转让方（农民）只能贱卖而受让方又没有安全感，于国于民皆无一利。放开宅基地交易则可使国家、集体、农民双方获益：国家可以征收税费并赢得民意支持、集体可以增加土地收益、农民可增加收入并获得安全感。

第三，确保集体建设用地抵押、继承、赠与等处分权能。

3. 探索集体土地所有权流转的可行性与制度设计

目前法律规定农村集体土地（所有权）是不能买卖的，这无疑是对集体土地财产权利的最严厉的限制，以至于无法对农民集体土地所有权进行市场估价，也使集体所有的土地变得毫无价值（除征收或转用环节收取的土地补偿费外），也使农民集体名存实亡。在不改变土地公有制的前提下，允许土地所有权流转，特别是集体建设用地所有权流转对提升集体土地的价值具有重要意义。相关建议如下：

（1）允许集体建设用地所有权在集体经济组织之间流转。首先，集体土地所有权在集体经济组织之间流转不会改变土地公有性质，同时通过流转可以使集体土地所有权实现其价值，达到增加社会和集体财富的目的。其次，集体土地所有权流转在农村具有很现实的意义和需求，因为农村土地由于历史原因存在各种"飞地"、"插花地"，不利于土地利用和管理，如果能够实现所有权的流转，就能很好解决这个难题。事实上，在农村这种永久转让土地的案例不少，应该尊重农民群众的实践。

（2）在城市范围以外，实行国家（政府）购买农民集体土地所有权用于非公益性用途。这样做可以避免使政府陷入征地"悖论"困局，既可以满足非公共利益的用地需要，又实现城市土地归国家所有的宪法要求。国家（政府）出于非"公共利益"需要征用农民集体土地，一直以来饱受诟病，如果采用购买的形式，势必更加市场化和更容易被农民接受，也更有利于保障农民的土地权益。

（3）允许农民集体购买国有农地或国家向农民集体划拨农地。这有助于解决国有农林牧场改革中遇到的土地困局。我国土地制度设计中两个法定的土地所有者之间交换、流转土地，并不会改变土地公有制性质，反而可以通过交换实现土地所有权的价值，带动社会财富增长，对国家、集体和农民三方有利。

4. 明确政府对农村集体建设用地的管理权限

目前政府对于农村集体建设用地的法定权限包括：规划权、用途管制权、征收征用权和收益权。由于政府对土地的规划和用途管制，以及政府在土地上基础设施投资，为土地提供发展空间，由此产生土地发展权。通常政府通过制定和调整规划、控制用地指标、收取土地税费、土地违规处罚等方式行使集体建设用地管理权。为落实"建立城乡统一的建设用地市场"，实现集体建设用地与国有土地"同等入市、同权同价"的目标，建议政府对于完善集体建设用地管理采取以下措施：

（1）允许存量集体公益性建设用地流转或改变用途。由于村庄合并等因素，导致农村地区出现大量闲置中小学、村部、卫生院等公益性建设用地，降低了稀缺土地资源的利用率；同时有部分出租给个人或企业作为经营性用途，但由于明显违反土地管理法规，降低了价值而使集体收益受损，也让流入方没有安全感。因此建议允许存量集体公益性建设用地可以出租作为经营性用途，或允许土地所有者申请变更为经营性建设用地。

（2）土地转用（集体建设用地）审批权下放到县（市、区级）政府。凡符合集体建设用地条件的土地转用审批权限下放，可以提高办事效率，加强检查监督。广东、江苏等省的农村土地转用（集体建设用地）审批权限设置在县市级，集体建设用地审批相对宽松，形成了巨大的集体建设用地规模，给当地经济社会发展带来了巨大的土地红利。

（3）除涉及占用基本农田的情形外，在符合规划的前提下对农民宅基地和乡镇企业用地指标实行指导性计划管理。当前地方政府为保证新增国有建设用地的需要，普遍存在尽量压缩宅基地和集体经营性建设用地指标的情况，造成符合政策条件的宅基地审批难，集体建设用地审批更难的情况。据长沙县、桃江县等地调查，每年通过审批的新增经营性建设用地只有几宗地。乡镇企业使用集体建设用地是土地管理法规明确许可的，但各地在执行中迫于"土地财政"的压力尽量压缩不批，这导致农村产生大量的"事实上的集体建设用地"，同时压制了农民的创业（新办乡镇企业）热情，提高了农民创业的成本。有的地方农民利用宅基地建设家庭工厂也被作为"违法建筑"，使农村经济发展失去了活力。为发展农村经济、鼓励农民工回乡创业和农民就地创业，有必要调整经营性集体建设用地计划控制方式，对乡镇企业用地实行指导性计划管理。

二、发挥市场机制配置集体建设用地的供求的基础性作用

中共十八届三中全会提出了"建立城乡统一的建设用地市场。在符合规划和用途管制前提下，允许农村集体经营性建设用地出让、

租赁、入股，实行与国有土地同等入市、同权同价。完善土地租赁、转让、抵押二级市场"的目标。建立城乡统一的建设用地市场，可参照国有建设用地使用权市场规制方法来建立集体建设用地市场，实现交易主体多元化、市场价格信息透明化、市场交易规则制度化。

1. 建立集体建设用地流转市场，实现市场主体多元化

集体建设用地流转市场主体包括交易市场、供给方、需求方和中介机构。目前最为短缺和需要着力培育的是交易平台和中介机构。发展集体建设用地流转市场需要从以下几个方面着手：

（1）利用现有国有建设用地使用权交易平台开展集体建设用地交易或建立农村集体土地流转专业市场。目前农村集体建设用地"隐形流转"、流程不规范等问题普遍存在，主要原因在于没有专业的流转市场和相应的配套服务。目前湖南省长沙市、株洲市成立了农村土地流转交易市场，主要进行承包经营权和集体建设用地使用权流转交易。但目前集体建设用地流转一级市场仍然采用审批制管理模式，对流转对象等诸多市场交易因素进行限制，因此成交案例极少，仅带有试点性质。建议对进入土地流转市场的经审核符合法定条件集体建设用地交易取消审批，一律实行备案管理模式。鼓励合法的集体建设用地通过农村集体土地流转专业市场平台流转土地使用权。

（2）鼓励土地交易中介机构开展集体建设用地中介业务。由于目前集体建设用地的取得与流转存在诸多限制，因此目前尚未有专业集体建设用地的估价、信息等中介机构，现有的土地交易中介机构也少有开展集体建设用地流转中介业务的，这成为制约集体建设用地流转的重要因素。建议鼓励现有的土地交易中介机构开展集体建设用地中介业务，政府提供必要的支持与培训服务。

（3）取消对进入集体建设用地市场交易主体的限制。要"推进城乡要素平等交换"和"建立城乡统一的建设用地市场"，必须放开市场交易主体进入市场的种种限制。目前对于农村集体建设用地

流转主体存在地域限制、身份限制等，只有破除这些限制，才能真正激发市场的活力。具体建议见交易规则修改一节。

2. 修改限制集体建设用地流转的市场交易规则，实现市场交易规则正常化

目前土地管理法规对集体建设用地流转的诸多限制是制约集体建设用地市场发展的根本原因。这些限制的不合理性已在前面做过分析，解除或调整这些限制交易的规则是发展集体建设用地市场、提升集体建设用地价值的根本举措。具体交易规则修改建议如表6－1所示：

表6－1　土地管理法规对集体建设用地流转的限制与修改建议

	目前限制流转的交易规则	建议修改后的交易规则
集体经营性建设用地使用权	除乡镇企业、农民住宅和农村公共事业外，不得申请使用集体建设用地	在城市规划区以外，所有企事业单位均可申请使用集体建设用地
	除因破产、兼并等情形外，不得出让、转让或出租	单位或个人取得的集体建设用地可以依法流转
	只能采用招、拍、挂方式出让（公开出让）	一级市场主要采取招、拍、挂方式；二级市场不设限
宅基地使用权	宅基地只能在本集体组织成员内部流转	宅基地及农民房屋可以自由流转
	禁止城镇居民购买农民宅基地	
公益性集体建设用地使用权	禁止流转	公益性用途之间可自由流转
		短期可出租作为非公益性用途
集体土地所有权	禁止流转	允许在集体经济组织之间、集体经济组织与国家（政府）之间流转

3. 建立集体建设用地市场价机形成机制，实现市场价格透明化

如何实现集体建设用地与国有建设用地"同权同价"？"同权"

是"同价"的基础，但最终价格取决于市场供求和政府对价格的规制。据调查，目前集体建设用地市场价格形成机制是非公开的"隐形市场"，而公开市场只不过是针对特定地块和特定对象的，并没有市场价格形成功能。因此，需要建立集体建设用地市场价格形成机制，实现市场价格透明化。

（1）一级市场实行政府指导定价与市场定价相结合。以公开市场的成交价格为基础，比照国有建设用地指导价格体系，由县市政府土地行政管理部门建立集体建设用地出让指导价格体系，包括基准地价、标定地价和协议成交最低价。同时设定低于最低协议成交价时政府优先购买权，保证指导价格具有一定的权威性。

（2）二级市场实行完全市场定价。政府土地行政管理部门负责收集公布各地市场价格信息供市场参与者参考。二级市场价格包括转让价、转租价、入股价等。目前"隐形市场"的价格由于土地权能不全，整体市场价格偏低。在集体建设用地还权赋能后，随着交易的公开，整体价格水平将会上升，就可以逐步实现与国有建设用地"同权同价"的目标。

三、建立公平合理的集体建设用地流转收益分配制度

中共十八届三中全会提出了"维护农民生产要素权益"和"建立兼顾国家、集体、个人的土地增值收益分配机制，合理提高个人收益"的改革目标，这对于建立公平合理的集体建设用地流转收益分配机制具有指导意义。集体建设用地是一种特殊的生产要素，其所有权人具有当然的财产权；其使用权由《物权法》明确界定为用益物权，也是一种法定的财产权；因为建设用地的特殊性，政府对其存在规划与用途管制，加上公共投资促进土地增值，赋予土地发展权，因此政府具有分享土地发展权收益的当然权利。因此在界定权利的基础上，建立公平合理的集体建设用地流转收益分配制度，

是规范发展集体建设用地市场的重要保证。

要建立公平合理的集体建设用地流转收益分配制度，首先要了解集体建设用地流转的权利转移与分配状况。集体建设用地流转涉及的权利转移与分配状况是：集体土地所有权没有发生变化，但多数案例中村委会作为所有权人的代理人参与流转；初次流转时农民的土地承包经营权转变为建设用地使用权（未承包地除外），并且由于用途转变实现土地发展权；再次流转为建设用地使用权的转移，如果有通途改变，则包含土地发展权的实现。建设用地初次流转在权利转移与实现发展权的同时，如果通过开发投资把生地变成熟地出让或出租，投资者还享有投资收益请求权。从土地权利转移和实现的实际出发建立集体建设用地收益分配制度是体现公平合理原则的前提。

目前集体建设用地流转收益分配状况处于无序状态，公开的流转收益分配没有明确的依据和规范，而"隐形流转"则完全处于混沌状态。为规范集体建设用地流转收益分配、建立公平合理的集体建设用地流转收益分配制度，根据集体建设用地收益的理论模型，对规范集体建设用地流转收益具体建议如下：

1. 建立农民土地承包经营权补偿制度

集体建设用地初次流转包括未承包地使用权和承包地的承包经营权转移为用地单位的集体建设用地使用权。农民土地承包经营权是《物权法》确认的财产权利，这种权利的转移是必须获得补偿的。在市场经济条件下，像其他任何财产一样，实际上应该通过市场等价交换获得。因此，承包经营权的补偿标准应以其市场价值为依据，通过承包经营权人与用地单位或申请用地单位（村委会或基层政府）根据市场价格行情协商确定。在目前自发流转案例中，通行的承包经营权流转收益确认方法也是如此。

目前以村委会为申请用地单位的土地转用（集体建设用地）补偿方案，基本上是比照国家征地模式进行补偿，包括土地补偿费、安置补助费及地上附着物和青苗补偿费，都没有把农民的土地承包经营权作为一项财产权利予以补偿。建议在农用地转用、土地使用（集体建设用地）时单独设置"承包经营权补偿费"项目，专项补偿承包经营权人。国家在征用或征收承包地时也单独设置"土地承包经营权补偿费"项目，保护农民的承包经营权。

2. 建立政府、集体、农民分享土地发展权收益机制

由于土地发展权不同，土地不同用途之间存在巨大的收益差异。这种差异主要是由于政府对土地的规划控制和用途管制及政府对基础设施投资形成的。因此，土地发展权的实现带来的土地增值收益，应由政府、集体（或村委会）分享，而农民则通过集体收益增加获得利益。

土地发展权收益是在没有土地开发投资的前提下，仅仅通过用途的转变而产生的土地增值。在初次流转由农用地转变为建设用地（工业、商业或住宅用地），再次流转是建设用地的不同用途转换。那么集体凭什么分享土地发展权收益呢？集体作为土地所有者，对土地的使用是应该拥有决定权的，否则使用权就毫无价值，这可以看作是对土地所有权的一种补偿。

政府与集体如何分享发展权收益？基本可以根据政府对于土地基础设施投资的强度设定分成比例额。在投资强度大的城镇郊区政府分享较大的分成比例；反之政府分享较低的分成比例。目前尚没有确定政府在集体建设用地流转中分享实现发展权收益法律规定，这也是导致基层政府尽量压缩集体建设用地规模的原因之一。

在现实中，很难确认土地发展权收益，因为大多数情况下，土地转用与土地开发投资往往纠结在一起。经过投资开发"熟地"出让的增值收益中包含了土地发展权的收益和土地投资收益。建议比照国有建设用地土地纯出让金的标准确定土地发展权收益，出让收入扣除土地发展权收益等土地开发成本以后为投资者的投资收益。如长沙县土地纯收益占标定地价的比例分别为：商业用途为40%、

住宅用途为35%、工业用途为25%。土地发展权收益由集体经济组织和政府按一定的比例分享，农民则通过集体收益增加获得土地发展权利益。

3. 利用市场机制保护投资者的土地投资收益权

集体建设用地的投资开发包括：农地转用后把"生地"转变为"熟地"的一级开发；经过一级开发土地转让后，土地使用者在该地块上建造建筑物和构筑物等基础设施的二级开发。目前集体建设用地一级开发投资者包括：村委会、乡镇政府或其设立的土地开发公司、建设用地使用单位三种类型；二级开发投资者主要是集体建设用地使用单位。一级开发投资者的收益来自于开发后的土地使用权出让收入扣除土地开发成本后的纯收入。土地开发成本包括：政府税费（未来可能增收土地纯出让金）、对农民的各种补偿（未来可能增加农民土地承包经营权补偿）、土地开发投入等。如何保护投资者的土地开发权益？根本的是运用市场机制，推动集体建设用地市场建设、维护市场运行秩序、加强市场监管，投资者能通过市场获得投资收益或承担开发亏损。

4. 规范农民集体（或村委会）的建设用地流转收益分配制度

目前集体建设用地初次流转的方式主要有两种：一是由村委会统征并进行一级开发后，再出让给多个用地者；二是项目出让，即由村委会申请转用后出让给项目单位。再次流转主要是用地单位之间的流转。集体建设用地流转中，村委会处于一个关键性的位置：它代表农民集体，申请土地转用，收取流转费用，与农民谈判土地补偿，与用地单位谈判流转事项（价格、期限等），有时还进行开发投资。村委会（代表农民集体）取得集体建设用地收益的主要来源有：土地投资收益、土地补偿费收益和其他收益。目前村委会土地收入主要来源是国家征地土地补偿费、征地拆迁费、安置补偿费等，只有极个别的地方有集体建设用地收入。农村土地纠纷的矛盾集中在乡镇政府、村委会与农民之间就土地流转与征收收入的分配，目前而言土地征收收入分配方面的矛盾较多；但随着集体建设用地的增加，农民与村委会在集体建设用地收入分配方面的矛盾将会激增。因此，必须严格规范村委会的集体建设用地流转收益取得和分配制度。我们认为规范村委会（或农民集体）集体建设用地收益分配，应该从两个方面着手：一是对村委会的集体建设用地收入进行分类；二是明确集体建设用地收入的支出范围。

村委会（或农民集体）的建设用地收入分四个类型：一是土地所有权收入，可称为"土地补偿费"；二是土地发展权和土地投资收入，分别称为"土地增值收入"和"土地投资纯收入"；三是中介及管理费收入，可称为"信息费"和"管理费"；四是代收应付给农民的各种款项，包括"承包经营权补偿费"、"安置补偿费"、"地上建（构）筑物与青苗补偿费"等。这种收入划分与目前的收入项目的差异在于：单独设置"承包经营权补偿费"和把"土地增值收入"从"土地开发纯收入"分列出来。

根据十八届三中全会提出的"维护农民生产要素权益，保障农民公平分享土地增值收益"和"建立兼顾国家、集体、个人的土地增值收益分配机制，合理提高个人收益"的改革要求，对村委会的集体建设用地收益分配建议如下：一是代收的各种款项全额返还农民，不得扣留。二是"土地补偿费"和"土地增值收入"由村委会和失地农民分享。三是村委会的各项收入包括：土地投资纯收入、中介及管理费收入、"土地补偿费"和"土地增值收入"分享收入，这些收入应纳入村委会公共经费预算，用于村公益事业和公共设施建设。

四、推进集体建设用地确权发证，清理历史遗留问题

要实现"建立城乡统一的建设用地市场"，达成集体经营性建

设用地与国有建设用地"同等入市、同权同价"的目标，除了赋予集体经营性建设用地与国有建设用地相同的权能外，还需要做好集体建设用地确权颁证工作。而集体建设用地确权颁证将会面对复杂的历史遗留问题，最关键的问题有两个：一是所谓普遍大量存在"事实上的集体建设用地"问题；二是农民"一户多宅"和城市居民购买宅基地问题。就这两个问题的处理建议如下：

1. 对"事实上的集体建设用地"的处理

对于 1987 年《土地管理法》施行前，无论何种原因形成的"事实上的集体建设用地"，一律颁发集体建设用地使用权证；《土地管理法》施行后形成的"事实上的集体建设用地"，一律在补办集体建设用地手续后，颁发集体建设用地使用权证。因为在《土地管理法》施行前，对于集体建设用地事实上是无法可依的，根据现状认定合理合法。而在《土地管理法》施行后，不经合法程序转用农地，存在违法事实，但与大多数情况下发展农村经济的需要获得了基层政府的默认，客观存在政府和土地行政部门管理不到位的过错。因此补办用地手续后颁证较为合理。

2. 农民"一户多宅"的处理

农民"一户多宅"可分两种情况处理：一是由于城镇开发区以宅基地的名义购买的土地，凭持有的集体建设用地使用权证（宅基地）换发"集体建设用地使用权证"，因为这部分建设用地实际上已经办理农地转用手续，是有偿购买的土地使用权，开发单位（乡镇政府或村委会）还通过转让获得了土地增值收益，农民和其他购地者是无过错的，换证是符合民意之举。二是由于交通等各种原因，已有宅基地的农民购买其他农户的宅基地和房屋，形成"一户多宅"。可采取两个方法处理：其一，退回原宅基地，注销集体建设用地（宅基地）土地使用权证，新取得的宅基地与原户主办理宅基地使用权过户手续；其二，新宅基地补办集体建设用地手续，缴纳相关税费后，颁发"集体建设用地使用权证"。

3. 城镇居民购买农民宅基地的处理

对城镇居民购买农民宅基地问题，尽管目前法律禁止城镇居民购买农民宅基地，但这种现象却以各种形式普遍存在，并且根据我们调查，如果法律允许的话，城镇居民下乡购买住宅及置业的需求将会大增。这将成为我国今后不能不面对的一个现实问题。对此我们的建议是：解除城镇居民购买宅基地政策限制，但需由出让方申请补办集体建设用地手续，"宅基地"使用权证换发"集体建设用地使用权证"，然后过户给购买方（城镇居民）。这样可以避开宅基地交易的法律障碍，达到增加国家税费和集体及农民收入，盘活存量资产，达到"推进城乡要素平等交换"的目的。

五、土地制度创新与农村土地改革展望

在坚持土地公有制（集体所有和国家所有）的前提下，如何进一步提高土地要素的配置效率，使土地真正成为一种资产参与社会的财富创造，仍然有赖于土地制度创新与改革。展望未来，我们认为农村土地制度创新与改革将在以下五个方面展开：

（1）农村集体土地实行所有权、承包权与经营权（或使用权）三权分立，并逐步淡化所有权、强化承包权、放开经营权，最终实现承包权和经营权的市场化配置。

（2）农民宅基地使用权与土地承包权永久化。部分地区尝试农民宅基地使用权与土地承包权股份化。

（3）土地所有权可以在集体与集体、集体与国家之间流转。

（4）建立新型的城乡建设用地供地体制：城市规划范围内，经营性建设用地采用由政府向集体经济组织购买（而不是征收）；公益性建设用地仍然采取征收或征用办法供地。在城市规划范围以外，国家出于公共利益需要的用地采取征收或征用办法供地；经营

性建设用地在符合规划和用途管制的条件下，一律使用集体建设用地，通过市场化方式供地。

（5）农村土地"去社保化"功能，统一城乡社会保障制度，土地不再成为农民的社会保障。

第七章

农村集体建设用地各利益
相关方的调查与结果分析

为了了解农村集体建设用地各利益相关方对农村集体建设用地流转的认识与期望，我们于 2014 年 7 月 12 日至 8 月 25 日在长沙县果园镇、湘潭县易俗河镇、靖州县太阳坪镇分别抽取 206 户农户、22 名村干部、34 家集体建设用地单位进行了问卷调查，同时在长沙市区和靖州县城对 260 位市民进行问卷调查（实际收回问卷 254 份）。本书的研究结论主要来自于相关的调查数据与分析结果。

一、农户抽样调查分析报告

此调查目的是了解农民对集体建设用地的认知及集体建设用地流转的相关情况。

（一）抽样调查地点与抽样方法

本次抽样农户调查采取随机抽样法抽取样本户 206 户（按照样本村农户的 5% 抽取），其中包括长沙县果园乡杨寺庙社区 48 位村民、新明村 38 位村民；靖州县太阳坪乡太阳坪村 21 位村民、八龙村 18 位村民；湘潭县易俗河镇杨溪村 41 位村民、樟树村 40 位村民进行了实地问卷式和访谈式调研。在选择调查地点时，为保证调查范围的全面性，依据距离城市的远近、距离城市的大小进行了定点选择，其中，长沙县作为邻近大城市（长沙市、省会城市）的代表，其中果园乡杨寺庙村作为邻近城市的代表，光明村作为远离城市的代表；湘潭县作为邻近中等城市（湘潭市）的代表，樟树村作为邻近城市的代表，杨溪村作为远离城市的代表；靖州县作为邻近小城市（怀化市）的代表，太阳坪村作为邻近城市的代表，八龙村作为远离城市的代表。

调查样本的分析处理主要采取 Excel 统计描述的方法对数据进行分析。本次调查共发放问卷 206 份，回收 206 份，其中在长沙县发放问卷 86 份，回收问卷 86 份，有效问卷 86 份；靖州县发放问卷 41 份，回收问卷 41 份，有效问卷 41 份；湘潭县发放问卷 81 份，回收 81 份，有效问卷 81 份。总体有效率 100%。

（二）抽样农户基本情况

1. 调查对象的性别分布

本次抽样农户调查问卷共涉及 206 名调查者，在选取调查对象时，我们采取先询问户主，如若户主不在，就选取对家中比较了解的户主妻子或家人进行调查，如遇不知情的受访者，待寻找机会下次询问户主，其中男性 154 名，占全部受访者的 74.8%，女性 52 名，占全部受访者的 25.2%，男女比例为 77:26，如表 7-1 所示。

表 7-1　　　　　　　　　　调查对象的性别分布

项目	频率	占比（%）	有效占比（%）	累计占比（%）
男	154	74.8	74.8	74.8
女	52	25.2	25.2	100.0
合计	206	100.0	100.0	

2. 调查对象的年龄分布

受访者中，205 位村民做出了回答，其中，25~35 岁的有 9 人，占全部受访者的 4.4%，占全部作答者的 4.4%；35~45 岁的有 40 人，占全部受访者的 19.4%，占全部作答者的 19.5%；45~55 岁的有 63 人，占全部受访者的 30.6%，占全部作答者的 30.7%；55 岁以上的有 93 人，占全部受访者的 45.1%，占全部作答者的 45.4%，如表 7-2 所示。

表 7-2　　　　　　　　　　调查对象的年龄分布

项目	频率	占比（%）	有效占比（%）	累计占比（%）
25~35 岁	9	4.4	4.4	4.4
35~45 岁	40	19.4	19.5	23.9
45~55 岁	63	30.6	30.7	54.6
55 岁以上	93	45.1	45.4	100.0
小计	205	99.5	100.0	
缺失	1	0.5		
合计	206	100.0		

3. 调查对象的受教育程度

受访者中，133 位村民做出了回答，其中，没上过学的有 5 人，占全部受访者的 2.4%，占全部作答者的 3.8%；小学学历的有 54 人，占全部受访者的 26.2%，占全部作答者的 40.6%；初中学历的有 55 人，占全部受访者的 26.7%，占全部作答者的 41.4%；高中学历的有 13 人，占全部受访者的 6.3%，占全部作答者的 9.8%，大中专学历的有 5 人，占全部受访者的 2.4%，占全部作答者的 3.8%；本科及以上的有 1 人，占全部受访者的 0.5%，占全部作答者的 0.8%，如表 7-3 所示。

表 7-3　　　　　　　　　　调查对象的受教育程度

项目	频率	占比（%）	有效占比（%）	累计占比（%）
没上过学	5	2.4	3.8	3.8
小学	54	26.2	40.6	44.4

续表

项目	频率	占比（%）	有效占比（%）	累计占比（%）
初中	55	26.7	41.4	85.7
高中	13	6.3	9.8	95.5
大中专	5	2.4	3.8	99.2
本科及以上	1	0.5	0.8	100.0
小计	133	64.6	100.0	
缺失	73	35.4		
合计	206	100.0		

4. 调查对象的家庭成员人数

受访者中，家庭成员人数 3 人以下的有 22 人，占全部受访者的 10.7%；3 人的有 44 人，占全部受访者的 21.4%；4 人的有 53 人，占全部受访者的 25.7%；5 人的有 40 人，占全部受访者的 19.4%；5 人以上的有 47 人，占全部受访者的 22.8%，如表 7 – 4 所示。

表 7 – 4　　　　　　　调查对象的家庭成员人数

项目	频率	占比（%）	有效占比（%）	累计占比（%）
3 人以下	22	10.7	10.7	10.7
3 人	44	21.4	21.4	32.0
4 人	53	25.7	25.7	57.8
5 人	40	19.4	19.4	77.2
5 人以上	47	22.8	22.8	100.0
合计	206	100.0	100.0	

5. 调查对象的家庭的常住人口

受访者中，205 位村民回答了此问题，其中，家庭常住人口 1 人，占全部受访者的 5.8%，占全部作答者的 5.9%；2 人的有 51 人，占全部受访者的 24.8%，占全部作答者的 24.9%；3 人的有 51 人，占全部受访者的 24.8%，占全部作答者的 24.9%；4 人的有 40 人，占全部受访者的 19.4%，占全部作答者的 19.5%；5 人以上的有 51 人，占全部受访者的 24.8%，占全部作答者的 24.9%，如表 7 - 5 所示。

表 7 - 5　　　　　　　　调查对象的家庭的常住人口

项目	频率	占比（%）	有效占比（%）	累计占比（%）
1 位村民	12	5.8	5.9	5.9
2 位村民	51	24.8	24.9	30.7
3 位村民	51	24.8	24.9	55.6
4 位村民	40	19.4	19.5	75.1
5 位村民以上	51	24.8	24.9	100.0
小计	205	99.5	100.0	
缺失	1	0.5		
合计	206	100.0		

6. 户主所从事的职业

受访者中，204 位村民回答了此问题，其中，户主从事的职业为纯农业（种植业、林牧渔业）的有 57 人，占全部受访者的 27.7%，占全部作答者的 27.9%；户主从事的职业为纯农业（种植业、林牧渔业）的有 78 人，占全部受访者的 37.9%，占全部作答者的 38.2%；户主从事的职业为纯农业（种植业、林牧渔业）的有 42 人，占全部受访者的 20.4%，占全部作答者的 20.6%；户主从事的职业为纯农业（种植业、林牧渔业）的有 27 人，占全部受访者的 13.1%，占全部作答者的 13.2%，如表 7 - 6 所示。

表 7 - 6　　　　　　　　户主所从事的职业

项目	频率	占比（%）	有效占比（%）	累计占比（%）
纯农业（种植业、林牧渔业）	57	27.7	27.9	27.9
以农为主兼业	78	37.9	38.2	66.2
非农为主兼业	42	20.4	20.6	86.8

续表

项目	频率	占比（%）	有效占比（%）	累计占比（%）
非农业	27	13.1	13.2	100.0
小计	204	99.0	100.0	
缺失	2	1.0		
小计	206	100.0		

7. 调查对象的家庭年人均纯收入

受访者中，204 位村民回答了此问题，其中，家庭年收入在 1 万元以下的有 22 人，占全部受访者的 10.7%，占全部作答者的 10.8%；家庭年收入在 1 万~2 万元的有 52 人，占全部受访者的 25.2%，占全部作答者的 25.5%；家庭年收入在 2 万~4 万元的有 54 人，占全部受访者的 26.2%，占全部作答者的 26.5%；家庭年收入在 4 万~6 万元的有 36 人，占全部受访者的 17.5%，占全部作答者的 17.6%；家庭年收入在 6 万~8 万元的有 26 人，占全部受访者的 12.6%，占全部作答者的 12.7%；家庭年收入在 8 万元以上的有 14 人，占全部受访者的 6.8%，占全部作答者的 6.9%。

表 7-7　　　　　调查对象的家庭年人均纯收入

项目	频率	占比（%）	有效占比（%）	累计占比（%）
10000 元/人以下	22	10.7	10.8	10.8
10000~20000 元/人	52	25.2	25.5	36.3
20000~40000 元/人	54	26.2	26.5	62.7
40000~60000 元/人	36	17.5	17.6	80.4
60000~80000 元/人	26	12.6	12.7	93.1
80000 元/人以上	14	6.8	6.9	100.0
小计	204	99.0	100.0	
缺失	2	1.0		
合计	206	100.0		

8. 调查对象家庭收入的主要来源

受访者中，家庭收入的主要来源为农业经营的有 114 人，占全部受访者的 55.3%，自己经营小本生意的有 28 人，占全部受访者的 13.6%，在本地企业打工的有 33 人，占全部受访者的 16.0%，外出务工的有 59 人，占全部受访者的 28.6%，自己创办企业的有 2 人，占全部受访者的 1.0%，收入来源为其他的有 21 人，占全部受访者的 10.2%，如表 7 - 8 所示。

表 7 - 8　　　　　　调查对象家庭收入的主要来源

项目	频率	占比（%）	有效占比（%）
农业经营	114	55.3	44.4
自己经营小本生意	28	13.6	10.9
在本地企业打工	33	16.0	12.8
外出务工	59	28.6	23.0
自己创办企业	2	1.0	0.8
其他	21	10.2	8.2
合计	257		100.0

（三）关于土地承包经营权流转情况的调查结果

1. 调查对象对土地承包经营权出让的相关法律了解情况

受访者中，205 位村民回答了此问题，其中，对土地承包经营权出让相关法律完全不了解的有 133 人，占全部受访者的 64.6%，占全部作答者的 64.9%；对土地承包经营权出让相关法律略有听闻过的有 69 人，占全部受访者的 33.5%，占全部作答者的 33.7%；对土地承包经营权出让相关法律完全不了解的有 3 人，占全部受访者的 1.5%，如表 7 - 9 所示。

表 7 - 9　调查对象对土地承包经营权出让的相关法律了解情况

项目	频率	占比（%）	有效占比（%）	累计占比（%）
完全不了解	133	64.6	64.9	64.9
略有听闻过	69	33.5	33.7	98.5

项目	频率	占比（%）	有效占比（%）	累计占比（%）
较深入的了解	3	1.5	1.5	100.0
小计	205	99.5	100.0	
缺失	1	0.5		
合计	206	100.0		

2. 调查对象对本村有无承包地流转的看法

受访者中，199位村民回答了此问题，其中，22位村民认为村里承包地流转的现象非常普遍，占全部受访者的10.7%，占全部作答者的11.1%；121位村民表示村里有一些承包地流转的现象，占全部受访者的58.7%，占全部作答者的60.8%；46位村民认为村里承包地流转的现象几乎不存在，占全部受访者的22.3%，占全部作答者的23.1%；10位村民不清楚村里是否存在承包地流转的现象，占全部受访者的4.9%，占全部作答者的5.0%，如表7-10所示。

表7-10　　　　调查对象对本村有无承包地流转的看法

项目	频率	占比（%）	有效占比（%）	累计占比（%）
非常普遍	22	10.7	11.1	11.1
有一些	121	58.7	60.8	71.9
几乎没有	46	22.3	23.1	95.0
不清楚	10	4.9	5.0	100.0
小计	199	96.6	100.0	
缺失	7	3.4		
合计	206	100.0		

3. 外村人或者是城镇居民在本村进行承包土地的情况

受访者中，199位村民回答了此问题，其中，40位村民表示有外村人或者是城镇居民在本村承包了土地，占全部受访者的19.4%，占全部作答者的20.1%；146位村民表示没有外村人或者城镇居民在本村承包了土地，占全部受访者的70.9%，占全部作答者的73.4%；13位村民表示不清楚是否有外村人或者是城镇居民在本村承包了土地，占全部受访者的6.3%，占全部作答者的6.5%，如表7－11所示。

表7－11　外村人或者是城镇居民在本村进行承包土地的情况

项目	频率	占比（%）	有效占比（%）	累计占比（%）
有	40	19.4	20.1	20.1
没有	146	70.9	73.4	93.5
不清楚	13	6.3	6.5	100.0
小计	199	96.6	100.0	
缺失	7	3.4		
合计	206	100.0		

4. 调查对象是否愿意转让土地承包经营权

受访者中，197位村民回答了此问题，其中，101位村民有意向将自己的土地承包经营权进行转让，占全部受访者的49.0%，占全部作答者的51.3%；56位村民没意向将自己的土地承包经营权进行转让，占全部受访者的27.2%，占全部作答者的28.4%；40位村民是否将自己的土地承包经营权进行转让视情况而定，占全部受访者的19.4%，占全部作答者的20.3%，如表7－12所示。

表7－12　　　　调查对象是否愿意转让土地承包经营权

项目	频率	占比（%）	有效占比（%）	累计占比（%）
有意向	101	49.0	51.3	51.3
没意向	56	27.2	28.4	79.7
不清楚，视情况而定	40	19.4	20.3	100.0
小计	197	95.6	100.0	
缺失	9	4.4		
合计	206	100.0		

5. 调查对象认为承包地的流转需要向谁申请

受访者中，186 位村民回答了此问题，其中，5 位村民表示进行承包地的流转需要向县乡政府申请，占全部受访者的 2.4%，占全部作答者的 2.7%；16 位村民表示进行承包地的流转需要向村干部申请，占全部受访者的 7.8%，占全部作答者的 8.6%；146 位村民表示进行承包地的流转需要向转入或转出户申请，占全部受访者的 70.9%，占全部作答者的 78.5%；19 位村民表示进行承包地的流转不清楚需要向谁申请，占全部受访者的 9.2%，占全部作答者的 10.2%，如表 7 − 13 所示。

表 7 − 13　　　　调查对象认为承包地的流转需要向谁申请

项目	频率	占比（%）	有效占比（%）	累计占比（%）
县乡政府	5	2.4	2.7	2.7
村干部	16	7.8	8.6	11.3
转入或转出户	146	70.9	78.5	89.8
不清楚	19	9.2	10.2	100.0
小计	186	90.3	100.0	
缺失	20	9.7		
合计	206	100.0		

6. 是否存在土地承包纠纷问题

受访者中，196 位村民回答了此问题，其中，85 位村民表示当地存在土地承包纠纷问题，占全部受访者的 41.3%，占全部作答者的 43.4%；91 位村民表示当地不存在土地承包纠纷问题，占全部受访者的 44.2%，占全部作答者的 46.4%；20 位村民表示不清楚当地是否存在土地承包纠纷问题，占全部受访者的 9.7%，占全部作答者的 10.2%，如表 7 − 14 所示。

表 7 – 14　　　　　　　是否存在土地承包纠纷问题

项目	频率	占比（%）	有效占比（%）	累计占比（%）
存在	85	41.3	43.4	43.4
不存在	91	44.2	46.4	89.8
不清楚	20	9.7	10.2	100.0
小计	196	95.1	100.0	
缺失	10	4.9		
合计	206	100.0		

7. 土地流转中遇到问题解决方法

受访者中，90 位村民回答了此问题，其中，33 位村民表示当在土地流转中遇到问题，会首先通过村委会协调，占全部受访者的 16.0%，占全部作答者的 36.7%；39 位村民表示当在土地流转中遇到问题，会首先通过承包者协调，占全部受访者的 18.9%，占全部作答者的 43.3%；2 位村民表示当在土地流转中遇到问题，首先会通过提起诉讼，占全部受访者的 1.0%，占全部作答者的 2.2%；12 位村民表示当在土地流转中遇到问题，首先会自行解决，占全部受访者的 5.8%，占全部作答者的 13.3%，如表 7 – 15 所示。

表 7 – 15　　　调查对象反映的土地流转中遇到问题解决方法

项目	频率	占比（%）	有效占比（%）	累计占比（%）
找村委会协调	33	16.0	36.7	36.7
直接找承包者协调	39	18.9	43.3	80.0
提出诉讼	2	1.0	2.2	82.2
自行解决	12	5.8	13.3	95.6
其他	4	1.9	4.4	100.0
小计	90	43.7	100.0	
缺失	106	51.5		
合计	206	100.0		

8. 主要的土地承包纠纷

受访者中，13位村民回答了此问题，其中，2位村民表示土地承包纠纷问题主要是因订立、履行、变更、解除和终止农村土地承包合同发生纠纷的，占全部受访者的1.0%，占全部作答者的15.4%；1位村民表示土地承包纠纷问题主要是因农村土地承包经营权转包、出租、互换、转让、入股等流转发生的纠纷，占全部受访者的0.5%，占全部作答者的7.7%；3位村民表示土地承包纠纷问题主要是因收回、调整承包发生的纠纷，占全部受访者的1.5%，占全部作答者的23.1%；5位村民表示土地承包纠纷问题主要是因确认农村土地承包经营权发生的纠纷，占全部受访者的2.4%，占全部作答者的38.5%；2位村民表示土地承包纠纷问题主要是因侵害农村土地承包经营权发生的纠纷，占全部受访者的1.0%，占全部作答者的15.4%；2位村民表示土地承包纠纷问题主要是因法律、法规规定的其他农村土地承包经营纠纷，占全部受访者的1.0%，占全部作答者的15.4%，如表7-16所示。

表7-16　　　　　调查对象反映的主要有土地承包纠纷

项目	频率	占比（%）	有效占比（%）	累计占比（%）
因订立、履行、变更、解除和终止农村土地承包合同发生纠纷的	2	1.0	15.4	15.4
因农村土地承包经营权转包、出租、互换、转让、入股等流转发生的纠纷	1	0.5	7.7	23.1
因收回、调整承包发生的纠纷	3	1.5	23.1	46.2
因确认农村土地承包经营权发生的纠纷	5	2.4	38.5	84.6
因侵害农村土地承包经营权发生的纠纷	2	1.0	15.4	100.0
法律、法规规定的其他农村土地承包经营纠纷	2	1.0	15.4	
小计	13	6.3	100.0	
缺失	193	93.7		
合计	206	100.0		

9. 调查对象是否转入承包地的用途

受访者中，34 位村民回答了此问题，其中，32 位村民转入承包地用来经营农业，占全部受访者的 15.5%，占全部作答者的 94.1%；2 位村民转入承包地用来农业合作，占全部受访者的 1.0%，占全部作答者的 5.9%，如表 7 – 17 所示。

表 7 – 17　　　　　　　　调查对象转入承包地的用途

项目	频率	占比（%）	有效占比（%）	累计占比（%）
经营农业	32	15.5	94.1	94.1
农业合作	2	1.0	5.9	100.0
小计	34	16.5	100.0	
缺失	172	83.5		
合计	206	100.0		

10. 调查对象对流转价格与流转后用途的关系的看法

受访者中，31 位村民回答了此问题，其中，17 位村民表示流转后价格较低，占全部受访者的 8.3%，占全部作答者的 54.8%；14 位村民表示流转后价格不变，占全部受访者的 6.8%，占全部作答者的 45.2%，如表 7 – 18 所示。

表 7 – 18　　　调查对象对流转价格与流转后用途的关系的看法

项目	频率	占比（%）	有效占比（%）	累计占比（%）
不改变用途，价格较低	17	8.3	54.8	54.8
不改变用途，价格不变	14	6.8	45.2	100.0
小计	31	15.0	100.0	
缺失	175	85.0		
合计	206	100.0		

11. 转入承包地对调查对象家庭生活状况的影响

受访者中，22 位村民回答了此问题，其中，4 位村民表示转入承包地后生活有了很大的改善，占全部受访者的 1.9%，占全部作答者的 18.2%；9 位村民表示转入承包地后生活没发生变化，占全部受访者的 4.4%，占全部作答者的 40.9%；8 位村民表示转入承包地后生活有一点改善，占全部受访者的 3.9%，占全部作答者的 36.4%；1 位村民表示转入承包地后生活变差了，占全部受访者的 0.5%，占全部作答者的 4.5%，如表 7 - 19 所示。

表 7 - 19 　　　　　转入承包地对调查对象对的家庭生活状况

项目	频率	占比（%）	有效占比（%）	累计占比（%）
有了很大的改善	4	1.9	18.2	18.2
无发生变化	9	4.4	40.9	59.1
有一点改善	8	3.9	36.4	95.5
变差了	1	0.5	4.5	100.0
小计	22	10.7	100.0	
缺失	184	89.3		
合计	206	100.0		

12. 调查对象是否自愿进行了土地流转

受访者中，39 位村民回答了此问题，其中，27 位村民表示是由于自身需要自愿把土地进行流转的，占全部受访者的 13.1%，占全部作答者的 69.2%；2 位村民表示自身不愿意流转，是村委会强行要求的，占全部受访者的 1.0%，占全部作答者的 5.1%；3 位村民表示跟风其他村民流转了土地，占全部受访者的 1.5%，占全部作答者的 7.7%；7 位村民由于土地本身是闲置，所以对土地流转持无所谓态度，占全部受访者的 3.4%，占全部作答者的 17.9%，如表 7 - 20 所示。

表 7 - 20 调查对象是否自愿进行了土地流转

项目	频率	占比（%）	有效占比（%）	累计占比（%）
自身需要	27	13.1	69.2	69.2
不愿意，村委会强行要求的	2	1.0	5.1	74.4
别人这样，我就这样	3	1.5	7.7	82.1
无所谓，反正闲着	7	3.4	17.9	100.0
小计	39	18.9	100.0	
缺失	167	81.1		
合计	206	100.0		

13. 调查对象出让土地承包权的原因

受访者中，62 位村民回答了此问题，其中，15 位村民表示土地承包权出让的原因是务农的收入低，占全部受访者的 7.3%，占全部作答者的 24.2%；2 位村民表示土地承包权出让的原因是土地流转收入高，占全部受访者的 1.0%，占全部作答者的 3.2%；7 位村民表示土地承包权出让的原因是自己打算到城里打工，占全部受访者的 3.4%，占全部作答者的 11.3%；6 位村民表示土地承包权出让的原因是集体要求将土地出让，占全部受访者的 2.9%，占全部作答者的 9.7%；19 位村民表示土地承包权出让的原因是年老、劳动力不足，占全部受访者的 9.2%，占全部作答者的 30.6%；13 位村民表示土地承包权出让的原因是其他，占全部受访者的 6.3%，占全部作答者的 21.0%，如表 7 - 21 所示。

表 7 - 21 调查对象出让土地承包权的原因

项目	频率	占比（%）	有效占比（%）	累计占比（%）
务农的收入低	15	7.3	24.2	24.2
土地流转的收入高	2	1.0	3.2	27.4
自己打算到城里打工	7	3.4	11.3	38.7
集体要求将土地出让	6	2.9	9.7	48.4

续表

项目	频率	占比（%）	有效占比（%）	累计占比（%）
年老、劳动力不足	19	9.2	30.6	79.0
其他	13	6.3	21.0	100.0
小计	62	30.1	100.0	
缺失	144	69.9		
合计	206	100.0		

14. 调查对象转让承包地后从事的工作

受访者中，40 位村民回答了此问题，其中，8 位村民表示承包地转出后在当地打工，占全部受访者的 3.9%，占全部作答者的 20.0%；10 位村民表示承包地转出后在城里打工，占全部受访者的 4.9%，占全部作答者的 25.0%；8 位村民表示承包地转出后做小生意，占全部受访者的 3.9%，占全部作答者的 20.0%；1 位村民表示承包地转出后找一些短工做，占全部受访者的 0.5%，占全部作答者的 2.5%，如表 7 - 22 所示。

表 7 - 22　　　　调查对象转让承包地后从事的工作

项目	频率	占比（%）	有效占比（%）	累计占比（%）
在当地打工	8	3.9	20.0	20.0
去城里打工	10	4.9	25.0	45.0
做小生意	8	3.9	20.0	65.0
找一些短工做	1	0.5	2.5	67.5
其他	13	6.3	32.5	100.0
小计	40	19.4	100.0	
缺失	166	80.6		
合计	206	100.0		

15. 转出承包地对家庭生活的影响

受访者中，37 位村民回答了此问题，其中，2 位村民表示转出承包地后生活有了很大改善，占全部受访者的 1.0%，占全部作答者的 5.4%；15 位村民表示转出承包地后生活未发生变化，占全部受访者的7.3%，占全部作答者的40.5%；18位村民表示转出承包地后生活有一点改善，占全部受访者的8.7%，占全部作答者的48.6%；2位村民表示转出承包地后生活变差了，占全部受访者的1.0%，占全部作答者的5.4%，如表7-23所示。

表7-23　　　　　　　　转出承包地对家庭生活的影响

项目	频率	占比（%）	有效占比（%）	累计占比（%）
有了很大改善	2	1.0	5.4	5.4
未发生变化	15	7.3	40.5	45.9
有一点改善	18	8.7	48.6	94.6
变差了	2	1.0	5.4	100.0
小计	37	18.0	100.0	
缺失	169	82.0		
合计	206	100.0		

（四）关于农村宅基地流转情况的调查结果

1. 关于房屋居住情况的调查结果

（1）调查对象的房屋类型。

受访者中，195位村民回答了此问题，其中，2家房屋结构为土坯房，占全部受访者的1.0%，占全部作答者的1.0%；63家房屋结构为砖混平房，占全部受访者的30.6%，占全部作答者的32.3%；73家房屋结构为砖混瓦房，占全部受访者的35.4%，占全部作答者的37.4%；50家房屋结构为木板房，占全部受访者的24.3%，占全部作答者的25.6%；7家房屋结构为楼房，占全部受访者的3.4%，占全部作答者的3.6%，如表7-24所示。

表7-24　　　　　　　　　调查对象的房屋类型

项目	频率	占比（%）	有效占比（%）	累计占比（%）
土坯房	2	1.0	1.0	1.0
砖混平房	63	30.6	32.3	33.3

项目	频率	占比（%）	有效占比（%）	累计占比（%）
砖混瓦房	73	35.4	37.4	70.8
木板房	50	24.3	25.6	96.4
楼房	7	3.4	3.6	100.0
小计	195	94.7	100.0	
缺失	11	5.3		
合计	206	100.0		

（2）调查对象对目前的住房是否满意。

受访者中，198 位村民回答了此问题，其中，1 位村民表示对目前的住房非常不满意，占全部受访者的 0.5%，占全部作答者的 0.5%；35 位村民表示对目前的住房不满意，占全部受访者的 17.0%，占全部作答者的 17.7%；55 位村民表示对目前的住房感觉一般，占全部受访者的 26.7%，占全部作答者的 27.8%；107 位村民表示对目前的住房满意，占全部受访者的 51.9%，占全部作答者的 54.0%，如表 7-25 所示。

表 7-25　　　　　　调查对象对目前的住房是否满意

项目	频率	占比（%）	有效占比（%）	累计占比（%）
非常不满意	1	0.5	0.5	0.5
不满意	35	17.0	17.7	18.2
一般	55	26.7	27.8	46.0
满意	107	51.9	54.0	100.0
小计	198	96.1	100.0	
缺失	8	3.9		
合计	206	100.0		

（3）调查对象对目前住房不满意的原因。

受访者中，50 位村民回答了此问题，其中，16 位村民表示对目前住房不满意的原因是住房面积小，不能满足家庭人口需要，占全部受访者的7.8%，占全部作答者的32.0%；5位村民表示对目前住房不满意的原因是交通不便，占全部受访者的2.4%，占全部作答者的10.0%；1位村民表示对目前住房不满意的原因是离中心城镇太远，占全部受访者的0.5%，占全部作答者的2.0%；1位村民表示对目前住房不满意的原因是用水不便，占全部受访者的0.5%，占全部作答者的2.0%；27位村民表示对目前住房不满意的原因是户型结构落后，不适应时代，占全部受访者的13.1%，占全部作答者的54.0%，如表7-26所示。

表7-26　　　　　　　　调查对象对目前住房不满意的原因

项目	频率	占比（%）	有效占比（%）	累计占比（%）
住房面积小，不能满足家庭人口需要	16	7.8	32.0	32.0
交通不便	5	2.4	10.0	42.0
离中心城镇太远	1	0.5	2.0	44.0
用水不便	1	0.5	2.0	46.0
户型结构落后，不适应时代	27	13.1	54.0	100.0
小计	50	24.3	100.0	
缺失	156	75.7		
合计	206	100.0		

（4）调查对象对居住环境是否满意。

受访者中，198位村民回答了此问题，其中，3位村民表示对居住周围的环境非常不满意，占全部受访者的1.5%，占全部作答者的1.5%；41位村民表示对居住周围的环境不满意，占全部受访者的19.9%，占全部作答者的20.7%；48位村民表示对居住周围的环境感觉一般，占全部受访者的23.3%，占全部作答者的24.2%；105位村民表示对居住周围的环境满意，占全部受访者的51.0%，占全部作答者的53.0%；1位村民表示对居住周围的环境

非常满意，占全部受访者的 0.5%，占全部作答者的 0.5%，如表
7－27 所示。

表 7－27　　　　　　　　调查对象对居住环境是否满意

项目	频率	占比（%）	有效占比（%）	累计占比（%）
非常不满意	3	1.5	1.5	1.5
不满意	41	19.9	20.7	22.2
一般	48	23.3	24.2	46.5
满意	105	51.0	53.0	99.5
非常满意	1	0.5	0.5	100.0
小计	198	96.1	100.0	
缺失	8	3.9		
合计	206	100.0		

（5）调查对象对居住环境不满意的原因。

受访者中，61 位村民回答了此问题，其中，13 位村民表示对
目前住房不满意的原因是环境卫生太差，有垃圾，占全部受访者的
6.3%，占全部作答者的 21.3%；13 位村民表示对目前住房不满意
的原因是污水处理不好，占全部受访者的 6.3%，占全部作答者的
21.3%；16 位村民表示对目前住房不满意的原因是交通不便，占
全部受访者的 7.8%，占全部作答者的 26.2%；8 位村民表示对目
前住房不满意的原因是公共设施配套不足，占全部受访者的
3.9%，占全部作答者的 13.1%；11 位村民表示对目前住房不满意
的原因是其他，占全部受访者的 5.3%，占全部作答者的 18.0%，
如表 7－28 所示。

表 7－28　　　　　　　　调查对象对居住环境不满意的原因

项目	频率	占比（%）	有效占比（%）	累计占比（%）
环境卫生太差，有垃圾	13	6.3	21.3	21.3

续表

项目	频率	占比（%）	有效占比（%）	累计占比（%）
污水处理不好	13	6.3	21.3	42.6
交通不便	16	7.8	26.2	68.9
公共设施配套不足	8	3.9	13.1	82.0
其他	11	5.3	18.0	100.0
小计	61	29.6	100.0	
缺失	145	70.4		
合计	206	100.0		

2. 农村宅基地使用情况

（1）调查对象对宅基地所有权归属的看法。

受访者中，194位村民回答了此问题，其中，71位村民认为所占用的宅基地归国家所有，占全部受访者的34.5%，占全部作答者的36.6%；30位村民认为所占用的宅基地归村集体所有，占全部受访者的14.6%，占全部作答者的15.5%；7位村民认为所占用的宅基地归村民小组所有，占全部受访者的3.4%，占全部作答者的3.6%；80位村民认为所占用的宅基地归自己所有，占全部受访者的38.8%，占全部作答者的41.2%；6位村民不知道所占用的宅基地归谁所有，占全部受访者的2.9%，占全部作答者的3.1%，如表7-29所示。

表7-29　　　　　　调查对象对宅基地所有权归属的看法

项目	频率	占比（%）	有效占比（%）	累计占比（%）
国家	71	34.5	36.6	36.6
村集体	30	14.6	15.5	52.1
村民小组	7	3.4	3.6	55.7
自己	80	38.8	41.2	96.9
不知道	6	2.9	3.1	100.0
小计	194	94.2	100.0	
缺失	12	5.8		
合计	206	100.0		

（2）调查对象是否有闲置的宅基地。

受访者中，198 位村民回答了此问题，其中，9 位村民表示有闲置的宅基地，占全部受访者的 4.4%，占全部作答者的 4.5%；189 位村民表示没有闲置的宅基地，占全部受访者的 91.7%，占全部作答者的 95.5%，如表 7-30 所示。

表 7-30　　　　　　　　调查对象是否有闲置的宅基地

项目	频率	占比（%）	有效占比（%）	累计占比（%）
有	9	4.4	4.5	4.5
没有	189	91.7	95.5	100.0
小计	198	96.1	100.0	
缺失	8	3.9		
合计	206	100.0		

（3）调查对象对宅基地与房屋是不是一个整体的认识。

受访者中，199 位村民回答了此问题，其中，92 位村民认为宅基地和上面的房屋是一个整体，占全部受访者的 44.7%，占全部作答者的 46.2%；92 位村民认为宅基地和上面的房屋不是一个整体，占全部受访者的 44.7%，占全部作答者的 46.2%；15 位村民不清楚宅基地和上面的房屋是不是一个整体，占全部受访者的 7.3%，占全部作答者的 7.5%，如表 7-31 所示。

表 7-31　　　　调查对象对宅基地与房屋是不是一个整体的认识

项目	频率	占比（%）	有效占比（%）	累计占比（%）
是	92	44.7	46.2	46.2
不是	92	44.7	46.2	92.5
不知道	15	7.3	7.5	100.0
小计	199	96.6	100.0	
缺失	7	3.4		
合计	206	100.0		

（4）调查对象对宅基地使用权是否有期限的认识。

受访者中，200 位村民回答了此问题，其中，6 位村民认为宅基地使用权有期限，占全部受访者的 2.9%，占全部作答者的 3.0%；171 位村民认为宅基地使用无期限，占全部受访者的 83.0%，占全部作答者的 85.5%；23 位村民不清楚宅基地使用权是否有期限，占全部受访者的 11.2%，占全部作答者的 11.5%，如表 7 - 32 所示。

表 7 - 32　　　调查对象对宅基地使用权是否有期限的认识

项目	频率	占比（%）	有效占比（%）	累计占比（%）
有期限	6	2.9	3.0	3.0
无期限	171	83.0	85.5	88.5
不知道	23	11.2	11.5	100.0
小计	200	97.1	100.0	
缺失	6	2.9		
合计	206	100.0		

（5）调查对象是否知道政府规定的户均宅基地面积。

受访者中，196 位村民回答了此问题，其中，35 位村民表示知道政府允许的户均宅基地建房面积，占全部受访者的 17.0%，占全部作答者的 17.9%；161 位村民表示不知道政府允许的户均宅基地建房面积，占全部受访者的 78.2%，占全部作答者的 82.1%，如表 7 - 33 所示。

表 7 - 33　　　调查对象是否知道政府规定的户均宅基地面积

项目	频率	占比（%）	有效占比（%）	累计占比（%）
知道	35	17.0	17.9	17.9
不知道	161	78.2	82.1	100.0
小计	196	95.1	100.0	
缺失	10	4.9		
合计	206	100.0		

（6）宅基地取得的途径。

受访者中，201位村民回答了此问题，其中，96位村民表示宅基地取得的途径是继承，占全部受访者的46.6%，占全部作答者的47.8%；3位村民表示宅基地取得的途径是置换同村人的宅基地，占全部受访者的1.5%，占全部作答者的1.5%；77位村民表示宅基地取得的途径是向村集体申请，占全部受访者的37.4%，占全部作答者的38.3%；25位村民表示宅基地取得的途径是其他，占全部受访者的12.1%，占全部作答者的12.4%，如表70-34所示。

表7-34　　　　　　　　调查对象宅基地取得的途径

项目	频率	占比（%）	有效占比（%）	累计占比（%）
继承	96	46.6	47.8	47.8
置换同村人的宅基地	3	1.5	1.5	49.3
向村集体申请	77	37.4	38.3	87.6
其他	25	12.1	12.4	100.0
小计	201	97.6	100.0	
缺失	5	2.4		
合计	206	100.0		

（7）调查对象对农民申请宅基地应具备的条件的了解。

受访者中，31位村民表示农民申请宅基地的条件包括原有的宅基地面积低于规定标准，占全部受访者的15.0%，11位村民表示农民申请宅基地的条件包括原有的宅基地被征收，占全部受访者的5.3%，46位村民表示农民申请宅基地的条件包括依法分户的新农户，占全部受访者的22.3%，1位村民表示农民申请宅基地的条件包括国家工作人员回乡定居，占全部受访者的0.5%，13位村民表示农民申请宅基地的条件包括其他，占全部受访者的6.3%，如表7-35所示。

表7－35 调查对象对农民申请宅基地应具备的条件的了解

项目	频率	占比（%）
原有的宅基地面积低于规定标准	31	15.0
原有的宅基地被征收	11	5.3
依法分户的新农户	46	22.3
国家工作人员回乡定居	1	0.5
宅基地因自然灾害等原因灭失的	13	6.3
其他	48	23.3

（8）调查对象对宅基地审批权限的了解。

受访者中，195位村民回答了此问题，其中，5位村民表示宅基地的申请审批村长或乡（镇）长说了算，占全部受访者的2.4%，占全部作答者的2.6%；12位村民表示宅基地的申请审批村委会成员讨论决定，占全部受访者的5.8%，占全部作答者的6.2%；5位村民表示宅基地的申请审批由村民小组讨论决定，占全部受访者的2.4%，占全部作答者的2.6%；77位村民表示宅基地的申请审批由县政府批准，占全部受访者的37.4%，占全部作答者的39.5%；62位村民表示宅基地的申请审批由乡镇政府审核，占全部受访者的30.1%，占全部作答者的31.8%；16位村民表示不知道宅基地的申请审批谁说了算，占全部受访者的7.8%，占全部作答者的8.2%；18位村民表示宅基地的申请审批有其他途径，占全部受访者的8.7%，占全部作答者的9.2%，如表7－36所示。

表7－36 调查对象对宅基地审批权限的了解

项目	频率	占比（%）	有效占比（%）	累计占比（%）
村长或乡（镇）长说了算	5	2.4	2.6	2.6
村委会成员讨论决定	12	5.8	6.2	8.7
村民小组讨论决定	5	2.4	2.6	11.3
县政府批准	77	37.4	39.5	50.8

项目	频率	占比（%）	有效占比（%）	累计占比（%）
乡镇政府审核	62	30.1	31.8	82.6
不知道	16	7.8	8.2	90.8
其他	18	8.7	9.2	100.0
小计	195	94.7	100.0	
缺失	11	5.3		
合计	206	100.0		

（9）宅基地的审批结果是否公布。

受访者中，129 位村民回答了此问题，其中，20 位村民表示本村会公布宅基地审批结果，占全部受访者的 9.7%，占全部作答者的 15.5%；62 位村民表示本村会不公布宅基地审批结果，占全部受访者的 30.1%，占全部作答者的 48.1%；47 位村民表示不知道本村是否公布宅基地审批结果，占全部受访者的 22.8%，占全部作答者的 36.4%，如表 7-37 所示。

表 7-37　　　调查对象所在村宅基地的审批结果是否公布

项目	频率	占比（%）	有效占比（%）	累计占比（%）
公布	20	9.7	15.5	15.5
不公布	62	30.1	48.1	63.6
不知道	47	22.8	36.4	100.0
小计	129	62.6	100.0	
缺失	77	37.4		
合计	206	100.0		

（10）"一户多宅"的情况。

受访者中，196 位村民回答了此问题，其中，78 位村民表示本村存在"一户多宅"的现象，占全部受访者的 37.9%，占全部作答者的 39.8%；115 位村民表示本村不存在"一户多宅"的现象，占全部受访者的 55.8%，占全部作答者的 58.7%；3 位村民表示不知道本村是否存在"一户多宅"的现象，占全部受访者的1.5%，占全部作答者的1.5%，如表7-38所示。

表7-38　　　调查对象对本村有没有"一户多宅"的了解

项目	频率	占比（%）	有效占比（%）	累计占比（%）
有	78	37.9	39.8	39.8
无	115	55.8	58.7	98.5
不知道	3	1.5	1.5	100.0
小计	196	95.1	100.0	
缺失	10	4.9		
合计	206	100.0		

（11）产生"一户多宅"现象的原因。

受访者中，95位村民回答了此问题，其中，25位村民表示有"一户多宅"的现象其原因是继承，占全部受访者的12.1%，占全部作答者的26.3%；44位村民表示有"一户多宅"的现象其原因是自己建的，占全部受访者的21.4%，占全部作答者的46.3%；8位村民表示有"一户多宅"的现象其原因是买别人的房屋，占全部受访者的3.9%，占全部作答者的8.4%；9位村民表示有"一户多宅"的现象其原因是在城市购买房屋，占全部受访者的4.4%，占全部作答者的9.5%；9位村民表示有"一户多宅"的现象其原因是其他，占全部受访者的4.4%，占全部作答者的9.5%，如表7-39所示。

表7-39　　　调查对象对造成"一户多宅"的现象原因解释

项目	频率	占比（%）	有效占比（%）	累计占比（%）
继承	25	12.1	26.3	26.3
自己建的	44	21.4	46.3	72.6
买别人的房屋	8	3.9	8.4	81.1
在城市购买房屋	9	4.4	9.5	90.5
其他	9	4.4	9.5	100.0

续表

项目	频率	占比（%）	有效占比（%）	累计占比（%）
小计	95	46.1	100.0	
缺失	111	53.9		
合计	206	100.0		

3. 宅基地流转情况调查结果

（1）转让宅基地的情况。

受访者中，199 位村民回答了此问题，其中，44 位村民表示身边有转让宅基地的现象，但很少，占全部受访者的 21.4%，占全部作答者的 22.1%，3 位村民表示身边有转让宅基地的现象并且比较普遍，占全部受访者的 1.5%，占全部作答者的 1.5%；150 位村民表示身边没有转让宅基地的现象，占全部受访者的 72.8%，占全部作答者的 75.4%；2 位村民表示不知道身边有没有转让宅基地的现象，占全部受访者的 1.0%，占全部作答者的 1.0%，如表 7 - 40 所示。

表 7 - 40　　　　调查对象身边是否有转让宅基地的现象

项目	频率	占比（%）	有效占比（%）	累计占比（%）
有，但很少	44	21.4	22.1	22.1
有，比较普遍	3	1.5	1.5	23.6
没有	150	72.8	75.4	99.0
不知道	2	1.0	1.0	100.0
小计	199	96.6	100.0	
缺失	7	3.4		
合计	206	100.0		

（2）村干部是否干涉宅基地流转。

受访者中，197 位村民回答了此问题，其中，21 位村民表示村里干涉宅基地流转，占全部受访者的 10.2%，占全部作答者的

10.7%；113 位村民表示村里不干涉宅基地流转占全部受访者的
54.9%，占全部作答者的 57.4%；63 位村民表示不知道村里是否
干涉宅基地流转，占全部受访者的 30.6%，占全部作答者的
32.0%，如表 7 – 41 所示。

表 7 – 41　　　　　　调查对象所在村里是否干涉宅基地流转

项目	频率	占比（%）	有效占比（%）	累计占比（%）
干涉	21	10.2	10.7	10.7
不干涉	113	54.9	57.4	68.0
不知道	63	30.6	32.0	100.0
小计	197	95.6	100.0	
缺失	9	4.4		
合计	206	100.0		

（3）城镇居民购买宅基地的情况。

受访者中，198 位村民回答了此问题，其中，4 位村民表示有
很多城镇居民在村里买宅基地，占全部受访者的 1.9%，占全部作
答者的 2.0%；26 位村民表示有一些城镇居民在村里买宅基地，占
全部受访者的 12.6%，占全部作答者的 13.1%；168 位村民表示没
有城镇居民在村里买宅基地，占全部受访者的 81.6%，占全部作答
者的 84.8%，如表 7 – 42 所示。

表 7 – 42　　　　调查对象所在村有没有城镇居民购买宅基地

项目	频率	占比（%）	有效占比（%）	累计占比（%）
有很多	4	1.9	2.0	2.0
有一些	26	12.6	13.1	15.2
没有	168	81.6	84.8	100.0
小计	198	96.1	100.0	
缺失	8	3.9		
合计	206	100.0		

（4）调查对象是否愿意将不住的房屋和宅基地使用权转让出去。

受访者中，197 位村民回答了此问题，其中，62 位村民表示愿意将不住的房屋和宅基地使用权转让出去，占全部受访者的30.1%，占全部作答者的31.5%；117 位村民表示不愿意将不住的房屋和宅基地使用权转让出去，占全部受访者的56.8%，占全部作答者的59.4%；18 位村民表示不清楚要不要将不住的房屋和宅基地使用权转让出去，占全部受访者的8.7%，占全部作答者的9.1%，如表 7 - 43 所示。

表 7 - 43　　　　　　　调查对象是否愿意将不住的房屋和
宅基地使用权转让出去

项目	频率	占比（%）	有效占比（%）	累计占比（%）
愿意	62	30.1	31.5	31.5
不愿意	117	56.8	59.4	90.9
不知道	18	8.7	9.1	100.0
小计	197	95.6	100.0	
缺失	9	4.4		
合计	206	100.0		

（5）调查对象对转让住房和宅基地优先考虑的因素。

21 位村民表示宅基地转让优先考虑的因素是流转对象，占全部受访者的10.2%，占全部作答者的18.9%；55 位村民表示如果住房和宅基地可以转让会优先考虑的因素是流转价格，占全部受访者的26.7%，占全部作答者的49.5%；35 位村民表示如果住房和宅基地可以转让会优先考虑的因素是其他因素，占全部受访者的17.0%，占全部作答者的31.5%，如表 7 - 44 所示。

表 7 – 44　　　　调查对象对转让住房和宅基地优先考虑的因素

项目	频率	占比（%）	有效占比（%）	累计占比（%）
对象	21	10.2	18.9	18.9
价格	55	26.7	49.5	68.5
其他	35	17.0	31.5	100.0
小计	111	53.9	100.0	
缺失	95	46.1		
合计	206	100.0		

（6）调查对象希望宅基地流转的形式。

受访者中，126 位村民回答了此问题，其中，33 位村民表示希望宅基地流转的形式是转让，占全部受访者的16.0%，占全部作答者的26.2%；65 位村民表示希望宅基地流转的形式是出租，占全部受访者的31.6%，占全部作答者的51.6%；2 位村民表示希望宅基地流转的形式是抵押，占全部受访者的1.0%，占全部作答者的1.6%；13 位村民表示希望宅基地流转的形式是置换，占全部受访者的6.3%，占全部作答者的10.3%；4 位村民表示希望宅基地流转的形式是入股，占全部受访者的1.9%，占全部作答者的3.2%；2 位村民表示希望宅基地流转的形式是赠予，占全部受访者的1.0%，占全部作答者的1.6%；7 位村民表示希望宅基地流转的形式是其他，占全部受访者的3.4%，占全部作答者的5.6%，如表7 – 45 所示。

表 7 – 45　　　　　　调查对象希望宅基地流转的形式

项目	频率	占比（%）	有效占比（%）	累计占比（%）
转让	33	16.0	26.2	26.2
出租	65	31.6	51.6	77.8
抵押	2	1.0	1.6	79.4
置换	13	6.3	10.3	89.7
入股	4	1.9	3.2	92.9

项目	频率	占比（%）	有效占比（%）	累计占比（%）
赠与	2	1.0	1.6	94.4
其他	7	3.4	5.6	100.0
小计	126	61.2	100.0	
缺失	80	38.8		
合计	206	100.0		

（7）调查对象是否流转了宅基地。

受访者中，190 位村民回答了此问题，其中，3 位村民表示转出了宅基地，占全部受访者的 1.5%，占全部作答者的 1.6%；187 位村民表示没有流转宅基地，占全部受访者的 90.8%，占全部作答者的 98.4%，如表 7-46 所示。

表 7-46　　　　　　　调查对象是否流转了宅基地

项目	频率	占比（%）	有效占比（%）	累计占比（%）
是的，转出了宅基地	3	1.5	1.6	1.6
没有	187	90.8	98.4	100.0
小计	190	92.2	100.0	
缺失	16	7.8		
合计	206	100.0		

（五）关于集体建设用地流转情况的调查结果

1. 调查对象认可的集体建设用地类型

受访者中，26 位村民认为宅基地属于集体建设用地，占全部受访者的 12.6%，90 位村民认为乡镇企业用地属于集体建设用地，占全部受访者的 43.7%；123 位村民认为公共事业用地属于集体建设用地，占全部受访者的 59.7，41 位村民不清楚集体建设用地包括哪些，占全部受访者的 19.9%，如表 7-47 所示。

表 7 - 47　　　　　　　　调查对象认可的集体建设用地类型

项目	频率	占比（%）
宅基地	26	12.6
乡镇企业用地	90	43.7
公共事业用地	123	59.7
不清楚	41	19.9
其他	6	2.9

2. 调查对象对集体建设用地所有权的认识

受访者中，156 位村民回答了此问题，其中，4 位村民表示集体建设用地属个人所有，占全部受访者的 1.9%，占全部作答者的 2.6%；69 位村民表示集体建设用地属村集体所有，占全部受访者的 33.5%，占全部作答者的 44.2%；40 位村民表示集体建设用地属村民小组所有，占全部受访者的 19.4%，占全部作答者的 25.6%；4 位村民表示集体建设用地属乡镇政府所有，占全部受访者的 1.9%，占全部作答者的 2.6%；31 位村民表示集体建设用地属国家所有，占全部受访者的 15.0%，占全部作答者的 19.9%；8 位村民表示不清楚集体建设用地属谁所有，占全部受访者的 3.9%，占全部作答者的 5.1%，如表 7 - 48 所示。

表 7 - 48　　　　　　　调查对象认为集体建设用地属谁所有

项目	频率	占比（%）	有效占比（%）	累计占比（%）
个人	4	1.9	2.6	2.6
村集体	69	33.5	44.2	46.8
村民小组	40	19.4	25.6	72.4
乡（镇）政府	4	1.9	2.6	75.0
国家	31	15.0	19.9	94.9
不清楚	8	3.9	5.1	100.0
小计	156	75.7	100.0	
缺失	50	24.3		
合计	206	100.0		

3. 调查对象认为集体建设用地是否可以流转

受访者中，149 位村民回答了此问题，其中，100 位村民表示集体建设用地可以流转，占全部受访者的 48.5%，占全部作答者的 67.1%；30 位村民表示集体建设用地不可以流转，占全部受访者的 14.6%，占全部作答者的 20.1%；19 位村民表示不知道集体建设用地是否可以流转，占全部受访者的 9.2%，占全部作答者的 12.8%，如表 7 – 49 所示。

表 7 – 49　　　　　调查对象认为集体建设用地是否可以流转

项目	频率	占比（%）	有效占比（%）	累计占比（%）
可以	100	48.5	67.1	67.1
不可以	30	14.6	20.1	87.2
不知道	19	9.2	12.8	100.0
小计	149	72.3	100.0	
缺失	57	27.7		
合计	206	100.0		

4. 是否存在集体建设用地私下自发流转的现象

受访者中，185 位村民回答了此问题，其中，54 位村民表示当地存在少量集体建设用地私下自发流转的现象，占全部受访者的 26.2%，占全部作答者的 29.2%；2 位村民表示当地存在大量集体建设用地私下自发流转的现象，占全部受访者的 1.0%，占全部作答者的 1.1%；93 位村民表示当地不存在集体建设用地私下自发流转的现象，占全部受访者的 45.1%，占全部作答者的 50.3%；36 位村民表示不知道当地是否存在集体建设用地私下自发流转的现象，占全部受访者的 17.5%，占全部作答者的 19.5%，如表 7 – 50 所示。

表 7 - 50　　　　当地是否存在集体建设用地私下自发流转的现象

项目	频率	占比（%）	有效占比（%）	累计占比（%）
存在，少量	54	26.2	29.2	29.2
存在，大量	2	1.0	1.1	30.3
不存在	93	45.1	50.3	80.5
不知道	36	17.5	19.5	100.0
小计	185	89.8	100.0	
缺失	21	10.2		
合计	206	100.0		

5. 集体建设用地流转方式

受访者中，190 位村民回答了此问题，其中，35 位村民表示所知道的集体建设用地流转时通过出让的方式，占全部受访者的 17.0%，占全部作答者的 18.4%；18 位村民表示所知道的集体建设用地流转时通过转让的方式，占全部受访者的 8.7%，占全部作答者的 9.5%；76 位村民表示所知道的集体建设用地流转时通过出租的方式，占全部受访者的 36.9%，占全部作答者的 40.0%；45 位村民表示所知道的集体建设用地流转时通过抵押的方式，占全部受访者的 21.8%，占全部作答者的 23.7%；2 位村民表示所知道的集体建设用地流转时通过其他的方式，占全部受访者的 1.0%，占全部作答者的 1.1%；14 位村民表示不知道集体建设用地流转时通过什么方式，占全部受访者的 6.8%，占全部作答者的 7.4%，如表 7 - 51 所示。

表 7 - 51　　　　调查对象所知道的集体建设用地流转方式

项目	频率	占比（%）	有效占比（%）	累计占比（%）
出让	35	17.0	18.4	18.4
转让	18	8.7	9.5	27.9
出租	76	36.9	40.0	67.9
抵押	45	21.8	23.7	91.6

续表

项目	频率	占比（%）	有效占比（%）	累计占比（%）
其他	2	1.0	1.1	92.6
不知道	14	6.8	7.4	100.0
小计	190	92.2	100.0	
缺失	16	7.8		
合计	206	100.0		

6. 农用地转建设用地表决投票情况

受访者中，142 位村民回答了此问题，其中，31 位村民表示参加过村（或组）里农用地转建设用地表决投票，占全部受访者的 15.0%，占全部作答者的 21.8%；111 位村民表示没参加过村（或组）里农用地转建设用地表决投票，占全部受访者的 53.9%，占全部作答者的 78.2%，如表 7－52 所示。

表 7－52　　　　调查对象是否参加过村（或组）里农用
地转建设用地表决投票

项目	频率	占比（%）	有效占比（%）	累计占比（%）
是	31	15.0	21.8	21.8
否	111	53.9	78.2	100.0
小计	142	68.9	100.0	
缺失	64	31.1		
合计	206	100.0		

7. 集体建设用地流转价格该如何确定

受访者中，140 位村民回答了此问题，其中，2 位村民表示所在地的集体建设用地流转价格是机构估价确定的，占全部受访者的 1.0%，占全部作答者的 1.4%；68 位村民表示所在地的集体建设用地流转价格是双方当事人的协商定价确定的，占全部受访者的 33.0%，占全部作答者的 48.6%；8 位村民表示所在地的集体建设用地流转价格是村委会自行定价确定的，占全部受访者的3.9%，占全部作答者的5.7%；55位村民表示不知道所在地的集体建设用地流转价格是如何确定的，占全部受访者的26.7%，占全部作答者的39.3%，如表7-53所示。

表7-53　调查对象认为集体建设用地流转价格该如何确定

项目	频率	占比（%）	有效占比（%）	累计占比（%）
机构估价	2	1.0	1.4	1.4
双方当事人的协商定价	68	33.0	48.6	50.0
村委会自行定价	8	3.9	5.7	55.7
不知道	55	26.7	39.3	95.0
其他	7	3.4	5.0	100.0
小计	140	68.0	100.0	
缺失	66	32.0		
合计	206	100.0		

8. 集体建设用地流转的收益分配是否公开

受访者中，114位村民回答了此问题，其中，33位村民表示村里会公开集体建设用地流转出去的收益分配情况，占全部受访者的16.0%，占全部作答者的28.9%；80位村民表示村里不会公开集体建设用地流转出去的收益分配情况，占全部受访者的38.8%，占全部作答者的70.2%；1位村民表示不知道村里会不会公开集体建设用地流转出去的收益分配情况，占全部受访者的0.5%，占全部作答者的0.9%，如表7-54所示。

表7-54　调查对象所在村集体建设用地流转的收益分配是否公开

项目	频率	占比（%）	有效占比（%）	累计占比（%）
公开	33	16.0	28.9	28.9
不公开	80	38.8	70.2	99.1

续表

项目	频率	占比（%）	有效占比（%）	累计占比（%）
不知道	1	0.5	0.9	100.0
小计	114	55.3	100.0	
缺失	92	44.7		
合计	206	100.0		

9. 调查对象是否取得过集体建设用地流转收益

受访者中，122 位村民回答了此问题，其中，33 位村民表示取得过集体建设用地流转收益，占全部受访者的16.0%，占全部作答者的27.0%；89 位村民表示没有取得过集体建设用地流转收益，占全部受访者的43.2%，占全部作答者的73.0%，如表 7 – 55 所示。

表 7 –55　　　调查对象是否取得过集体建设用地流转收益

项目	频率	占比（%）	有效占比（%）	累计占比（%）
是	33	16.0	27.0	27.0
否	89	43.2	73.0	100.0
小计	122	59.2	100.0	
缺失	84	40.8		
合计	206	100.0		

10. 集体建设用地流转的收益分配方式

受访者中，99 位村民回答了此问题，其中，35 位村民表示村里集体建设用地流转的收益全部都归村民，占全部受访者的17.0%，占全部作答者的35.4%；20 位村民表示村里集体建设用地流转的收益全部归村集体支配，占全部受访者的9.7%，占全部作答者的20.2%；7 位村民表示村里集体建设用地流转的收益乡镇政府、村集体组织和村民按比例分配，占全部受访者的3.4%，占全部作答者的7.1%；8 位村民表示村里集体建设用地流转的收益村集体组织和村民按比例分配，占全部受访者的3.9%，占全部作答者的8.1%；21位村民表示村里集体建设用地流转的收益县政府、乡镇政府、村集体组织、村民按比例分配，占全部受访者的10.2%，占全部作答者的21.2%；8位村民表示不清楚村里集体建设用地流转的收益是如何分配的，占全部受访者的3.9%，占全部作答者的8.1%，如表7-56所示。

表7-56　　　　调查对象知道的村集体建设用地流转的收益分配方式

项目	频率	占比（%）	有效占比（%）	累计占比（%）
全部都归村民	35	17.0	35.4	35.4
全部归村集体支配	20	9.7	20.2	55.6
乡镇政府、村集体组织和村民按比例分配	7	3.4	7.1	62.6
村集体组织和村民按比例分配	8	3.9	8.1	70.7
县政府、乡镇政府、村集体组织、村民按比例分配	21	10.2	21.2	91.9
不清楚	8	3.9	8.1	100.0
小计	99	48.1	100.0	
缺失	107	51.9		
合计	206	100.0		

11. 调查对象对现在的收益分配方式是否满意

受访者中，103位村民回答了此问题，其中，34位村民表示对现在的收益分配方式满意，占全部受访者的16.5%，占全部作答者的33.0%；51位村民表示对现在的收益分配方式不太满意，占全部受访者的24.8%，占全部作答者的49.5%；18位村民表示对现在的收益分配方式很不满意，占全部受访者的8.7%，占全部作答者的17.5%，如表7-57所示。

表7-57　　　　　　调查对象对现在的收益分配方式是否满意

项目	频率	占比（%）	有效占比（%）	累计占比（%）
满意	34	16.5	33.0	33.0
不太满意	51	24.8	49.5	82.5
很不满意	18	8.7	17.5	100.0
小计	103	50.0	100.0	
缺失	103	50.0		
合计	206	100.0		

12. 集体建设用地流转的收益如何分配给村民合适

受访者中，147 位村民回答了此问题，其中，83 位村民表示集体建设用地转出去的收益一次性发钱分给村民合适，占全部受访者的 40.3%，占全部作答者的 56.5%；19 位村民表示集体建设用地转出去的收益不发钱，用作给村民的社会保障分给村民合适，占全部受访者的 9.2%，占全部作答者的 12.9%；16 位村民表示集体建设用地转出去的收益按合同每年分发给村民合适，占全部受访者的 7.8%，占全部作答者的 10.9%；7 位村民表示集体建设用地转出去的收益以土地作价入股分红分给村民合适，占全部受访者的 3.4%，占全部作答者的 4.8%，如表7-58 所示。

表7-58　　　　　　调查对象认为集体建设用地流转的
收益如何分配给村民合适

项目	频率	占比（%）	有效占比（%）	累计占比（%）
一次性发钱	83	40.3	56.5	56.5
不发钱，用作给村民的社会保障	19	9.2	12.9	69.4
按合同每年分发	16	7.8	10.9	80.3
以土地作价入股分红	7	3.4	4.8	85.0
其他	22	10.7	15.0	100.0
小计	147	71.4	100.0	
缺失	59	28.6		
合计	206	100.0		

13. 集体建设用地流转的好处

受访者中，158 位村民回答了此问题，其中，6 位村民表示集体建设用地流转的好处是保护耕地，占全部受访者的 2.9%，占全部作答者的 3.8%；11 位村民表示集体建设用地流转的好处是集约利用土地，占全部受访者的 5.3%，占全部作答者的 7.0%；39 位村民表示集体建设用地流转的好处是充分利用闲置或低效土地，占全部受访者的 18.9%，占全部作答者的 24.7%；90 位村民表示集体建设用地流转的好处是增加农民收入，占全部受访者的 43.7%，占全部作答者的 57.0%，如表 7－59 所示。

表 7－59　　　调查对象认为集体建设用地流转的好处

项目	频率	占比（%）	有效占比（%）	累计占比（%）
保护耕地	6	2.9	3.8	3.8
集约利用土地	11	5.3	7.0	10.8
充分利用闲置 或低效土地	39	18.9	24.7	35.4
增加农民收入	90	43.7	57.0	92.4
其他	12	5.8	7.6	100.0
小计	158	76.7	100.0	
缺失	48	23.3		
合计	206	100.0		

14. 集体建设用地流转存在何种问题

受访者中，115 位村民回答了此问题，其中，9 位村民表示所在地集体建设用地流转存在的问题是挤占耕地，占全部受访者的 4.4%，占全部作答者的 9.9%；9 位村民表示所在地集体建设用地流转存在的问题是集体资产流失，占全部受访者的 4.4%，占全部作答者的 9.9%；49 位村民表示所在地集体建设用地流转存在的问题是农民利益受损，占全部受访者的 23.8%，占全部作答者的 53.8%；22 位村民表示所在地集体建设用地流转存在其他问题，占全部受访者的10.7%，占全部作答者的24.2%，2位村民表示不了解，占受访者的1%，占全部作答者的2.2%，如表7-60所示。

表7-60   调查对象认为集体建设用地流转存在何种问题

项目	频率	占比（%）	有效占比（%）	累计占比（%）
挤占耕地	9	4.4	9.9	9.9
集体资产流失	9	4.4	9.9	19.8
农民利益受损	49	23.8	53.8	73.6
其他	22	10.7	24.2	97.8
不了解	2	1.0	2.2	100.0
小计	91	44.2	100.0	
缺失	115	55.8		
合计	206	100.0		

15. 造成集体建设用地流转问题的原因

受访者中，80位村民回答了此问题，其中，16位村民表示集体建设用地流转出现问题的原因为产权关系不明晰，占全部受访者的7.8%，占全部作答者的20.0%；5位村民表示集体建设用地流转出现问题的原因为法律不健全，占全部受访者的2.4%，占全部作答者的6.3%；34位村民表示集体建设用地流转出现问题的原因为信息不透明，占全部受访者的16.5%，占全部作答者的42.5%；6位村民表示集体建设用地流转出现问题的原因为缺乏建设用地统一市场，占全部受访者的2.9%，占全部作答者的7.5%，19位村民给出了其他原因，占全部受访者的9.2%，占全部作答者的23.8%，如表7-61所示。

表7-61   调查对象产生集体建设用地流转问题的原因

项目	频率	占比（%）	有效占比（%）	累计占比（%）
产权关系不明晰	16	7.8	20.0	20.0
法律不健全	5	2.4	6.3	26.3
信息不透明	34	16.5	42.5	68.8

续表

项目	频率	占比（%）	有效占比（%）	累计占比（%）
缺乏建设用地统一市场	6	2.9	7.5	76.3
其他	19	9.2	23.8	100.0
小计	80	38.8	100.0	
缺失	126	61.2		
合计	206	100.0		

16. 集体建设用地流转纠纷

受访者中，135 位村民回答了此问题，其中，50 位村民表示所在村发生过集体建设用地流转纠纷，占全部受访者的24.3%，占全部作答者的37.0%；85 位村民表示所在村没有发生过集体建设用地流转纠纷，占全部受访者的41.3%，占全部作答者的63.0%，如表 7 – 62 所示。

表 7 – 62　　　　调查对象所在村是否发生过集体建设用地流转纠纷

项目	频率	占比（%）	有效占比（%）	累计占比（%）
有	50	24.3	37.0	37.0
没有	85	41.3	63.0	100.0
小计	135	65.5	100.0	
缺失	71	34.5		
合计	206	100.0		

17. 集体建设用地流转纠纷的解决方法

受访者中，100 位村民回答了此问题，其中，37 位村民表示村里发生集体建设用地流转纠纷时是村干部解决的，占全部受访者的18.0%，占全部作答者的37.0%；7 位村民表示村里发生集体建设用地流转纠纷时是乡镇干部解决的，占全部受访者的3.4%，占全部作答者的7.0%；25 位村民表示村里发生集体建设用地流转纠纷时是县政府解决的，占全部受访者的 12.1%，占全部作答者的 25.0%；1 位村民表示村里发生集体建设用地流转纠纷时是法院诉讼解决的，占全部受访者的 0.5%，占全部作答者的 1.0%；6 位村民表示村里发生集体建设用地流转纠纷时是其他途径解决的，占全部受访者的 2.9%，占全部作答者的 6.0%；24 位村民表示村里发生集体建设用地流转纠纷时不知道是怎样解决的，占全部受访者的 11.7%，占全部作答者的 24.0%，如表 7 - 63 所示。

表 7 - 63　　　　村调查对象发生集体建设用地流转纠纷时是怎样解决的

项目	频率	占比（%）	有效占比（%）	累计占比（%）
村干部解决	37	18.0	37.0	37.0
乡镇干部解决	7	3.4	7.0	44.0
县政府解决	25	12.1	25.0	69.0
法院诉讼	1	0.5	1.0	70.0
其他途径解决	6	2.9	6.0	76.0
不知道	24	11.7	24.0	100.0
小计	100	48.5	100.0	
缺失	106	51.5		
合计	206	100.0		

18. 调查对象对于现行集体建设用地相关政策法律法规了解程度

受访者中，141 位村民回答了此问题，其中，2 位村民表示对现行集体建设用地相关政策法律法规基本了解，占全部受访者的 1.0%，占全部作答者的 1.4%；37 位村民表示对现行集体建设用地相关政策法律法规了解一些，占全部受访者的 18.0%，占全部作答者的 26.2%；102 位村民表示对现行集体建设用地相关政策法律法规不了解，占全部受访者的 49.5%，占全部作答者的 72.3%，如表 7 - 64 所示。

表7-64　调查对象对于现行集体建设用地相关政策法律法规了解程度

项目	频率	占比（％）	有效占比（％）	累计占比（％）
基本了解	2	1.0	1.4	1.4
了解一些	37	18.0	26.2	27.7
不了解	102	49.5	72.3	100.0
小计	141	68.4	100.0	
缺失	65	31.6		
合计	206	100.0		

19. 调查对象对现行的集体建设用地流转政策是否满意

受访者中，129 位村民回答了此问题，其中，18 位村民表示对现行集体建设用地流转政策满意，占全部受访者的8.7％，占全部作答者的14.0％；10 位村民表示对现行集体建设用地流转政策不满意，占全部受访者的4.9％，占全部作答者的7.8％；36 位村民表示对现行集体建设用地流转政策持无所谓态度，占全部受访者的17.5％，占全部作答者的27.9％；65 位村民表示不清楚对现行集体建设用地流转政策是否满意，占全部受访者的31.6％，占全部作答者的50.4％，如表7-65 所示。

表7-65　调查对象对现行的集体建设用地流转政策是否满意

项目	频率	占比（％）	有效占比（％）	累计占比（％）
满意	18	8.7	14.0	14.0
不满意	10	4.9	7.8	21.7
无所谓	36	17.5	27.9	49.6
不清楚	65	31.6	50.4	100.0
小计	129	62.6	100.0	
缺失	77	37.4		
合计	206	100.0		

20. 调查对象了解相关法律法规的途径

受访者中，94 位村民回答了此问题，其中，25 位村民表示了解相关法律法规的途径是电视，占全部受访者的12.1%，占全部作答者的26.6%；18 位村民表示了解相关法律法规的途径是报纸，占全部受访者的8.7%，占全部作答者的19.1%；26 位村民表示了解相关法律法规的途径是干部宣讲，占全部受访者的12.6%，占全部作答者的27.7%；8 位村民表示了解相关法律法规的途径是听其他村民说，占全部受访者的3.9%，占全部作答者的8.5%；17 位村民表示了解相关法律法规的途径是其他，占全部受访者的8.3%，占全部作答者的18.1%，如表7-66 所示。

表7-66　　　　　　调查对象了解相关法律法规的途径

项目	频率	占比（%）	有效占比（%）	累计占比（%）
电视	25	12.1	26.6	26.6
报纸	18	8.7	19.1	45.7
干部宣讲	26	12.6	27.7	73.4
听其他村民说	8	3.9	8.5	81.9
其他	17	8.3	18.1	100.0
小计	94	45.6	100.0	
缺失	112	54.4		
合计	206	100.0		

（六）农户对土地征收的看法

1. 土地征地的意愿

受访者中，192 位村民回答了此问题，其中，129 位村民表示愿意被征收，占全部受访者的62.6%，占全部作答者的67.2%；47 位村民表示不愿意被征收，占全部受访者的22.8%，占全部作答者的24.5%；16 位村民表示征不征收无所谓，占全部受访者的7.8%，占全部作答者的8.3%，如表7-67 所示。

表 7-67　　　　　　　　调查对象对土地征地的意愿

项目	频率	占比（%）	有效占比（%）	累计占比（%）
愿意	129	62.6	67.2	67.2
不愿意	47	22.8	24.5	91.7
无所谓	16	7.8	8.3	100.0
小计	192	93.2	100.0	
缺失	14	6.8		
合计	206	100.0		

2. 调查对象土地承包经营权出让的相关法律了解程度

受访者中，205 位村民回答了此问题，其中，133 位村民表示土地承包经营权出让的相关法律完全不了解，占全部受访者的 64.6%，占全部作答者的 64.9%；69 位村民表示土地承包经营权出让的相关法律略有听闻过，占全部受访者的 33.5%，占全部作答者的 33.7%；3 位村民表示土地承包经营权出让的相关法律有较深入的了解，占全部受访者的 1.5%，占全部作答者的 1.5%，如表 7-68 所示。

表 7-68　调查对象土地承包经营权出让的相关法律了解程度

项目	频率	占比（%）	有效占比（%）	累计占比（%）
完全不了解	133	64.6	64.9	64.9
略有听闻过	69	33.5	33.7	98.5
较深入的了解	3	1.5	1.5	100.0
小计	205	99.5	100.0	
缺失	1	0.5		
合计	206	100.0		

3. 不愿意被征收的原因

受访者中，88 位村民回答了此问题，其中，12 位村民表示不愿意被征收的原因是补偿费太少或被拖欠、侵吞，占全部受访者的

5.8%，占全部作答者的13.6%；19位村民表示不愿意被征收的原因是征地后没有进行合理安置，占全部受访者的9.2%，占全部作答者的21.6%；12位村民表示不愿意被征收的原因是传统观念，占全部受访者的5.8%，占全部作答者的13.6%；15位村民表示不愿意被征收的原因是除了农业经营外无其他工作技能，占全部受访者的7.3%，占全部作答者的17.0%；20位村民表示不愿意被征收的原因是社会保障不健全，占全部受访者的9.7%，占全部作答者的22.7%，如表7-69所示。

表7-69　　　　　调查对象不愿意被征收的原因

项目	频率	占比（%）	有效占比（%）	累计占比（%）
补偿费太少或被拖欠、侵吞	12	5.8	13.6	13.6
征地后没有进行合理安置	19	9.2	21.6	35.2
传统观念	12	5.8	13.6	48.9
除了农业经营外无其他工作技能	15	7.3	17.0	65.9
社会保障不健全	20	9.7	22.7	88.6
其他	10	4.9	11.4	100.0
小计	88	42.7	100.0	
缺失	98	47.6		
合计	206	100.0		

4. 土地被国家征收或被村里转为建设用地的意愿

受访者中，188位村民回答了此问题，其中，127位村民表示希望被国家征收，占全部受访者的61.7%，占全部作答者的67.6%；10位村民表示希望被集体转用，占全部受访者的4.9%，占全部作答者的5.3%；40位村民对被谁征收的问题持无所谓态度，占全部受访者的19.4%，占全部作答者的21.3%，如表7-70所示。

表7-70　调查对象希望土地被国家征收或被村里转为建设用地的意愿

项目	频率	占比（%）	有效占比（%）	累计占比（%）
国家征收	127	61.7	67.6	67.6
集体转用	10	4.9	5.3	72.9
无所谓	40	19.4	21.3	94.1
其他	11	5.3	5.9	100.0
小计	188	91.3	100.0	
缺失	18	8.7		
合计	206	100.0		

5. 调查对象认为土地征收补偿包括的费用项目

受访者中，86位村民表示土地征收补偿费中有土地补偿费，占全部受访者的41.7%，63位村民表示土地征收补偿费中有安置补助费，占全部受访者的30.6%；98位村民表示土地征收补偿费中有地上附着物和青苗的补偿费，占全部受访者的47.6%；15位村民表示土地征收补偿费中有误工费，占全部受访者的7.3%；41位村民表示土地征收补偿费中有搬迁补助费，占全部受访者的19.9%；10位村民表示不知道土地征收补偿费包括哪些内容，占全部受访者的4.9%，如表7-71所示。

表7-71　　调查对象认为土地征收补偿包括的费用项目

项目	频率	占比（%）
土地补偿费	86	41.7
安置补助费	63	30.6
地上附着物和青苗的补偿费	98	47.6
误工费	15	7.3
搬迁补助费	41	19.9
其他	7	3.4
不知道	10	4.9

6. 对征收补偿措施的了解

访者中，158位村民回答了此问题，其中，23位村民表示征用土地后政府除了货币补偿安置外，还有农业生产安置补偿，占全部受访者的11.2%，占全部作答者的14.6%；25 位村民表示征用土地后政府除了货币补偿安置外，还有重新择业安置，占全部受访者的12.1%，占全部作答者的15.8%；4 位村民表示征用土地后政府除了货币补偿安置外，还有入股分红安置，占全部受访者的1.9%，占全部作答者的2.5%；59 位村民表示征用土地后政府除了货币补偿安置外，还有异地移民安置，占全部受访者的28.6%，占全部作答者的37.3%；11 位村民表示征用土地后政府除了货币补偿安置外，不清楚还有没有其他补偿方式，占全部受访者的5.3%，占全部作答者的7.0%，如表 7 - 72 所示。

表 7 - 72 　　　 征用土地后政府除了货币补偿安置外，还有哪些补偿措施

项目	频率	占比（%）	有效占比（%）	累计占比（%）
农业生产安置	23	11.2	14.6	14.6
重新择业安置	25	12.1	15.8	30.4
入股分红安置	4	1.9	2.5	32.9
异地移民安置	59	28.6	37.3	70.3
其他	36	17.5	22.8	93.0
不知道	11	5.3	7.0	100.0
小计	158	76.7	100.0	
缺失	48	23.3		
合计	206	100.0		

7. 调查对象希望得到的补偿方式

受访者中，51 位村民表示土地被征用后希望得到的补偿方式是农转非并安排工作，占全部受访者的24.8%；130 位村民表示土地被征用后希望得到的补偿方式是发放征地补偿金，占全部受访者的63.1%；84 位村民表示土地被征用后希望得到的补偿方式是异地安置，占全部作答者40.8%；84 位村民表示土地被征用后希望得到的补偿方式是以土地换保障（60 岁以后每月发放基本生活费），

占全部受访者的40.8%；10位村民表示土地被征用后不清楚自己希望得到的补偿方式是什么，占全部受访者的4.9%，如表7－73所示。

表7－73　　　　　　　　调查对象希望得到的补偿方式

项目	频率	占比（%）
农转非并安排工作	51	24.8
发放征地补偿金	130	63.1
异地安置	84	40.8
以土地换保障（60岁以后每月发放基本生活费）	84	40.8
不知道	10	4.9

8. 土地补偿费发放情况

受访者中，131位村民回答了此问题，其中，12位村民表示建设用地被征用后，村集体发放过土地补偿费，占全部受访者的5.8%，占全部作答者的9.2%；17位村民表示建设用地被征用后，村集体发放过土地补偿费，但不是全部发放，占全部受访者的8.3%，占全部作答者的13.0%；80位村民表示建设用地被征用后，村集体没有发放过土地补偿费，占全部受访者的38.8%，占全部作答者的61.1%；22位村民表示建设用地被征用后，不清楚村集体是否发放过土地补偿费，占全部受访者的10.7%，占全部作答者的16.8%，如表7－74所示。

表7－74　　　　　建设用地被征用后，村集体发放过土地补偿费吗？

项目	频率	占比（%）	有效占比（%）	累计占比（%）
发过	12	5.8	9.2	9.2
发过，但不是全部发放	17	8.3	13.0	22.1
没发过	80	38.8	61.1	83.2

项目	频率	占比（%）	有效占比（%）	累计占比（%）
不知道	22	10.7	16.8	100.0
小计	131	63.6	100.0	
缺失	75	36.4		
合计	206	100.0		

9. 调查对象认为现有的征地补偿标准是否合理

受访者中，147 位村民回答了此问题，其中，2 位村民表示现有的征地补偿标准合理，比较高，占全部受访者的 1.0%，占全部作答者的 1.4%；52 位村民表示现有的征地补偿标准合理，一般，占全部受访者的 25.2%，占全部作答者的 35.4%；35 位村民表示现有的征地补偿标准不合理，太低，占全部受访者的 17.0%，占全部作答者的 23.8%；58 位村民表示不清楚现有的征地补偿标准是否合理，占全部受访者的 28.2%，占全部作答者的 39.5%，如表 7-75 所示。

表 7-75　　　　调查对象认为现有的征地补偿标准是否合理

项目	频率	占比（%）	有效占比（%）	累计占比（%）
合理，比较高	2	1.0	1.4	1.4
合理，一般	52	25.2	35.4	36.7
不合理，太低	35	17.0	23.8	60.5
不知道	58	28.2	39.5	100.0
小计	147	71.4	100.0	
缺失	59	28.6		
合计	206	100.0		

10. 土地补偿费的分配方式

受访者中，119 位村民回答了此问题，其中，60 位村民表示所在村土地补偿费的分配方式是由集体按比例分配货币，占全部受访者的 29.1%，占全部作答者的 50.4%；1 位村民表示所在村土地补偿费的分配方式是用于基础设施建设，占全部受访者的 0.5%，占全部作答者 0.8%；1 位村民表示所在村土地补偿费的分配方式是统一购置社保，占全部受访者的 0.5%，占全部作答者的 0.8%；38 位村民表示不知道所在村土地补偿费的分配方式，占全部受访者的 18.4%，占全部作答者的 31.9%；19 位村民表示所在村土地补偿费的分配方式是其他，占全部受访者的 9.2%，占全部作答者的 16.0%，如表 7 - 76 所示。

表 7 - 76　　　　　　调查对象所在地的土地补偿费的分配方式

项目	频率	占比（%）	有效占比（%）	累计占比（%）
由集体按比例分配货币	60	29.1	50.4	50.4
用于基础设施建设	1	0.5	0.8	51.3
统一购置社保	1	0.5	0.8	52.1
不知道	38	18.4	31.9	84.0
其他	19	9.2	16.0	100.0
小计	119	57.8	100.0	
缺失	87	42.2		
合计	206	100.0		

11. 调查对象希望怎么分配土地补偿费

受访者中，188 位村民回答了此问题，其中，在分配土地补偿费时，120 位村民表示希望全部发，占全部受访者的 58.3%，占全部作答者的 63.8%；22 位村民表示希望只发一部分，其余部分用来解决农村社会保障问题，占全部受访者的 10.7%，占全部作答者的 11.7%；34 位村民表示希望只发一部分，其余用来修路或其他公共设施建设，占全部受访者的 16.5%，占全部作答者的 18.1%；12 位村民表示希望其他分配方式，占全部受访者的 5.8%，占全部作答者 6.4%，如表 7 - 77 所示。

表 7 – 77　　　　　　调查对象希望怎么分配土地补偿费

项目	频率	占比（%）	有效占比（%）	累计占比（%）
全部发	120	58.3	63.8	63.8
只发一部分，其余部分用来解决农村社会保障问题	22	10.7	11.7	75.5
只发一部分，其余用来修路或其他公共设施建设	34	16.5	18.1	93.6
其他	12	5.8	6.4	100.0
小计	188	91.3	100.0	
缺失	18	8.7		
合计	206	100.0		

12. 土地征收后申请宅基地的情况

受访者中，1 位村民回答了此问题，其宅基地被国家征地后申请了宅基地，占全部受访者的 0.5%，如表 7 – 78 所示。

表 7 – 78　　　　调查对象的宅基地被国家征地后，是否再申请过宅基地

项目	频率	占比（%）	有效占比（%）	累计占比（%）
是	1	0.5	100.0	100.0
小计	1	0.5	100.0	
缺失	205	99.5		
合计	206	100.0		

13. 失去土地后是否对未来担忧

受访者中，83 位村民回答了此问题，其中，34 位村民表示失去土地后对自己以及后代的未来感到担忧，占全部受访者的 16.5%，占全部作答者的 41.0%；46 位村民表示失去土地后对自己以及后代的未来不感到担忧，占全部受访者的 22.3%，占全部作答者的 55.4%；3 位村民表示失去土地对自己以及后代的未来无所谓，占全部受访者的 1.5%，占全部作答者的 3.6%，如表 7 – 79 所示。

表 7 - 79　　　失去土地后，您对自己以及后代的未来感到担忧吗？

项目	频率	占比（%）	有效占比（%）	累计占比（%）
担忧	34	16.5	41.0	41.0
不担忧	46	22.3	55.4	96.4
无所谓	3	1.5	3.6	100.0
小计	83	40.3	100.0	
缺失	113	54.9		
合计	206	100.0		

14. 失地农民就业面临哪些方面的问题

受访者中，72 位村民回答了此问题，其中，35 位村民表示国家征地后，就业面临的问题是年龄变大，占全部受访者的 17.0%，占全部作答者的 48.6%；23 位村民表示国家征地后，就业面临的问题是文化水平和职业技能偏低，占全部受访者的 11.2%，占全部作答者的 31.9%；9 位村民表示国家征地后，就业面临的问题是外出打工竞争激烈，占全部受访者的 4.4%，占全部作答者的 12.5%；4 位村民表示国家征地后，就业面临的问题是社会保障不全，占全部受访者的 1.9%，占全部作答者的 5.6%；1 位村民表示国家征地后，就业方面不会面临问题，占全部受访者的 0.5%，占全部作答者的 1.4%，如表 7 - 80 所示。

表 7 - 80　　　国家征地后，调查对象就业面临哪些方面的问题

项目	频率	占比（%）	有效占比（%）	累计占比（%）
年龄变大	35	17.0	48.6	48.6
文化水平和职业技能偏低	23	11.2	31.9	80.6
外出打工竞争激烈	9	4.4	12.5	93.1
社会保障不全	4	1.9	5.6	98.6
无	1	0.5	1.4	100.0
小计	72	35.0	100.0	
缺失	134	65.0		
合计	206	100.0		

15. 失地后希望政府做哪些事情

受访者中，156 位村民回答了此问题，其中，47 位村民表示失地后希望政府能够帮助就业，占全部受访者的 22.8%，占全部作答者的 30.1%；52 位村民表示失地后希望政府能够建立和完善社会保障，占全部受访者的 25.2%，占全部作答者的 33.3%；38 位村民表示失地后希望政府能够帮助创业并提供信贷支持，占全部受访者的 18.4%，占全部作答者的 24.4%；9 位村民表示失地后不知道希望政府做哪些事情，占全部受访者的 4.4%，占全部作答者的 5.8%，如表 7 - 81 所示。

表 7 - 81 　　　　　　　调查对象失地后希望政府做哪些事情

项目	频率	占比（%）	有效占比（%）	累计占比（%）
帮助就业	47	22.8	30.1	30.1
建立和完善社会保障	52	25.2	33.3	63.5
帮助创业并提供信贷支持	38	18.4	24.4	87.8
其他	10	4.9	6.4	94.2
不知道	9	4.4	5.8	100.0
小计	156	75.7	100.0	
缺失	50	24.3		
合计	206	100.0		

16. 调查对象对农村社会保障措施是否满意

受访者中，114 位村民回答了此问题，其中，84 位村民表示对农村社会保障措施基本满意，占全部受访者的 40.8%，占全部作答者的 73.7%；24 位村民表示对农村社会保障措施不满意，占全部受访者的 11.7%，占全部作答者的 21.1%；6 位村民表示不清楚对农村社会保障措施是否满意，占全部受访者的 2.9%，占全部作答者的 5.3%，如表 7 - 82 所示。

表7-82　　　　　　　调查对象对农村社会保障措施是否满意

项目	频率	占比（%）	有效占比（%）	累计占比（%）
基本满意	84	40.8	73.7	73.7
不满意	24	11.7	21.1	94.7
说不清	6	2.9	5.3	100.0
小计	114	55.3	100.0	
缺失	92	44.7		
合计	206	100.0		

17. 拖欠、截留、挪用、贪污征地补偿费的情况

受访者中，21位村民回答了此问题，其中，7位村民表示有单位村民或个人拖欠、截留、挪用、贪污征地补偿费，占全部受访者的3.4%，占全部作答者的33.3%；5位村民表示没有单位村民或个人拖欠、截留、挪用、贪污征地补偿费，占全部受访者的2.4%，占全部作答者的23.8%；9位村民表示不知道有没有单位村民或个人拖欠、截留、挪用、贪污征地补偿费，占全部受访者的4.4%，占全部作答者的42.9%，如表7-83所示。

表7-83　　　　　调查对象所在地有没有拖欠、截留、挪用、
贪污征地补偿费的情况

项目	频率	占比（%）	有效占比（%）	累计占比（%）
有	7	3.4	33.3	33.3
没有	5	2.4	23.8	57.1
不知道	9	4.4	42.9	100.0
小计	21	10.2	100.0	
缺失	185	89.8		
合计	206	100.0		

18. 农民是通过哪些途径维护自己的权利

受访者中，1位村民回答了此问题，这位村民表示当遇到单位

村民或个人拖欠、截留、挪用、贪污征地补偿费时，是通过司法起诉维护自己的权利的，占全部受访者的0.5%，如表7-84所示。

表7-84　　　　调查对象当地农民是通过哪些途径维护自己的权利

项目	频率	占比（%）	有效占比（%）	累计占比（%）
司法起诉	1	0.5	100.0	100.0
小计	1	0.5	100.0	
缺失	205	99.5		
合计	206	100.0		

二、村干部抽样调查结果分析

（一）调查对象

为了解村干部们对集体建设用地流转的看法，我们选取了22位村干部（村长、村支书及部分村民小组长）进行调查了解。调查对象分布为：长沙县果园乡杨寺庙社区4位、新明村2位；靖州县太阳坪乡太阳坪村4位、八龙村4位；湘潭县易俗河镇杨溪村2位、樟树村2位，桃江县鸬鹚渡真鸬鹚渡村2位、玉溪村2位。调查方式为实地问卷式和访谈式调研。在选择调查地点时，为保证调查范围的代表性，依据距离大、中城市的远近进行了定点选择，其中，长沙县作为邻近大城市（长沙市，省会城市）的代表；湘潭县、靖州县和桃江县作为临近中等城市的代表。

（二）调查样本的分析处理方法

主要采取SPSS 17.0统计描述的方法对数据进行分析。本次调查共发放问卷22份，回收22份，其中在长沙县发放问卷8份，回收问卷8份，有效问卷8份；靖州县发放问卷8份，回收问卷8份，有效问卷8份；湘潭县发放问卷4份，回收4份，有效问卷4

份；桃江县鸬鹚渡镇发放问卷 4 份，回收问卷 4 份，有效问卷 4 份；总体有效率 100%。

（三）土地利用情况

1. 公益性建设用地有无闲置的现象

22 位受访村干部中，3 位村干部表示村里公益性建设用地有闲置的现象，占全部受访者的 13.6%，12 位村干部表示村里公益性建设用地无闲置现象，占全部受访者的 54.5%，7 位则表示利用不充分，占全部受访者的 31.8%，如表 7 - 85 所示。

表 7 - 85 　　　　村公益性建设用地有无闲置的现象

项目		频率	占比（%）	有效占比（%）	累计占比（%）
有效	有	3	13.6	13.6	13.6
	无	12	54.5	54.5	68.2
	利用不充分	7	31.8	31.8	100.0
	合计	22	100.0	100.0	

2. 经营性建设用地有无闲置的现象

21 位受访村干部中，2 位村干部表示村里经营性建设用地有闲置的现象，占全部受访者的 9.1%，19 位村干部表示村里经营性建设用地无闲置现象，占全部受访者的 86.4%，如表 7 - 86 所示。

表 7 - 86 　　　　村经营性建设用地有无闲置的现象

项目		频率	占比（%）	有效占比（%）	累计占比（%）
有效	有	2	9.1	9.5	9.5
	无	19	86.4	90.5	100.0
	小计	21	95.5	100.0	
缺失		1	4.5		
合计		22	100.0		

（四）集体建设用地流转情况

1. 乡镇企业用地有没有转让或出租

22 位受访村干部中，3 位表示近 5 年来村里乡镇企业人用地有转让/出租的情况，占全部受访者的 13.6%，19 位表示没有，占全部受访者的 86.4%，如表 7 - 87 所示。

表 7 - 87　　近 5 年来村里乡镇企业用地有没有转让或出租的情况

项目		频率	占比（%）	有效占比（%）	累计占比（%）
有效	有	3	13.6	13.6	13.6
	无	19	86.4	86.4	100.0
	合计	22	100.0	100.0	

2. 企业用集体土地转让或出租的增值收益村里是否有分成

22 位受访的村干部中，3 位表示企业用集体土地转让或出租的增值收益村里有分成，占全部受访者的 13.6%，19 位表示没有分成，占全部受访者的 86.4%，如表 7 - 88 所示。

表 7 - 88　　企业用集体土地转让或出租的增值收益村里有无分成

项目		频率	占比（%）	有效占比（%）	累计占比（%）
有效	有	3	13.6	13.6	13.6
	无	19	86.4	86.4	100.0
	合计	22	100.0	100.0	

3. 农用地转为集体建设用地时是否要村民或村民代表投票表决

22 位受访的村干部中，14 位表示农用地转为集体建设用地时要村民或村民代表进行投票表决，占全部受访者的 63.6%，4 位表示农用地转为集体建设用地时不要村民或村民代表进行投票表决，占全部受访者的18.2%，4位表示没搞过农用地转为集体建设用地流转，占全部受访者的18.2%，如表7-89所示。

表7-89　　　农用地转为集体建设用地时是否要村民或村民代表投票表决

项目		频率	占比（%）	有效占比（%）	累计占比（%）
有效	要	14	63.6	63.6	63.6
	不要	4	18.2	18.2	81.8
	没搞过	4	18.2	18.2	100.0
	合计	22	100.0	100.0	

4. 对村委会来说国家征收和村集体申请转土地性质哪个更划算

22位受访的村干部中，6位村干部表示对村集体来说国家征地更为划算，占全部受访者的27.3%，10位村干部表示自己申请农地专用更为划算，占全部受访者的45.5%，其中有6名村干部未给出明确回答，如表7-90所示。

表7-90　　　对村集体来说国家征收和村集体申请转土地性质哪个划算

项目		频率	占比（%）	有效占比（%）	累计占比（%）
有效	国家征地划算	6	27.3	37.5	37.5
	自己申请农地转用划算	10	45.5	62.5	100.0
	小计	16	72.7	100.0	
缺失		6	27.3		
合计		22	100.0		

5. 对农民来说由国家征收还是被村里转为建设用地哪个划算

22位受访的村干部中，8位村干部表示对农民来说国家征地更为划算，占全部受访者的36.4%，8位村干部表示自己申请农地转用更为划算，占全部受访者的36.4%，其中有6名村干部未给出明确回答，如表7-91所示。

表7-91　　对农民来说由国家征收还是被村里转为建设用地哪个划算

项目		频率	占比（%）	有效占比（%）	累计占比（%）
有效	国家征地划算	8	36.4	50.0	50.0
	自己申请农地转用划算	8	36.4	50.0	100.0
	小计	16	72.7	100.0	
缺失		6	27.3		
合计		22	100.0		

22位受访的村干部中，9位表示村里集体建设用地流转出去的收益分配会公开，占全部受访者的40.9%，3位表示村里集体建设用地流转出去的收益分配不会公开，占全部受访者的13.6%，其中10位村干部未给出明确回答，如表7-92所示。

表7-92　　村里集体建设用地流转出去的收益分配情况是否公开

项目		频率	占比（%）	有效占比（%）	累计占比（%）
有效	公开	9	40.9	75.0	75.0
	不公开	3	13.6	25.0	100.0
	小计	12	54.5	100.0	
缺失		10	45.5		
合计		22	100.0		

22位受访的村干部中，7位村干部表示村里集体建设用地转出去的收益全部归村集体支配，占全部受访者的31.8%，1位村干部表示村集体组织和村民按比例分配村里集体建设用地转出去的收

益，占全部受访者的 4.5%，1 位村干部表示县政府、乡政府、村集体组织、村民按比例进行分配村里集体建设用地转出去的收益，占全部受访者的 4.5%。其中 13 位村干部未给出明确回答，如表 7 - 93 所示。

表 7 - 93　　村里集体建设用地转出去的收益是如何分配的

	项目	频率	占比（%）	有效占比（%）	累计占比（%）
有效	全部归村集体支配	7	31.8	77.8	77.8
	村集体组织和村民按比例分配	1	4.5	11.1	88.9
	县政府、乡政府、村集体组织、村民按比例进行分配	1	4.5	11.1	100.0
	小计	9	40.9	100.0	
缺失		13	59.1		
合计		22	100.0		

22 位受访的村干部中，10 位村干部给出了作答，均表示集体建设用地流转的方式为出租，占全部受访者的 45.5%，占作答者的 100%。说明集体建设用地流转的方式以出租居多，其他流转方式涉及较少，如表 7 - 94 所示。

表 7 - 94　　　　　集体建设用地流转的方式是什么

	项目	频率	占比（%）	有效占比（%）	累计占比（%）
有效	出租	10	45.5	100.0	100.0
缺失		12	54.5		
合计		22	100.0		

22 位受访的村干部中，10 位村干部给出了作答，其中，7 位表示集体建设用地流转价格的确定方式为双方当事人协商定价，占全部受访者的 31.8%，占全部作答者的 70.0%，1 位村干部表示集体

建设用地流转价格的确定方式为村委会自行定价，占全部受访者的 4.5%，占全部作答者的 10.0%，2 位村干部表示集体建设用地流转价格的确定方式为其他，占全部受访者的 9.1%，占全部作答者的 20.0%，如表 7 - 95 所示。

表 7 - 95　　　　　　集体建设用地流转价格的确定方式

	项目	频率	占比（%）	有效占比（%）	累计占比（%）
有效	当事人双方协商定价	7	31.8	70.0	70.0
	村委会自行定价	1	4.5	10.0	80.0
	其他	2	9.1	20.0	100.0
	小计	10	45.5	100.0	
缺失		12	54.5		
合计		22	100.0		

6. 集体建设用地流转纠纷发生情况

22 位受访的村干部中，13 位村干部给出了作答，其中，3 位村干部表示所在村发生过流转纠纷，占全部受访者的 13.6%，占全部作答者的 23.1%，10 位村干部表示所在村并未发生过集体建设用地流转纠纷，占全部受访者的 45.5%，占全部作答者的 76.9%，如表 7 - 96 所示。

表 7 - 96　　　　　　您所在村是否发生过流转纠纷

	项目	频率	占比（%）	有效占比（%）	累计占比（%）
有效	有	3	13.6	23.1	23.1
	没有	10	45.5	76.9	100.0
	小计	13	59.1	100.0	
缺失		9	40.9		
合计		22	100.0		

7. 集体建设用地流转纠纷如何解决

22 位受访的村干部中，4 位表示发生过集体建设用地流转纠纷的村干部给出了作答，其中，指出由村干部解决的有 3 人，占全部受访者的 13.6%，占全部作答者的 75%，指出由县政府解决的有 1 人（这里的解决方式为村干部和县政府共同解决），占全部受访者的 4.5%，占全部作答者的 25%，如表 7-97 所示。

表 7-97　　　　　　发生纠纷时是如何解决的

	项目	频率	占比（%）	有效占比（%）
有效	村干部解决	3	13.6	75
	县政府解决	1	4.5	25

（五）集体建设用地流转的看法

1. 对集体建设用地是否可以流转的看法

22 位受访的村干部中，20 位村干部给出了作答，其中，17 位表示集体建设用地可以流转，占全部受访者的 77.3%，占全部作答者的 85.0%，2 位村干部表示集体建设用地不可以流转，占全部受访者的 9.1%，占全部作答者的 10.0%，1 位村干部表示不清楚集体建设用是否可以进行流转，占全部受访者的 4.5%，占全部作答者的 5.0%，如表 7-98 所示。

表 7-98　　　　　您认为集体建设用地是否可以流转

	项目	频率	占比（%）	有效占比（%）	累计占比（%）
有效	是	17	77.3	85.0	85.0
	不是	2	9.1	10.0	95.0
	不知道	1	4.5	5.0	100.0
	小计	20	90.9	100.0	
缺失		2	9.1		
合计		22	100.0		

2. 对集体建设用地使用主体的认识

22 位受访的村干部中，20 位村干部给出了作答，其中，17 位村干部表示本农民集体组织为集体建设用地使用的主体，占全部受访者的 77.3%，占全部作答者的 85.0%，6 位村干部表示本农民集体成员为集体建设用地使用的主体，占全部受访者的 27.3%，占全部作答者的 30%，3 位村干部表示其他农民集体组织、为集体建设用地使用的主体，占全部受访者的 13.6%，占全部作答者的 15%，1 位村干部表示其他农民集体组织为集体建设用地使用的主体，占全部受访者的 4.5%，占全部作答者的 5.0%，1 位村干部表示其他农民集体成员为集体建设用地使用的主体，占全部受访者的 4.5%，占全部作答者的 5.0%，1 位村干部表示房地产商为集体建设用地使用的主体，占全部受访者的 4.5%，占全部作答者的 5.0%，如表 7 – 99 所示。

表 7 – 99　　　　　您认为集体建设用地使用的主体包括哪些

	项目	频率	占比（%）	有效占比（%）
有效	本农民集体组织	17	77.3	85.0
	本农民集体成员	6	27.3	30.0
	房地产商	3	13.6	15.0
	其他农民集体组织	1	4.5	5.0
	其他农民集体成员	1	4.5	5.0
	其他	1	4.5	5.0

3. 集体建设用地自发流转现象

22 位受访的村干部中，19 位村干部给出了作答，其中，3 位村干部表示存在少量集体建设用地自发流转的现象，占全部受访者的 13.6%，占全部作答者的 15.8%，15 位村干部表示不存在集体建设用地自发流转的现象，占全部受访者的 68.2%，占全部作答者的 78.9%，1 位村干部表示不清楚集体建设用地自发流转的现象，占全部受访者的 4.5%，占全部作答者的 5.3%，如表 7 - 100 所示。

表 7 - 100　　您认为是否有集体建设用地自发流转的现象

项目		频率	占比（%）	有效占比（%）	累计占比（%）
有效	存在少量	3	13.6	15.8	15.8
	不存在	15	68.2	78.9	94.7
	不知道	1	4.5	5.3	100.0
	小计	19	86.4	100.0	
缺失		3	13.6		
合计		22	100.0		

4. 集体外的人可否使用本集体的建设用地

22 位受访的村干部中，19 位村干部给出了作答，其中，12 位村干部认为集体外的人可以使用本村集体建设用地，占全部受访者的 54.5%，占全部作答者的 63.2%，6 位村干部认为集体外的人不可以使用本村集体建设用地，占全部受访者的 27.3%，占全部作答者的 31.6%，1 位村干部认为不知道集体外的人是否能够使用本村集体建设用地，占全部受访者的 4.5%，占全部作答者的 5.3%，如表 7 - 101 所示。

表 7 - 101　　您认为集体外的人是否可以使用您所在集体的建设用地

项目		频率	占比（%）	有效占比（%）	累计占比（%）
有效	可以	12	54.5	63.2	63.2
	不可以	6	27.3	31.6	94.7
	不知道	1	4.5	5.3	100.0
	小计	19	86.4	100.0	
缺失		3	13.6		
合计		22	100.0		

5. 集体建设用地流转的原因

22 位受访的村干部中，12 位村干部给出了作答，其中，7 位表示集体建设用地流转的原因为出租比自己经营划算，占全部受访者的31.8%，占全部作答者的58.3%，2位表示集体建设用地流转的原因为城市化进程加快，占全部受访者的9.1%，占全部作答者的16.7%，2位表示集体建设用地流转的原因为产业结构变化，占全部受访者的9.1%，占全部作答者的16.7%，1位表示集体建设用地流转的原因为集体建设用地比国有建设用地便宜，占全部受访者的4.5%，占全部作答者的8.3%，2位表示集体建设用地流转的原因为其他，占全部受访者的9.1%，占全部作答者的16.7%，如表7-102所示。

表7-102　　　　您认为集体建设用地流转的原因是什么

	项目	频率	占比（%）	有效占比（%）
	出租比自己经营划算	7	31.8	58.3
	城市化进程加快	2	9.1	16.7
有效	产业结构变化	2	9.1	16.7
	集体建设用地比国有建设用地便宜	1	4.5	8.3
	其他	2	9.1	16.7

6. 集体建设用地流转的好处

22位受访的村干部中，14位村干部给出了作答，其中，2位村干部表示集体建设用地流转的好处是保护耕地，占全部受访者的9.1%，占全部作答者的14.3%，4位村干部表示集体建设用地流转的好处是集约利用土地，占全部受访者的18.2%，占全部作答者的28.6%，8位村干部表示集体建设用地流转的好处是充分利用闲置或低效土地，占全部受访者的36.4%，占全部作答者的57.1%，7位村干部表示集体建设用地流转的好处是增加农民收入，占全部受访者的31.8%，占全部作答者的50.0%，1位村干部表示集体建设用地流转的好处是其他，占全部受访者的4.5%，占全部作答者的7.1%，如表7-103所示。

表 7 - 103　　　您认为集体建设用地流转的好处是什么

	项目	频率	占比（%）	有效占比（%）
有效	保护耕地	2	9.1	14.3
	集约利用土地	4	18.2	28.6
	充分利用闲置或低效土地	8	36.4	57.1
	增加农民收入	7	31.8	50.0
	其他	1	4.5	7.1

7. 集体建设用地流转收益如何分给村民合适

22 位受访的村干部中，17 位村干部给出了作答，其中，3 位村干部表示集体建设用地转出去的收益应一次性发钱给村民合适，占全部受访者的 13.6%，占全部作答者的 17.6%，8 位村干部表示集体建设用地转出去的收益应不发钱，用作给村民的社会保障合适，占全部受访者的 36.8%，占全部作答者的 47.1%，2 位村干部表示集体建设用地转出去的收益按合同每年分发给村民合适，占全部受访者的 9.1%，占全部作答者的 11.8%，1 位村干部表示集体建设用地转出去的收益应土地作价入股分红给村民合适，占全部受访者的 4.5%，占全部作答者的 5.9%，3 位村干部表示集体建设用地转出去的收益分发方式为其他，占全部受访者的 13.6%，占全部作答者的 17.6%，如表 7 - 104 所示。

表 7 - 104　　　您觉得集体建设用地转出去的收益如何分给村民合适

	项目	频率	占比（%）	有效占比（%）	累计占比（%）
有效	一次性发钱	3	13.6	17.6	17.6
	不发钱，用作给村民的社会保障	8	36.4	47.1	64.7
	按合同每年分发	2	9.1	11.8	76.5
	土地作价入股分红	1	4.5	5.9	82.4
	其他	3	13.6	17.6	100.0
	小计	17	77.3	100.0	

续表

项目	频率	占比 （%）	有效占 比（%）	累计占 比（%）
缺失	5	22.7		
合计	22	100.0		

8. 集体建设用地流转分配的合理性

22 位受访的村干部中，10 位村干部给出了作答，其中，4 位村干部认为分给村民的收益不合理、有点低，占全部受访者的 18.2%，占全部作答者的 40.0%，6 位村干部认为分给村民的收益合理，占全部受访者的 27.3%，占全部作答者的 60.0%，如表 7 - 105 所示。

表 7 - 105　　　　　您觉得分给村民的收益是否合理

	项目	频率	占比（%）	有效占比（%）	累计占比（%）
有效	不合理， 有点低	4	18.2	40.0	40.0
	合理	6	27.3	60.0	100.0
	小计	10	45.5	100.0	
缺失		12	54.5		
合计		22	100.0		

9. 集体建设用地流转的资金管理的规范性

22 位受访的村干部中，13 位村干部给出了作答，其中，5 位村干部表示所在村集体建设用地流转的管理资金规范，占全部受访者的 22.7%，占全部作答者的 38.5%，7 位村干部表示所在村集体建设用地流转的管理资金基本规范，占全部受访者的 31.8%，占全部作答者的 53.8%，1 位村干部表示所在村集体建设用地流转的管理资金不规范，占全部受访者的 4.5%，占全部作答者的 7.7%，如表 7 - 106 所示。

表 7 - 106　　　　您所在地集体建设用地流转的资金管理是否规范

项目		频率	占比（%）	有效占比（%）	累计占比（%）
有效	规范	5	22.7	38.5	38.5
	基本规范	7	31.8	53.8	92.3
	不规范	1	4.5	7.7	100.0
	小计	13	59.1	100.0	
缺失		9	40.9		
合计		22	100.0		

10. 集体建设用地流转存在的问题

22 位受访的村干部中，6 位村干部给出了作答，其中，1 位表示集体建设用地流转会导致耕地被挤占，占全部受访者的 4.5%，占全部作答者的 16.7%；3 位表示集体建设用地流转会导致集体资产流失，占全部受访者的 13.6%，占全部作答者的 50.0%；2 位表示集体建设用地流转会导致其他问题，占全部受访者的 9.1%，占全部作答者的 33.3%，如表 7 - 107 所示。

表 7 - 107　　　　您所在地集体建设用地流转存在哪些问题

项目		频率	占比（%）	有效占比（%）	累计占比（%）
有效	挤占耕地	1	4.5	16.7	16.7
	集体资产流失	3	13.6	50.0	66.7
	其他	2	9.1	33.3	100.0
	小计	6	27.3	100.0	
缺失		16	72.7		
合计		22	100.0		

11. 造成集体建设用地流转问题的原因

22 位受访的村干部中，6 位村干部给出了作答，其中，选择产权关系不明晰的有 1 位村干部，占全部受访者的 4.5%，占全部作答者的 16.7%，选择法律不健全的有 1 位村干部，占全部受访者的

4.5%，占全部作答者的16.7%，选择信息不透明的有1位村干部，占全部受访者的4.5%，占全部作答者的16.7%，选择缺乏建设用地统一市场的有1位村干部，占全部受访者的4.5%，占全部作答者的16.7%，选择其他原因的有2位村干部，占全部受访者的9.1%，占全部作答者的33.3%，如表7-108所示。

表7-108　　　　您认为产生该问题的原因是什么

项目		频率	占比（%）	有效占比（%）
有效	产权关系不明晰	1	4.5	16.7
	法律不健全	1	4.5	16.7
	信息不透明	1	4.5	16.7
	缺乏建设用地统一市场	1	4.5	16.7
	其他原因	2	9.1	33.3

（六）被调查村的宅基地利用和流转情况

1. 宅基地增减情况

22位受访的村干部中，2位村干部表示农村宅基地有减少的情况，占全部受访者的9.1%，20位村干部表示农村宅基地没有减少的情况，占全部受访者的90.1%，如表7-109所示。

表7-109　　　　贵村有无宅基地减少的情况

项目		频率	占比（%）	有效占比（%）	累计占比（%）
有效	有	2	9.1	9.1	9.1
	没有	20	90.9	90.9	100.0
	合计	22	100.0	100.0	

2. 宅基地减少的原因

22位受访的村干部中，4位村干部给出了作答，其中，1位表示宅基地减少的原因为自然消失，占全部受访者的4.5%，占全部作答者的 25.0%，1 位表示宅基地减少的原因为集中安置宅基地复垦，占全部受访者的 4.5%，占全部作答者的 25.0%，2 位表示宅基地减少的原因为其他，占全部受访者的 9.1%，占全部作答者的 50.0%，如表 7 - 110 所示。

表 7 - 110　　　　　　　宅基地减少的原因

项目		频率	占比（%）	有效占比（%）	累计占比（%）
有效	自然消失	1	4.5	25.0	25.0
	集中安置宅基地复垦	1	4.5	25.0	50.0
	其他	2	9.1	50.0	100.0
	小计	4	18.2	100.0	
缺失		18	81.8		
合计		22	100.0		

3. 宅基地出让价格的确定方式

22 位受访的村干部中，10 位村干部给出了作答，其中，8 位村干部表示宅基地出让价格的确定方式为双方当事人的协商定价，占全部受访者的 36.4%，占全部作答者的 80.0%，2 位村干部表示宅基地出让价格的确定方式为其他，占全部受访者的 9.1%，占全部作答者的 20.0%，如表 7 - 111 所示。

表 7 - 111　　　　宅基地出让价格的确定方式有哪些

项目		频率	占比（%）	有效占比（%）	累计占比（%）
有效	双方当事人的协商定价	8	36.4	80.0	80.0
	其他	2	9.1	20.0	100.0
	小计	10	45.5	100.0	
缺失		12	54.5		
合计		22	100.0		

4. 农户对宅基地流转的看法

22 位受访的村干部中，7 位村干部给出了作答，其中，5 位村干部表示未流转户对流转户的看法较之以前没有变化，占全部受访者的 22.7%，占全部作答者的 71.4%，1 位村干部表示未流转户对流转户的看法较之以前有变化，觉得利益取得不合理，占全部受访者的 4.5%，占全部作答者的 14.3%，1 位村干部表示未流转户对流转户的看法较之以前有变化，但觉得理所应当，占全部受访者的 4.5%，占全部作答者的 14.3%，如表 7 - 112 所示。

表 7 - 112   未流转户对流转户的看法

	项目	频率	占比（%）	有效占比（%）	累计占比（%）
有效	较之以前没有变化	5	22.7	71.4	71.4
	有变化觉得利益取得不合理	1	4.5	14.3	85.7
	有变化觉得理所应当	1	4.5	14.3	100.0
	小计	7	31.8	100.0	
缺失		15	68.2		
合计		22	100.0		

5. 宅基地流转过程中常出现的问题

22 位受访的村干部中，8 位村干部给出了作答，其中，3 位表示宅基地流转过程中常出现的问题是价格不合理造成农户纠纷，占全部受访者的 13.6%，占全部作答者的 37.5%，8 位表示宅基地流转过程中常出现的问题是邻里之间不和，占全部受访者的 36.4%，占全部作答者的 100.0%，1 位表示宅基地流转过程中常出现的问题是合同不规范，农户利益受损，占全部受访者的 4.5%，占全部作答者的 12.5%，5 位表示宅基地流转过程中常出现的问题是其他，占全部受访者的 22.7%，占全部作答者的 62.5%，如表 7 - 113 所示。

表 7 - 113　　　　贵村宅基地流转过程中常出现的问题有哪些

	项目	频率	占比（%）	有效占比（%）
有效	价格不合理造成农户纠纷	3	13.6	37.5
	邻里之间不和	8	36.4	100.0
	合同不规范农户利益受损	1	4.5	12.5
	其他	5	22.7	62.5

6. 宅基地流转问题产生的原因

22 位受访的村干部中，5 位村干部给出了作答，其中，2 位流转村干部指出宅基地流转问题产生的原因是农民知识水平有限，占全部受访者的 9.1%，占全部作答者的 40.0%，3 位流转村干部指出宅基地流转问题产生的原因是法律法规不健全，占全部受访者的 13.6%，占全部作答者的 60.0%，2 位流转村干部指出宅基地流转问题产生的原因是缺乏统一的市场，占全部受访者的 9.1%，占全部作答者的 40.0%，如表 7 - 114 所示。

表 7 - 114　　　　宅基地流转问题产生的原因有哪些

	项目	频率	占比（%）	有效占比（%）
有效	农民知识水平有限	2	9.1	40.0
	法律法规不健全	3	13.6	60.0
	缺乏统一的市场	2	9.1	40.0

7. 宅基地流转纠纷

22 位受访的村干部中，14 位村干部给出了作答，其中，3 位村干部表示所在村发生过宅基地流转纠纷，占全部受访者的 13.6%，占全部作答者的 21.4%，11 位村干部表示所在村没有发生过宅基地流转纠纷，占全部受访者的 50.0%，占全部作答者的 78.6%，如表 7 - 115 所示。

表 7 – 115　　　　　您所在村是否发生过宅基地流转纠纷

项目		频率	占比（%）	有效占比（%）	累计占比（%）
有效	有	3	13.6	21.4	21.4
	没有	11	50.0	78.6	100.0
	小计	14	63.6	100.0	
缺失		8	36.4		
合计		22	100.0		

8. 宅基地流转纠纷的解决方法

22 位受访的村干部中，4 位村干部给出了作答，其中，2 位村干部表示发生宅基地流转纠纷时是由村干部解决的，占全部受访者的 9.1%，占全部作答者的 50.0%，1 位村干部表示发生宅基地流转纠纷时是由乡镇干部解决的，占全部受访者的 4.5%，占全部作答者的 25.0%，1 位村干部表示发生宅基地流转纠纷时是通过其他途径解决的，占全部受访者的 4.5%，占全部作答者的 25.0%，如表 7 – 116 所示。

表 7 – 116　　　　　宅基地流转纠纷是怎样解决的

项目		频率	占比（%）	有效占比（%）	累计占比（%）
有效	村干部解决	2	9.1	50.0	50.0
	乡镇干部解决	1	4.5	25.0	75.0
	其他途径解决	1	4.5	25.0	100.0
	小计	4	18.2	100.0	
缺失		18	81.8		
合计		22	100.0		

9. 宅基地自发流转的情况

22 位受访的村干部中，18 位村干部给出了作答，其中，6 位村干部表示村里存在宅基地自发流转的现象，占全部受访者的 27.3%，占全部作答者的 33.3%，12 位村干部表示村里不存在宅基地自发流转的现象，占全部受访者的54.5%，占全部作答者的66.7%，如表7-117所示。

表7-117　　　　　贵村有宅基地自发流转的现象吗

	项目	频率	占比（%）	有效占比（%）	累计占比（%）
有效	存在少量	6	27.3	33.3	33.3
	不存在	12	54.5	66.7	100.0
	小计	18	81.8	100.0	
缺失		4	18.2		
合计		22	100.0		

（七）对宅基地流转的看法

1. 村干部对农民宅基地流转持什么态度

22位受访的村干部中，21位村干部给出了作答，其中，11位村干部表示支持宅基地流转，占全部受访者的50.0%，占全部作答者的52.4%，4位村干部表示反对宅基地流转，占全部受访者的18.2%，占全部作答者的19.0%，6位村干部表示支持宅基地流转只要不影响他人就可以，占全部受访者的27.3%，占全部作答者的28.6%，如表7-118所示。

表7-118　　　　您对农民宅基地流转持什么态度

	项目	频率	占比（%）	有效占比（%）	累计占比（%）
有效	支持	11	50.0	52.4	52.4
	反对	4	18.2	19.0	71.4
	只要不影响他人就可以	6	27.3	28.6	100.0
	小计	21	95.5	100.0	
缺失		1	4.5		
合计		22	100.0		

2. 宅基地是否可以流转

22位受访的村干部中，21位村干部给出了作答，其中，15位村干部表示宅基地可以流转，占全部受访者的68.2%，占全部作答者的71.4%，5位村干部表示宅基地不可以流转，占全部受访者的22.7%，占全部作答者的23.8%，1位村干部表示不知道宅基地是否可以流转，占全部受访者的4.5%，占全部作答者的4.8%，如表7-119所示。

表7-119　　　　　　　您认为宅基地是否可以流转

	项目	频率	占比（%）	有效占比（%）	累计占比（%）
有效	可以	15	68.2	71.4	71.4
	不可以	5	22.7	23.8	95.2
	不知道	1	4.5	4.8	100.0
	小计	21	95.5	100.0	
缺失		1	4.5		
合计		22	100.0		

3. 宅基地私下流转是否违法

22位受访的村干部中，21位村干部给出了作答，其中，9位村干部表示私下进行宅基地流转是违法行为，占全部受访者的40.9%，占全部作答者的42.9%，9位村干部表示私下进行宅基地流转不是违法行为，占全部受访者的40.9%，占全部作答者的42.9%，3位村干部表示不知道私下进行宅基地流转是否为违法行为，占全部受访者的13.6，占全部作答者的14.3%，如表7-120所示。

表7-120　　　您认为私下进行宅基地流转是违法行为吗

	项目	频率	占比（%）	有效占比（%）	累计占比（%）
有效	是	9	40.9	42.9	42.9
	不是	9	40.9	42.9	85.7

	项目	频率	占比（%）	有效占比（%）	累计占比（%）
有效	不知道	3	13.6	14.3	100.0
	小计	21	95.5	100.0	
缺失		1	4.5		
合计		22	100.0		

4. 村干部是否支持宅基地流转

22位受访的村干部中，21位村干部给出了作答，其中，16位村干部表示如果政策允许，支持宅基地流转，占全部受访者的72.7%，占全部作答者的76.2%，4位村干部表示如果政策允许，不支持宅基地流转，占全部受访者的18.2%，占全部作答者的19.0%，1位村干部对如果政策宅基地是否可以流转表示无所谓态度，占全部受访者的4.5%，占全部作答者的4.8%，如表7-121所示。

表7-121　　　　　　　如果政策允许你支持宅基地流转吗

	项目	频率	占比（%）	有效占比（%）	累计占比（%）
有效	支持	16	72.7	76.2	76.2
	不支持	4	18.2	19.0	95.2
	无所谓	1	4.5	4.8	100.0
	小计	21	95.5	100.0	
缺失		1	4.5		
合计		22	100.0		

5. 支持宅基地流转的原因

22位受访的村干部中，17位村干部给出了作答，其中，12位村干部表示支持宅基地流转的原因是能够增加农民收入，占全部受访者的54.5%，占全部作答者的75.0%，4位村干部表示支持宅基地流转的原因是促进新农村建设，占全部受访者的18.2%，占全部作答者的 23.5%，8 位村干部表示支持宅基地流转的原因是减少资源浪费，占全部受访者的 36.4%，占全部作答者的 47.1%，2 位村干部表示支持宅基地流转的原因是其他，占全部受访者的 9.1%，占全部作答者的 11.8%，如表 7 - 122 所示。

表 7 - 122　　　　　您支持宅基地流转的理由是什么

	项目	频率	占比（%）	有效占比（%）
有效	能够增加农民收入	12	54.5	75.0
	促进新农村建设	4	18.2	23.5
	减少资源浪费	8	36.4	47.1
	其他	2	9.1	11.8

6. 不支持宅基地流转的原因

22 位受访的村干部中，5 位村干部给出了作答，其中，1 位村干部表示不支持宅基地流转的原因是违反国家法律法规，占全部受访者的 4.5%，占全部作答者的 20.0%，1 位村干部表示不支持宅基地流转的原因是价格不好确定，占全部受访者的 4.5%，占全部作答者的 20.0%，1 位村干部表示不支持宅基地流转的原因是扰乱社会秩序，占全部受访者的 4.5%，占全部作答者的 20.0%，3 位村干部表示不支持宅基地流转的原因是其他，占全部受访者的 13.6%，占全部作答者的 60.0%，如表 7 - 123 所示。

表 7 - 123　　　　　您不支持宅基地流转的原因是什么

	项目	频率	占比（%）	有效占比（%）
有效	违反国家法律法规	1	4.5	20.0
	价格不好确定	1	4.5	20.0
	扰乱社会秩序	1	4.5	20.0
	其他	3	13.6	60.0

7. 外人是否可以使用本集体的宅基地

22 位受访的村干部中，19 位村干部给出了作答，其中，14 位村干部表示集体外的人可以使用所在村集体的宅基地，占全部受访者的 63.6%，占全部作答者的 73.7%，5 位村干部表示集体外的人可以使用所在村集体的宅基地，占全部受访者的 22.7%，占全部作答者的 26.3%，如表 7-124 所示。

表 7-124　　您认为集体外的人是否可以使用您所在集体的宅基地

项目		频率	占比（%）	有效占比（%）	累计占比（%）
有效	可以	14	63.6	73.7	73.7
	不可以	5	22.7	26.3	100.0
	小计	19	86.4	100.0	
缺失		3	13.6		
合计		22	100.0		

8. 哪种宅基地流转方式更好

22 位受访的村干部中，18 位村干部给出了作答，其中，5 位村干部认为宅基地流转方式中出让方式更好，占全部受访者的 22.7%，占全部作答者的 27.8%，6 位村干部认为宅基地流转方式中转让方式更好，占全部受访者的 27.3%，占全部作答者的 33.3%，13 位村干部认为宅基地流转方式中出租方式更好，占全部受访者的 59.1%，占全部作答者的 72.2%，1 位村干部认为宅基地流转方式中入股方式更好，占全部受访者的 4.5%，占全部作答者的 5.6%，1 位村干部认为宅基地流转方式中抵押方式更好，占全部受访者的 4.5%，占全部作答者的 5.6%，1 位村干部认为宅基地流转方式中其他方式更好，占全部受访者的 4.5%，占全部作答者的 5.6%，如表 7-125 所示。

表7-125　　　　您认为哪种宅基地流转方式更好一些

项目		频率	占比（%）	有效占比（%）
有效	出让	5	22.7	27.8
	转让	6	27.3	33.3
	出租	13	59.1	72.2
	入股	1	4.5	5.6
	抵押	1	4.5	5.6
	其他	1	4.5	5.6

9. 目前宅基地流转价格是否合理

22位受访的村干部中，9位村干部给出了作答，其中，1位村干部表示目前宅基地流转价格合理，占全部受访者的4.5%，占全部作答者的11.1%，2位村干部表示目前宅基地流转价格不合理，占全部受访者的9.1%，占全部作答者的22.2%，6位村干部表示不清楚目前宅基地流转价格是否合理，占全部受访者的27.3%，占全部作答者的66.7%，如表7-126所示。

表7-126　　　　您认为目前宅基地流转价格是否合理

项目		频率	占比（%）	有效占比（%）	累计占比（%）
有效	合理	1	4.5	11.1	11.1
	不合理	2	9.1	22.2	33.3
	不清楚	6	27.3	66.7	100.0
	小计	9	40.9	100.0	
缺失		13	59.1		
合计		22	100.0		

10. 宅基地流转对转出户生活水平的影响

22位受访的村干部中，9位村干部给出了作答，其中，7位村干部表示宅基地流转对转出户的生活水平有积极影响，占全部受访者的31.8%，占全部作答者的77.8%，1位村干部表示宅基地流转对转出户的生活水平没有影响，占全部受访者的4.5%，占全部作答者的

11.1%，1 位村干部表示宅基地流转对转出户的生活水平影响不清楚，占全部受访者的 4.5%，占全部作答者的 11.1%，如表 7 - 127 所示。

表 7 - 127　　　　　您认为宅基地流转对转出户的生活水平是否有影响

	项目	频率	占比（%）	有效占比（%）	累计占比（%）
有效	有积极影响	7	31.8	77.8	77.8
	没有影响	1	4.5	11.1	88.9
	不清楚	1	4.5	11.1	100.0
	小计	9	40.9	100.0	
缺失		13	59.1		
合计		22	100.0		

三、经营性建设用地用地单位抽样调查结果分析

（一）调查地点与调查对象

经营性建设用地流转用地单位调查对选择的调研乡镇进行了抽样，采取对经营性建设用地现在使用者进行了问卷式和访谈式调查。调查用地单位分布：长沙县果园乡 18 户，湘潭县易俗河镇 4 户，靖州县太阳坪乡 12 户，共计调查用地企业 34 户。

（二）经营性建设用地用地单位基本情况

1. 用地单位的性质

经营性建设用地用地单位基本情况主要包括用地单位类型、用地单位经营的行业类型、流转地块的面积、流转地块的取得时间。34 家经营性建设用地用地单位中，2 家用地单位类型为城镇集体所有制企业，占全部受访用地单位的 5.9%，2 家用地单位类型为外商投资企业，占全部受访用地单位的 5.9%。20 家为私营企业，占

全部受访用地单位的58.8%，1家为股份制企业，占全部受访用地单位的2.9%，如表7-128所示。

表7-128　　　　　　　　　建设用地单位的类型分布

	项目	频率	占比（%）	有效占比（%）	累计占比（%）
有效	城镇集体所有制企业	2	5.9	5.9	5.9
	外商投资企业	2	5.9	5.9	11.8
	私营企业	20	58.8	58.8	70.6
	股份制企业	1	2.9	2.9	73.5
	港澳台投资企业	6	17.6	17.6	91.2
	其他	3	8.8	8.8	100.0
	合计	34	100.0	100.0	

2. 用地单位的行业分布

34家经营性建设用地用地单位中，3家用地单位经营的行业为农林牧渔业，占全部受访用地单位的8.8%，8家用地单位经营的行业为制造业，占全部受访用地单位的23.5%，7家用地单位经营的行业为建筑业，占全部受访用地单位的20.6%，2家用地单位经营的行业为批发和零售业，占全部受访用地单位的5.9%，14家用地单位经营的行业类型为其他，占全部受访用地单位的41.2%，如表7-129所示。

表7-129　　　　　　　　　建设用地单位的行业分布

	项目	频率	占比（%）	有效占比（%）	累计占比（%）
有效	农林牧渔业	3	8.8	8.8	8.8
	制造业	8	23.5	23.5	32.4
	建筑业	7	20.6	20.6	52.9
	批发和零售业	2	5.9	5.9	58.8
	其他	14	41.2	41.2	100.0
	合计	34	100.0	100.0	

（三）调查样本的分析处理

主要采取 SPSS 17.0 统计描述的方法对数据进行分析。本次调查共发放问卷 34 份，回收 34 份，其中在长沙县发放问卷 8 份，回收问卷 8 份，有效问卷 8 份；靖州县发放问卷 22 份，回收问卷 22 份，有效问卷 22 份；湘潭县发放问卷 4 份，回收 4 份，有效问卷 4 份。总体有效率 100%。

（四）经营性建设用地用地单位初次流转情况

1. 建设用地的利用情况

34 家经营性建设用地用地单位中，18 家用地单位集体建设用地全部在用，占全部受访者的 52.9%，7 家用地单位集体建设用地部分在用，占全部受访者的 20.6%，9 家用地单位集体建设用地闲置，占全部受访者的 26.5%，如表 7-130 所示。

表 7-130　　　　用地单位对该建设用地的利用情况

	项目	频率	占比（%）	有效占比（%）	累计占比（%）
有效	全部在用	18	52.9	52.9	52.9
	部分在用	7	20.6	20.6	73.5
	闲置	9	26.5	26.5	100.0
	合计	34	100.0	100.0	

2. 建设用地的来源

34 家经营性建设用地用地单位中，33 家建设用地是从村集体流转的，即初次流转，占全部受访用地单位的 97.1%，1 家从企业或个人流转的，即二次流转，占全部受访用地单位的 2.9%，如表 7-131 所示。

表 7 – 131　　　　　　　　建设用地的流转来源

	项目	频率	占比（%）	有效占比（%）	累计占比（%）
有效	村集体	33	97.1	97.1	97.1
	企业或个人	1	2.9	2.9	100.0
	合计	34	100.0	100.0	

3. 选择使用集体建设用地的原因

34 家经营性建设用地用地单位中，31 家用地单位给出了作答，其中，21 家用地单位选择村集体建设用地的原因是出于建设用地流转费用低，占全部受访用地单位的 61.8%，占全部作答用地单位的 67.7%，18 家用地单位选择村集体建设用地的原因是出于可以出租，占全部受访用地单位的 52.9%，占全部作答用地单位的 58.1%，20 家用地单位选择村集体建设用地的原因是出于流转手续简单，占全部受访用地单位的 58.8%，占全部作答用地单位的 64.5%，16 家用地单位选择集体建设用地的原因是出于劳动力丰富廉价，占全部受访用地单位的 47.1%，占全部作答用地单位的 51.6%，8 家用地单位选择村集体建设用地的原因为其他，占全部受访用地单位的 23.5%，占全部作答者的 25.8%，如表 7 – 132 所示。

表 7 – 132　　　　　　用地单位选择村集体建设用地的原因

	项目	频率	占比（%）	有效占比（%）
有效	建设用地流转费用低	21	61.8	67.7
	可以出租	18	52.9	58.1
	流转手续简单	20	58.8	64.5
	劳动力丰富廉价	16	47.1	51.6
	其他	8	23.5	25.8

4. 用地单位为何不选择国有建设用地

34 家经营性建设用地用地单位中，31 家用地单位给出了作答，其中，20 家用地单位不选择国有建设用地是因为国有地太贵，占

全部售房用地单位的 58.8%，占全部作答用地单位的 64.5%，19
家用地单位不选择国有建设用地是因为手续繁杂，占全部受访用地
单位的 55.9%，占全部作答用地单位的 61.3%，16 家用地单位不选
择国有建设用地是因为国有地不能出租，一次性投入太大，占全部受
访用地单位的 47.1%，占全部作答用地单位的 51.6%，还有 10 家用
地单位不选择国有建设用地是因为其他原因，占全部受访用地单位的
29.4%，占全部作答用地单位的 32.3%，如表 7 - 133 所示。

表 7 - 133　　　　　用地单位为何不选择国有建设用地

	项目	频率	占比（%）	有效占比（%）
有效	国有地太贵	20	58.8	64.5
	手续繁杂	19	55.9	61.3
	国有地不能出租，一次性投入太大	16	47.1	51.6
	其他	10	29.4	32.3

5. 流转合同的签订情况

34 家经营性建设用地用地单位中，29 家用地单位给出了作答，
其中，26 家用地单位表示签订了流转合同，占全部受访用地单位
的 76.5%，占全部作答用地单位的 89.7%，3 家用地单位表示没有
签订流转合同，占全部受访用地单位的 8.8%，占全部作答用地单
位的 10.3%，如表 7 - 134 所示。

表 7 - 134　　　　　用地单位是否签订了流转合同

	项目	频率	占比（%）	有效占比（%）	累计占比（%）
有效	是	26	76.5	89.7	89.7
	否	3	8.8	10.3	100.0
	小计	29	85.3	100.0	
缺失		5	14.7		
合计		34	100.0		

6. 流转的合同类型

34 家经营性建设用地用地单位中，26 家用地单位给出了作答，26 家签订的合同类型均为书面合同，占全部受访用地单位的76.5%，占全部作答用地单位的100.0%，如表 7 – 135 所示。

表 7 – 135　　　　　　　　建设用地流转的合同类型

	项目	频率	占比（%）	有效占比（%）	累计占比（%）
有效	书面合同	26	76.5	100.0	100.0
	缺失	8	23.5		
	合计	34	100.0		

7. 流转价格的确定方式

34 家经营性建设用地用地单位中，27 家用地单位给出了作答，其中，1 家用地单位集体建设用地流转价格的确定方式为机构估价，占全部受访用地单位的2.9%，占全部作答用地单位的3.7%，21 家用地单位集体建设用地流转价格的确定方式为双方当事人协商定价，占全部受访用地单位61.8%，占全部作答用地单位的77.8%，4 家用地单位集体建设用地流转价格的确定方式为村委会自行定价，占全部受访用地单位的11.8%，占全部作答用地单位的14.8%，1 家用地单位集体建设用地流转价格的确定方式为其他，占全部受访用地单位的2.9%，占全部作答用地单位的3.7%，如表 7 – 136 所示。

表 7 – 136　　　　　　　集体建设用地流转价格的确定方式

	项目	频率	占比（%）	有效占比（%）	累计占比（%）
	机构估价	1	2.9	3.7	3.7
	双方当事人的协商定价	21	61.8	77.8	81.5
有效	村委会自行定价	4	11.8	14.8	96.3
	其他	1	2.9	3.7	100.0
	小计	27	79.4	100.0	

续表

项目	频率	占比（%）	有效占比（%）	累计占比（%）
缺失	7	20.6		
合计	34	100.0		

8. 建设用地流转信息来源

34 家经营性建设用地用地单位中，27 家用地单位给出了作答，其中，9 家用地单位流转信息来源于村民互传信息，占全部受访用地单位的 26.5%，占全部作答用地单位的 33.3%，13 家用地单位流转信息来源于村务公开栏，占全部受访用地单位的 38.2%，占全部作答用地单位的 48.1%，1 家用地单位流转信息来源于土地流转中心，占全部受访用地单位的 2.9%，占全部作答用地单位的 3.7%，4 家用地单位流转信息来源于其他，占全部受访用地单位的 11.8%，占全部作答用地单位的 14.8%，如表 7 - 137 所示。

表 7 - 137　　　　　　　　建设用地流转信息来源

	项目	频率	占比（%）	有效占比（%）	累计占比（%）
有效	村民互传信息	9	26.5	33.3	33.3
	村务公开栏	13	38.2	48.1	81.5
	土地流转中心	1	2.9	3.7	85.2
	其他	4	11.8	14.8	100.0
	小计	27	79.4	100.0	
缺失		7	20.6		
合计		34	100.0		

9. 建设用地流转形式

34 家经营性建设用地用地单位中，29 家用地单位给出了作答，其中，2 家用地单位集体建设用地流转形式为出让，占全部受访用地单位的 5.9%，占全部作答用地单位的 6.9%，26 家用地单位集体建设用地流转形式为出租，占全部受访用地单位的 76.5%，占全部作答用地单位的 89.7%，1 家用地单位集体建设用地流转形式为折价入股，占全部受访用地单位的 2.9%，占全部作答用地单位的 3.4%，如表 7 - 138 所示。

表 7 - 138　　　　　　　集体建设用地流转形式

	项目	频率	占比（%）	有效占比（%）	累计占比（%）
有效	出让	2	5.9	6.9	6.9
	出租	26	76.5	89.7	96.6
	折价入股	1	2.9	3.4	100.0
	小计	29	85.3	100.0	
缺失		5	14.7		
合计		34	100.0		

10. 建设用地流转增值收益的分配情况

34 家经营性建设用地用地单位中，30 家用地单位给出了作答，30 家用地单位均表示如果转租该地块后取得的增值收益不要与村集体分成，占全部受访用地单位的 88.2%，占全部作答用地单位的 100.0%，如表 7 - 139 所示。

表 7 - 139　　　　建设用地流转增值收益是否要与村集体分成

	项目	频率	占比（%）	有效占比（%）	累计占比（%）
有效	不要	30	88.2	100.0	100.0
缺失		4	11.8		
合计		34	100.0		

（五）经营性建设用地用地单位二次流转情况（流转来源于企业或个人）

34 家经营性建设用地用地单位中，只有 1 家用地单位使用的集体建设用地属于二次流转，流转的形式为出租，原用地单位转出集体建设用地的原因为经济效益不高，现使用单位转入该地块的原因是其他，进行流转时并未签订流转合同，也未进行公正，未办理土地变更登记，占全部受访用地单位的2.9%，占全部作答用地单位的100.0%。

四、城镇居民购买农村房屋意愿调查结果分析

（一）调查对象

城镇居民购买农村房屋意愿调查选取了长沙县城镇60位居民、靖州县城镇60位居民作为实地调查对象，并通过企业调查圈网站发放并回收网络调查问卷100份。总计调查对象220人，收回调查问卷216份。

（二）调查样本的分析处理

主要采取SPSS17.0统计描述的方法对数据进行分析。其中在长沙县发放问卷60份，回收问卷60份，有效问卷60份；靖州县发放问卷60份，回收问卷59份，有效问卷59份；网络问卷发放100份，回收97份，有效问卷97份。总体有效率98.18%。

（三）受访者个人及家庭的基本情况

1. 受访者个人基本情况（年龄、性别、受教育程度、职业）

本次城镇居民购买农村房屋意愿调查共涉及216名调查者。其中男性124名，占全部受访者的57.4%，女性92名，占全部受访者的42.6%，如表7-140所示。

表 7 – 140　　　　　　　　　受访者性别情况

项目		频率	占比（%）	有效占比（%）	累计占比（%）
有效	男	124	57.4	57.4	57.4
	女	92	42.6	42.6	100.0
	合计	216	100.0	100.0	

受访者中，18~25 岁的有 92 人，占全部受访者的 42.6%；25~35 岁的有 35 人，占全部受访者的 16.2%；35~45 岁的有 14 人，占全部受访者的 20.8%；45~55 岁的有 35 人，占全部受访者的 16.2%；55 岁以上的有 9 人，占全部受访者的 4.2%，如表 7 – 141 所示。

表 7 – 141　　　　　　　　　受访者年龄分布情况

项目		频率	占比（%）	有效占比（%）	累计占比（%）
有效	18~25 岁	92	42.6	42.6	42.6
	25~35 岁	35	16.2	16.2	58.8
	35~45 岁	14	20.8	20.8	79.6
	45~55 岁	35	16.2	16.2	95.8
	55 岁以上	9	4.2	4.2	100.0
	合计	216	100.0	100.0	

受访者中，没上过学的有 5 人，占全部受访者的 2.3%；小学学历的有 6 人，占全部受访者的 2.8%；高中学历的有 21 人，占全部受访者的 9.7%；高中学历的有 26 人，占全部受访者的 12.0%；大中专学历的有 60 人，占全部受访者的 27.8%；本科及以上的有 97 人，占全部受访者的 44.9%，如表 7 – 142 所示。

表 7 – 142　　　　　　　　　受访者受教育程度分布情况

项目		频率	占比（%）	有效占比（%）	累计占比（%）
有效	没上过学	5	2.3	2.3	2.3
	小学	6	2.8	2.8	5.1
	初中	21	9.7	9.8	14.9

续表

	项目	频率	占比（%）	有效占比（%）	累计占比（%）
有效	高中	26	12.0	12.1	27.0
	大中专	60	27.8	27.9	54.9
	本科及以上	97	44.9	45.1	100.0
	小计	215	99.5	100.0	
缺失		1	.5		
合计		216	100.0		

受访者中，公务员有37人，占全部受访者的17.1%；教师有16人，占全部受访者的7.4%；其他国有事业单位员工有21人，占全部受访者的9.7%；私企白领有25人，占全部受访者的11.6%；工人有12人，占全部受访者的5.6%；小业主有13人，占全部受访者的6.0%；私企老板有14人，占全部受访者的6.5%，国企职工有10人，占全部受访者的4.6%，自由职业有11人，占全部受访者的5.1%；待业的有11人，占全部受访者的5.1%；其他职业有46人，占全部受访者的21.3%，如表7－143所示。

表7－143　　　　　　　受访者职业分布情况

	项目	频率	占比（%）	有效占比（%）	累计占比（%）
有效	公务员	37	17.1	17.1	17.1
	教师	16	7.4	7.4	24.5
	其他国有事业单位员工	21	9.7	9.7	34.3
	私企白领	25	11.6	11.6	45.8
	工人	12	5.6	5.6	51.4
	小业主	13	6.0	6.0	57.4
	私企老板	14	6.5	6.5	63.9
	国企职工	10	4.6	4.6	68.5
	自由职业	11	5.1	5.1	73.6
	待业	11	5.1	5.1	78.7
	其他	46	21.3	21.3	100.0
	合计	216	100.0	100.0	

2. 受访者家庭情况（家庭成员人数、家庭年收入、房产数量、房产位置）

受访者中，家庭成员人数 3 人以下的有 23 人，占全部受访者的 10.6%；3 人的有 82 人，占全部受访者的 38%；4 人的有 57 人，占全部受访者的 26.5%；5 人的有 16 人，占全部受访者的 7.4%；5 人以上的有 37 人，占全部受访者的 17.2%，如表 7 - 144 所示。

表 7 - 144　　　　　　　　受访者家庭成员人数情况

	项 目	频率	占比（%）	有效占比（%）	累计占比（%）
有效	3 人以下	23	10.6	10.7	10.7
	3 人	82	38.0	38.1	48.8
	4 人	57	26.5	26.5	75.3
	5 人	16	7.4	7.4	82.8
	5 人以上	37	17.2	17.2	100.0
	小计	215	99.5	100.0	
缺失		1	0.5		
合计		216	100.0		

受访者中，家庭年收入在 5 万元以下的有 57 人，占全部受访者的 26.4%；5 万 ~ 10 万元的有 93 人，占全部受访者的 43.1%；10 万 ~ 20 万元的有 44 人，占全部受访者的 20.4%；20 万元以上的有 21 人，占全部受访者的 9.7%，如表 7 - 145 所示。

表 7 - 145　　　　　　　　受访者家庭年收入情况

	项 目	频率	占比（%）	有效占比（%）	累计占比（%）
有效	5 万元以下	57	26.4	26.5	26.5
	5 万 ~ 10 万元	93	43.1	43.3	69.8
	10 万 ~ 20 万元	44	20.4	20.5	90.2
	20 万元以上	21	9.7	9.8	100.0
	小计	215	99.5	100.0	

续表

项目	频率	占比（%）	有效占比（%）	累计占比（%）
缺失	1	0.5		
合计	216	100.0		

受访者中，在市内拥有房产的有 155 人，占全部受访者的 71.8%；在郊区拥有房产的有 34 人，占全部受访者的 15.7%；在农村拥有房产的有 62 人，占全部受访者的 28.7%，如表 7－146 所示。

表 7－146　　　　　　受访者房产位置情况

项目		频率	占比（%）
有效	市内	155	71.8
	郊区	34	15.7
	农村	62	28.7

受访者中，拥有 1 套房产的有 118 人，占全部受访者的 54.6%；拥有 2 套房产的有 73 人，占全部受访者的 33.8%；拥有 3 套房产的有 18 人，占全部受访者的 8.3%，拥有 4 套房产的有 3 人，占全部受访者的 1.4%，无房产租房住的有 2 人，占全部受访者的 0.9%，如表 7－147 所示。

表 7－147　　　　　　受访者房产数量情况

项目		频率	占比（%）	有效占比（%）	累计占比（%）
有效	1 套	118	54.6	55.1	55.1
	2 套	73	33.8	34.1	89.3
	3 套	18	8.3	8.4	97.7
	4 套	3	1.4	1.4	99.1
	租房住	2	0.9	0.9	100.0
	小计	214	99.1	100.0	
缺失		2	0.9		
合计		216	100.0		

受访者中，在市内拥有 1 套房产的有 96 人，占全部受访者的 44.4%；在市内有 2 套房产的有 49 人，占全部受访者的 22.7%，在市内有 3 套房产的有 8 人，占全部受访者的 3.7%，在市内有 4 套房产的有 2 人，占全部受访者的 0.9%；在郊区有 1 套房产的有 27 人，占全部受访者的 12.5%；在郊区有 2 套房产的有 6 人，占全部受访者的 2.8%；在农村拥有 1 套房产的有 59 人，占全部受访者的 27.3%；在农村有 2 套房产的有 3 人，占全部受访者的 1.4%，如表 7 - 148 所示。

表 7 - 148　　　　　　　　受访者房产位置及数量情况

项目		市内		郊区		农村	
		频率	占比（%）	频率	占比（%）	频率	占比（%）
有效	1 套	96	44.4	27	12.5	59	27.3
	2 套	49	22.7	6	2.8	3	1.4
	3 套	8	3.7	1	0.5		
	4 套	2	0.9				

3. 受访者是否有在农村生活的经历及生活时间

受访者中，有在农村生活经历的为 151 人，占全部受访者的 69.9%；没有在农村生活过的有 45 人，占全部受访者的 20.8%，如表 7 - 149 所示。

表 7 - 149　　　　　　　　受访者农村生活经历情况

项目		频率	占比（%）	有效占比（%）	累计占比（%）
有效	生活过	151	69.9	77.0	22.0
	没有	45	20.8	23.0	100.0
	合计	196	80.7	100.0	
缺失		20	9.3		
总计		216	100.0		

在有农村生活经历的受访者中，生活时间在 10 年以下的有 19 人，占全部受访者的 8.8%；生活时间在 10 ~ 20 年的有 66 人，占全部受访者的 30.6%；生活在 20 ~ 30 年的有 49 人，占全部受访者的 22.7%，生活时间在 30 年以上的有 17 人，占全部受访者的 7.9%，没有在农村生活经历的 45 人，占全部受访者的 20.8%，如表 7 - 150 所示。

表 7 - 150　　　　　受访者农村生活经历时间情况

项目		频率	占比（%）	有效占比（%）	累计占比（%）
有效	10 年以下	19	8.8	9.7	9.7
	10 ~ 20 年	66	30.6	33.7	43.4
	20 ~ 30 年	49	22.7	25.0	68.4
	30 年以上	17	7.9	8.7	77.0
	没有	45	20.8	23.0	100.0
	小计	196	90.7	100.0	
缺失		20	9.3		
合计		216	100.0		

（四）城镇居民购买农村房屋意愿及原因分析

1. 城镇居民购买农村房屋的意愿

受访者中，愿意购买农村房屋的有 160 人，占全部受访者的 74.1%；不愿意购买房屋的有 56 人，占全部受访者的 25.9%，如表 7 - 151 所示。

表 7 - 151　　　　　城镇居民购买农村房屋的意愿选择

项目		频率	占比（%）	有效占比（%）	累计占比（%）
有效	是	160	74.1	74.1	74.1
	否	56	25.9	25.9	100.0
	合计	216	100.0	100.0	

2. 希望在农村购置房屋的原因

160 名希望在农村购置房屋的受访者中，希望在农村购置房屋的原因中，认为价格低的有 31 人，占全部受访者的 14.4%；认为环境好的有 116 人，占全部受访者的 53.7%；认为具有乡土情结的有 43 人，占全部受访者的 19.9%；认为便于照顾老人的有 20 人，占全部受访者的 9.3%；认为农村民风淳朴的有 40 人，占全部受访者的 18.5%；认为落叶归根的有 26 人，占全部受访者的 12.0%；认为要告老还乡的有 20 人，占全部受访者的 9.3%；其他原因的有 5 人，占全部受访者的 2.3%，如表 7 - 152 所示。

表 7 - 152　　　　城镇居民希望在农村购置房屋的原因

	项目	频率	占比（%）	有效占比（%）
有效	价格低	31	14.4	22.0
	环境好	116	53.7	82.3
	乡土情结	43	19.9	30.5
	便于照顾老人	20	9.3	14.1
	农村民风淳朴	40	18.5	28.4
	落叶归根	26	12.0	18.4
	告老还乡	20	9.3	14.2
	其他	5	2.3	3.5

3. 在农村购置房屋的主要目的

160 名愿意购买农村房屋的受访者中，在农村购置房屋的主要目的中，进行定居的有 76 人，占全部受访者的 35.2%；进行休闲娱乐的有 74 人，占全部受访者的 34.3%；进行投资的有 15 人，占全部受访者的 6.9%；选择其他的有 7 人，占全部受访者的 3.2%，如表 7 - 153 所示。

表 7 - 153　　　　城镇居民在农村购置房屋的主要目的

项目	频率	占比（%）	有效占比（%）
定居	76	35.2	53.5
休闲娱乐	74	34.3	52.1

项目	频率	占比（%）	有效占比（%）
投资	15	6.9	10.6
其他	7	3.2	5.0

4. 购买农村房屋时考虑的因素

160 名愿意购买农村房屋的受访者中，购买农村房屋时要考虑交通便利的有 83 人，占全部受访者的 38.4%；考虑环境优美的有 127 人，占全部受访者的 58.8%；考虑安静的有 73 人，占全部受访者的 33.8%；考虑公共基础设施健全的有 61 人，占全部受访者的 28.2%；考虑其他因素的有 4 人，占全部受访者的 1.9%，如表 7 - 154 所示。

表 7 - 154　　　　城镇居民购买农村房屋时考虑的因素

项目	频率	占比（%）	有效占比（%）
交通便利	83	38.4	57.2
环境优美	127	58.8	87.6
安静	73	33.8	50.3
公共基础设施健全	61	28.2	42.1
其他	4	1.9	2.8

（五）城镇居民购买农村房屋可接受的价格及选择情况

1. 城镇居民购买农村房屋可接受的价格（总面积在 250 平方米左右，允许建筑占地面积 120 平方米，不包括房屋）

160 名愿意购买农村房屋的受访者中，可接受价格在 3 万元以下的有 13 人，占全部受访者的 6.0%；3 万 ~5 万元的有 51 人，占全部受访者的 23.6%；5 万 ~8 万元的有 40 人，占全部受访者的 18.5%；8 万 ~11 万元的有 19 人，占全部受访者的 8.8%；11 万元以上的有 22 人，占全部受访者的 18.3%，如表 7 - 155 所示。

表 7 - 155　　　　　　城镇居民购买农村房屋可接受的价格

	项目	频率	占比（%）	有效占比（%）	累计占比（%）
有效	3 万元以下	13	6.0	9.0	9.0
	3 万 ~ 5 万元	51	23.6	35.2	44.1
	5 万 ~ 8 万元	40	18.5	27.6	71.7
	8 万 ~ 11 万元	19	8.8	13.1	84.8
	11 万元以上	22	18.3	15.2	100.0
	小计	145	67.1	100.0	
缺失		71	32.9		
合计		216	100.0		

2. 如果选择购置农村房屋，是选择购买宅基地自建还是购买现有房屋？

160 名愿意购买农村房屋的受访者中，购买宅基地自建的有 109 人，占全部受访者的 50.5%；选择购买现有农民房屋的有 9 人，占全部受访者的 4.2%；视情况而定的有 26 人，占全部受访者的 12.0%，如表 7 - 156 所示。

表 7 - 156　　　　　　城镇居民拟购置何种房屋

	项目	频率	占比（%）	有效占比（%）	累计占比（%）
有效	购宅基地自建	109	50.5	75.7	75.7
	购现有的农民房屋	9	4.2	6.3	81.9
	视情况而定	26	12.0	18.1	100.0
	小计	144	66.7	100.0	
缺失		72	33.3		
合计		216	100.0		

3. 如果购得现有的农民房屋，你会怎样选择？

160 名愿意购买农村宅基地的受访者中，如果购得现有的农民房屋，选择推倒重建的有 63 人，占全部受访者的 29.2%；重修装修的有 33 人，占全部受访者的 15.3%；稍作装修的有 12 人，占全部受访者的 5.6%；维持原状的有 1 人，占全部受访者的 0.5%，不确定的有 34 人，占全部受访者的 15.7%，未选择的有 73 人，计入缺失，如表 7-157 所示。

表 7-157　　　　　　城镇居民购房后的选择

项目		频率	占比（%）	有效占比（%）	累计占比（%）
有效	推倒重建	63	29.2	44.1	44.1
	重修装修	33	15.3	23.1	67.1
	稍作装修	12	5.6	8.4	75.5
	维持原状	1	0.5	0.7	76.2
	不确定	34	15.7	23.8	100.0
	小计	143	66.2	100.0	
缺失		73	33.8		
合计		216	100.0		

（六）城镇居民购买农村宅基地和房屋的影响因素分析

1. 性别与购置农村房屋意愿的关系

相关数据如表 7-158、图 7-1 所示。

表 7-158　　　　城镇居民性别与购置农村房屋的意愿

性别	是否希望能在农村购置房屋		合计
	是	否	
男	93	31	124
女	67	25	92
合计	160	56	216

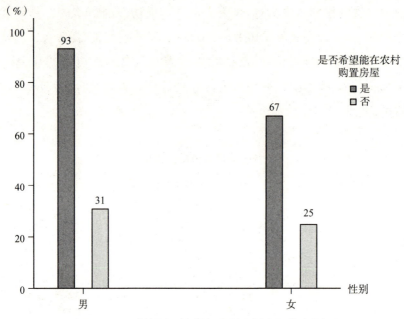

图 7 – 1　城镇居民性别与购置农村房屋的意愿

2. 受教育程度与购置农村房屋意愿的关系

相关数据如表 7 – 159、图 7 – 2 所示。

表 7 – 159　　　　　受教育程度与购置农村房屋的意愿

受教育程度	是否希望能在农村购置房屋		合计
	是	否	
没上过学	3	2	5
小学	5	1	6
初中	16	5	21
高中	19	7	26
大中专	44	16	60
本科及以上	72	25	97
合计	159	56	215

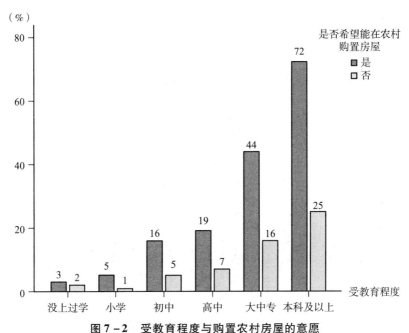

图 7 - 2　受教育程度与购置农村房屋的意愿

3. 家庭成员人数与购置农村房屋意愿的关系

相关数据如表 7 - 160、图 7 - 3 所示。

表 7 - 160　　　　　家庭成员人数与购置农村房屋的意愿

家庭成员人数	是否希望能在农村购置房屋		合计
	是	否	
3 人以下	15	8	23
3 人	58	24	82
4 人	47	11	58
5 人	12	4	16
5 人以上	27	9	36
合计	159	56	215

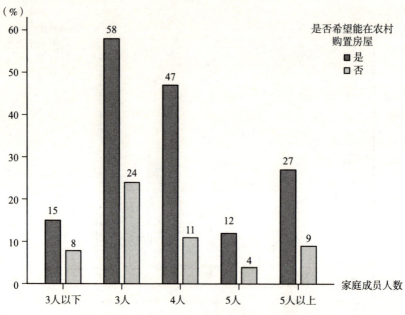

图7-3　家庭成员人数与购置农村房屋的意愿

4. 职业与购置农村房屋意愿的关系

相关数据如表7-161、图7-4所示。

表7-161　　　　　职业与购置农村房屋的意愿

职业	是否希望能在农村购置房屋		合计
	是	否	
公务员	31	6	37
教师	15	1	16
其他国有事业单位员工	12	9	21
私企白领	14	11	25
工人	9	3	12
小业主	10	3	13
私企老板	10	4	14
国企职工	9	1	10
自由职业	9	2	11

续表

职业	是否希望能在农村购置房屋		合计
	是	否	
待业	8	3	11
其他	33	13	46
合计	160	56	216

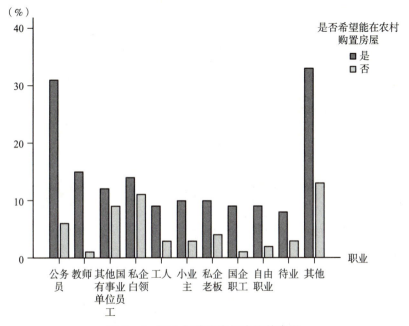

图7-4　职业与购置农村房屋的意愿

5. 家庭年收入与是否希望能在农村购置房屋的关系

相关数据如表7-162、图7-5所示。

表7-162　　　　　家庭收入与购置农村房屋的意愿

家庭年收入	是否希望能在农村购置房屋		合计
	是	否	
5万元以下	44	13	57
5万~10万元	65	28	93

续表

家庭年收入	是否希望能在农村购置房屋		合计
	是	否	
10万~20万元	35	9	44
20万元以上	15	6	21
合计	159	56	215

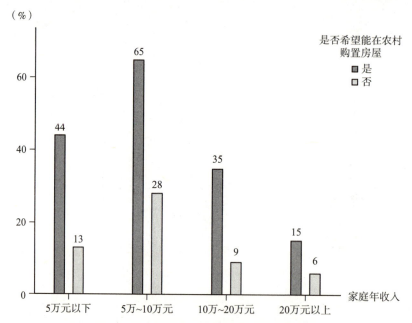

图7-5　家庭收入与购置农村房屋的意愿

6. 家庭拥有房产数量与购置农村房屋意愿的关系

相关数据如表7-163、图7-6所示。

表7-163　　　　拥有房产数量与购置农村房屋的意愿

现有房产数量	是否希望能在农村购置房屋		合计
	是	否	
1套	91	27	118
2套	54	19	73

现有房产数量	是否希望能在农村购置房屋		合计
	是	否	
3套	10	8	18
4套	2	1	3
租房住	2	0	2
合计	159	55	214

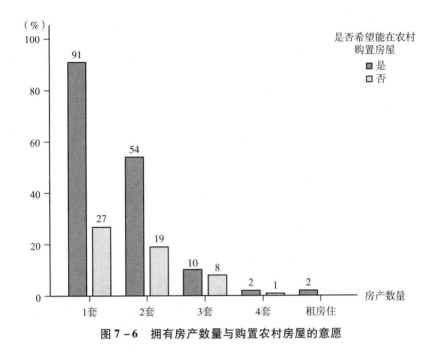

图7-6 拥有房产数量与购置农村房屋的意愿

7. 在农村生活的经历与购置农村房屋意愿的关系

相关数据如表7-164、图7-7所示。

表7-164 生活经历与购置农村房屋的意愿

农村生活经历	是否希望能在农村购置房屋		合计
	是	否	
10年以下	17	2	19
10~20年	50	16	66

农村生活经历	是否希望能在农村购置房屋		合计
	是	否	
20~30年	35	14	49
30年以上	11	6	17
没有	30	15	45
合计	143	53	196

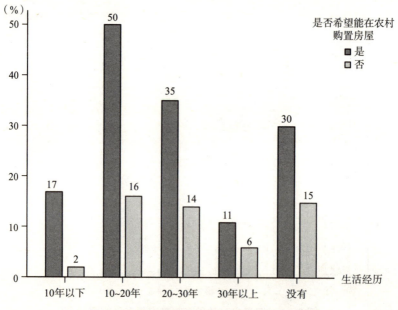

图7-7　生活经历与购置农村房屋的意愿

（七）城镇居民农村住房使用权购买意愿实证分析

1. 分析概要

在城镇化进程的不断加快和城乡统筹发展的背景下，在农村住房闲置越来越多而城市房价高居不下的矛盾中，如何打开农村房地产市场、促进城乡统筹发展，是一个亟待研究的新课题。

本书以城镇居民购买农村住房使用权意愿为研究对象，采用

Logistic 回归分析模型, 分析城镇居民购买农村住房使用权意愿的显著性, 寻找影响农村住房使用权需求者意愿的主要因素, 为完善农村住房使用权流转政策提出建设性的建议。

2. 模型选择

二元选择模型是指针对因变量只取两个离散值的情况下建立的经济计量模型, 其中, 因变量代表经济主体的某种选择行为, 且只有两种选择, 而变量则指影响经济主体作出选择的各种因素, 解释变量可以使连续变量也可以是离散变量[6]。

本书采用二元 Logistic 回归模型分析个人特征、家庭特征、外部条件等与城镇居民是否愿意购买农村住房使用权的关系, 以城镇居民是否愿意购买农村住房使用权作为因变量, 将愿意购买定义为 $y = 1$, 将不愿意购买定义为 $y = 2$, 设 $y = 1$ 的概率为 p, y 的分布函数为:

$$f(y) = p^y (1 - p)^{(1 - y)}$$

城镇居民购买农村住房使用权的概率为:

$$P_i(y = 1) = (1/\exp(-\beta_0 + \sum_{j=1}^{n} \beta_1 X_{ij}))$$

其中, $p(y = 1)$ 为第 i 个调查者的购买意愿, β_j 为第 j 个影响因素的系数, X_{ij} 为第 i 个调查者在第 j 个因素上的数值, β_0 为回归的截距项。

Odds Ratio (OR) 发生比率为某一事件出现与不出现概率的比值, 它可以表示为:

$$OR = \frac{p(y)}{1 - p(y)} = \exp(\beta_0 + \sum_{j=1}^{n} \beta_j X_j)$$

发生比率以 exp (B) 的形式在回归结果中给出, 在两边取对数可以得到:

$$\ln(OR) = \beta_0 + \sum_{j=1}^{n} \beta_j X_j$$

即为 Logistic 回归的一般方程。

则城镇居民购买农村住房使用权意愿的模型可以表示为：

$$LogitP = \beta_0 + \sum_{j=1}^{n} \beta_j X_j$$

3. 数据来源、样本概况及变量设定

（1）数据来源。

本书所用数据资料是 2014 年 7 月对靖州县和长沙县城镇居民进行调查收集所得，如表 7 - 165 所示。通过对调查问卷的整理分析，各影响因素的统计分析如表 7 - 166 所示。

表 7 - 165　　　　　　　　有效样本的分布情况

调查地点	区域	数量（份）
实地	长沙县	60
	靖州县	59
	企业调查圈平台	97
总计		216

表 7 - 166　　　　　　实证模型中各变量的描述性统计分析

	取值范围	极小值	极大值	均值	标准差
购买农村住房使用权愿意	1 ~ 2	1	2	1.3268	0.47058
年龄	1 ~ 5	1	5	2.8105	1.15138
性别	1 ~ 2	1	2	1.4379	0.49776
受教育程度	1 ~ 6	1	6	5.0847	1.20280
职业	1 ~ 10	0	10	4.1082	2.60636
在农村生活的经历	1 ~ 4	1	5	3.1101	1.38178
家庭年收入	1 ~ 4	1	4	2.1895	0.90140
家庭成员人数	1 ~ 5	1	5	2.6979	1.21959
房产数量	1 ~ 4	1	5	1.6037	0.80366
资金购买力	0 ~ 1	0	1	0.7270	0.44274

续表

	取值范围	极小值	极大值	均值	标准差
农村公共设施情况	0~1	0	1	0.7470	0.43205
交通方便的繁华地段	0~1	0	1	0.7270	0.44274
国家政策是否允许	0~1	0	1	0.7268	0.44273
合适的农村房源	0~1	0	1	0.8798	0.32282

（2）变量设定及预期影响方向。

本书将城镇居民购买农村住房使用权意愿的影响因素分为三部分：城镇居民个人特征、城镇居民家庭特征以及外部因素。

其中，因变量 Y 选取城镇居民是否愿意购买农村住房使用权，愿意为1，不愿意为2；自变量，个人特征：X_1 为年龄，X_2 为性别，X_3 为文化程度，X_4 为职业，X_5 为在农村生活的经历；X_9 为资金购买力；家庭特征：X_6 为家庭年收入，X_7 为家庭成员人数，X_8 为家庭房产数量；外部因素：X_{10} 为是农村公共设施情况，X_{11} 为交通方便的繁华地段，X_{12} 为国家政策是否允许，X_{13} 为合适的农村房源，如表7-167所示。

表7-167　　城镇居民购买农村住房使用权影响因素变量设置

	变量	含义	预期方向
	因变量 Y	购买农村住房使用权愿意（是1；否2）	/
	自变量		
个人特征	X_1	年龄（18~25 岁；25~35 岁；35~45 岁；45~55 岁；55 岁以上）	－
	X_2	性别（男1；女2）	?
	X_3	受教育程度（没上过学；小学；初中；高中；大中专；本科及以上）	－
	X_4	职业（公务员；教师；其他国有事业单位员工；私企白领；工人；小业主；私企老板；国企职工；自由职业；待业）	?

续表

	变量	含义	预期方向
个人特征	X_5	在农村生活的经历（10 年以下；10 ~ 20 年；20 ~ 30 年；30 年以上）	+
	X_9	资金购买力（是；否）	+
家庭特征	X_6	家庭年收入（5 万元以下；5 万 ~ 10 万元；10 万 ~ 20 万元；20 万元以上）	+
	X_7	家庭成员人数（3 万以下；3 人；4 人；5 人；5 人以上）	−
	X_8	房产数量（1 套；2 套；3 套；4 套）	−
外部因素	X_{10}	农村公共设施情况（是；否）	+
	X_{11}	交通方便的繁华地段（是；否）	+
	X_{12}	国家政策是否允许（是；否）	+
	X_{13}	合适的农村房源（是；否）	+

（3）模型检验和回归结果。

本书使用 SPSS 回归分析中的二元 Logistic 进行分析，采用 0.05 进入及 0.10 删除标准，将不显著的变量剔除，回归结果如表 7 – 168、表 7 – 169 所示。

表 7 – 168　　　　　　　　模型系数的综合检验

		卡方	df	Sig.
步骤 7	步骤	− 2.014	1	0.156
	块	39.544	8	0.000
	模型	39.544	8	0.000

a. 负卡方值表示卡方值已从上一步中减小。

表 7 – 169　城镇居民购买农村住房使用权意愿影响因素模型回归结果

		B	S.E,	Wals	df	Sig.	exp (B)	exp (B) 的 95% C.I.	
								下限	上限
步骤 7	X_3	− 0.374 **	0.182	4.213	1	0.040	0.688	0.482	0.983
	X_5	0.326 **	0.143	5.220	1	0.022	1.385	1.047	1.833

续表

		B	S. E,	Wals	df	Sig.	exp (B)	exp (B) 的95% C. I.	
								下限	上限
步骤 7	X_7	− 0. 334 *	0. 181	3. 396	1	0. 065	0. 716	0. 502	1. 021
	X_9	1. 086 **	0. 478	5. 154	1	00. 023	2. 962	1. 160	7. 561
	X_{10}	0. 915 *	0. 556	2. 710	1	00. 100	2. 498	0. 840	7. 428
	X_{11}	− 0. 928 *	0. 530	3. 065	1	00. 080	0. 395	0. 140	1. 117
	X_{12}	1. 947 ***	0. 557	12. 218	1	0. 000	7. 004	2. 351	20. 863
	X_{13}	2. 159 ***	0. 841	6. 598	1	0. 010	8. 665	1. 668	45. 007
	常量	− 3. 310	1. 604	4. 259	1	0. 039	0. 037		

步骤 7 – 2 对数似然值 153. 813a；Cox & Snell R 方 0. 228；Nagelkerke R 方 0. 317

预测准确率 75. 2%

注：*** 表示 99% 置信区间显著；** 表示 95% 置信区间显著；* 表示 90% 置信区间显著。

建立的 Logistic 回归模型经 7 次迭代终止，结果如表 7 – 169 所示，模型卡方为 39. 544，显著性 Sig. 为 0. 000，模型显著性较好；Cox & Snell R 方和 Nagelkerke R 方分别为 0. 228 和 0. 317，大于 0. 2 小于 0. 5，有较好的关联性；Hosmer 和 Lemeshow 检验的卡方为 4. 988，显著性 Sig. 为 0. 759，大于 0. 05 的显著水平，拟合优度较好；模型总体预测率达到 75. 2%。所以，可以认为 Logistic 回归结果具有较好的解释力。

4. 模型估计结果分析

通过分析结果可得出城镇居民购买农村住房使用权意愿的计量经济模型（保留两位小数）为：

$$\text{Logit} P = -3.31 - 0.37X_3 + 0.33X_5 - 0.33X_7 + 1.09X_9$$
$$+ 0.92X_{10} - 0.93X_{11} + 1.95X_{12} + 2.16X_{13}$$

其中，X_3 受教育程度、X_5 农村生活的经历、X_7 家庭成员人数、X_9 资金情况、X_{10} 农村公共设施情况、X_{11} 是否为交通方便的繁华地段、X_{12} 国家政策支持情况、X_{13} 合适的农村房源与城镇居民购买农村住房使用权的意愿显著，其中 X_3、X_5、X_9 在 95% 置信区间显著，

X_{12}、X_{13} 在99%置信区间显著，其他因素不显著。因此，影响城镇居民购买农村住房使用权的主要因素如下：

（1）受教育程度。

城镇居民的受教育程度与购买农村住房使用权的意愿呈负相关。从分析结果看，城镇居民的受教育程度系数在5%水平上显著，且系数为负值。因为城镇居民受教育程度越高，对国家政策了解程度越深入。由于目前农村住房使用权市场尚未开放，还没有出台明确的相关法律法规和政策。因此，城镇居民受教育程度越高，对农村住房使用权的购买意愿越小。

（2）农村生活的经历。

城镇居民在农村生活的经历与购买农村住房使用权的意愿呈正相关。从分析结果看，城镇居民在农村生活的经历系数在5%水平上显著，且系数为正值。可能是在农村生活时间越长，对农村生活的习惯、环境了解程度越深，相对城市而言，农村生活更为舒适、恬淡。因此，城镇居民在农村生活时间越长，对农村住房使用权的购买意愿越强烈。

（3）资金购买力。

城镇居民是否有充足的资金情况购买农村住房使用权与购买意愿呈正相关。从分析结果看，城镇居民是否有充足的资金系数在5%水平上显著，且系数为正值，综合卡方检验也可得出，资金充足的城镇居民购买农村住房使用权的可能性是资金不充足的1.086倍。这是因为资金越充足，则城镇居民购买农村住房使用权的支付能力越强烈，购买意愿也就越强烈。

（4）家庭成员人数。

城镇居民的家庭成员人数与购买农村住房使用权的意愿呈负相关。从分析结果看，城镇居民的家庭成员人数系数在10%水平上显著，且系数为负值。因为城镇居民家庭成员人数越多，则家庭支出越大，对于购买农村住房使用权的支付能力越弱。因此，城镇家庭成员人数越多，购买意愿越小。

（5）农村公共设施。

农村公共设施与城镇居民是否购买农村住房使用权的意愿呈正相关。从分析结果看，农村公共设施的系数在10%水平上显著，且系数为正值，综合卡方检验也可得出，城镇居民愿意购买农村公共设施条件好的农村住房使用权的可能性是公用设施条件不好的2.498倍。因为农村公共设施健全与否影响着人们的生活是否便利、舒适，农村公共设施越健全，购买意愿越强烈。

（6）交通方便的繁华地段。

交通方便的繁华地段与城镇居民购买农村住房使用权的意愿呈负相关。从分析结果看，交通方便的繁华地段在10%水平上显著，且系数为负值，综合卡方检验及访问调查也可得出，城镇居民不愿意购买交通方便的繁华地段的农村住房使用权的可能性是非繁华地段的0.395倍。原因可能是城镇居民购买农村住房使用权是更愿意返璞归真，生活在原生态的农村，体验淳朴的农村生活，而过多的娱乐性设施建设则破坏了农村原有的安静和自然。因此，农村所处地段越繁华，娱乐设施越多，反而购买意愿越不强烈。

（7）国家的政策支持。

国家政策是否支持与城镇居民是否购买农村住房使用权的意愿呈正相关。从分析结果看，国家政策支持系数在1%水平上显著，且系数为正值，综合卡方检验也可得出，国家政策支持下，城镇居民愿意购买农村住房使用权的可能性是没有国家政策支持的7.004倍。因为国家政策支持是城镇居民购买农村住房使用权的依据和保证，反之，则无。因此，国家政策越明确则购买意愿越强烈。

（8）适合的房源。

农村住房使用权是否能够满足城镇居民的个性化需求而成为适合的房源与城镇居民是否购买农村住房使用权的意愿呈正相关。从分析结果看，农村住房使用权是否能够满足城镇居民的个性化需求系数在10%水平上显著，且系数为正值，综合卡方检验也可得出，城镇居民在购买农村住房使用权时，能够满足其个性化需求的农村住房使用权的被购买的可能性是不适合自己需求的农村住房使用权的0.37倍。因为城镇居民主要还是以城镇生活为主，农村住房使用权主要作为避暑御寒、度假休闲及治病疗养等个性化生活为特点的临时性住房。因此，农村房源越适合城镇居民个性化的需求，则购买意愿越强烈。

5. 完善农村住房使用权购买的政策建议

农村宅基地是农村集体建设用地的重要组成部分，随着统筹城乡发展政策的不断推进，农村集体建设用地使用权流转在连接城市与农村的发展上承担着关键性作用。十八届三中全会强调的加快完善现代市场体系，建设统一开放、竞争有序的市场体系，就是要让市场在资源配置中起决定性作用。关于农村土地市场问题，着重提出建立城乡统一的建设用地使用权流转市场，指出在符合规划和用途管制的前提下，允许农村集体经营性建设用地的使用权出让、租赁、入股，实行与国有土地同等入市，同权同价，使得农村建设用地使用权流转市场化有了可靠的政策依据。但是，也应该看到，完全放开农村住房使用权流转市场将会引发大量城镇居民到农村买房，推高了农村的房价，这将对现有农户的后代（新生代农户）的住房，会造成怎样的影响？他们在农村经营农业所获得的收入是否能够购买得起高涨的房产？这些问题将是一个值得继续深入探讨的问题。对此，为使农村住房使用权健康有序流转提出如下建议：

（1）完善现有的相关政策，建立相关法律法规体系，为农村住房使用权流转提供法律和政策保障。

在为出台相关法律法规之前，应针对目前农村住房使用权私下流转、隐形交易的行为，同时打击强拆强征等违反农民意愿的行为，推出适合本地区的农村住房使用权流转管理细则条例，建立规范、有序的农村住房使用权交易市场。待成熟完善后，再建立起相关的法律法规体系。

（2）加强对相关土地法律法规知识和相关政策的宣传。

加强对相关土地法律法规知识和相关政策的宣传，提高群众对农村住房相关法律法规及国家政策的认知程度，避免买卖双方因不懂法律法规和政策造成不必要的违法纠纷和经济损失。

（3）完善农村公共基础设施建设。

改善交通条件，避免不必要的娱乐性设施的建设，以保持农村良好的自然面貌和自然生态环境。

（4）拓宽推广渠道，搞活城镇居民购买农村住房使用权流转市场。

完善城镇居民购买农村住房使用权的市场机制，并建立合理的价格评估和监管体系，保障农民的权益不受损失。

（5）对于有意愿购买农村住房使用权的城镇居民实行严格规范的准入制度。

根据村集体发展要求规定城镇居民购买农村住房使用权的条件、数量及面积等标准。同时，对于集体内农户实行优惠的购买政策和价格体系，以保障原农村农户的基本居住条件。

附 录

调 查 问 卷

一、村干部抽样调查问卷

调查地点：_____乡（镇）　　　调查时间：2014 年_____月_____日　　调查员_____

调查对象	姓名	性别	年龄	职位	文化程度	所在村

（一）被调查村的基本情况

1. 您村所在村的地理环境：□ 平原；□ 丘陵；□ 山区。

2. 贵村现有总人口_____人，下辖村民小组_____个，农户_____户，耕地面积_____亩，2013 年农民人均纯收入____元。离县城_____公里；离_____市有_____公里。

（二）被调查村的集体建设用地利用和流转情况

1. 村公益性建设用地（公益事业单位用地）有无闲置的现象？
□ 有；□ 无；□ 有的没有充分利用

2. 村经营性建设用地（乡镇企业用地）有无闲置的现象？

□ 有；□ 无；□ 有的没有充分利用

3. 近五年来村里乡镇企业用地有没有转让或出租出去的？

□ 有；□ 无

4. 企业用集体土地转让或出租的增值收益，村里有分成吗？

□ 有；□ 无

5. 如果有的话，大致怎么分？ ＿＿＿＿＿＿＿＿＿＿＿

6. 农用地转为集体建设用地时，是否要村民或村民代表投票表决？

□ 要；□ 不要；□ 没搞过

7. 对村集体来说，同一块地由国家征收获得补偿合算和还是由村集体申请转为集体建设用地出让或出租合算？

□ 国家征地合算；□ 自己申请农地转用合算

8. 对农民来说，同一块地由国家征收获得补偿合算和还是由村集体申请转为集体建设用地出让或出租合算？

□ 国家征地合算；□ 自己申请农地转用合算

9. 去年（2013 年）贵村集体建设用地总收益是＿＿＿＿＿元，其中出让收益＿＿＿＿＿元，出租收益＿＿＿＿＿元，其他收益＿＿＿＿＿元。

10. 你们村里的集体建设用地流转出去的收益分配情况是否公开？

□ 公开　　□ 不公开

11. 你们村的集体建设用地转出收益是如何分配的？

□ 全部归村民　　□ 全部归村集体支配

□ 乡（镇）政府、村集体组织和村民按比例分配

□ 村集体组织和村民按比例分配

□ 县政府、乡（镇）政府、村集体组织、村民按比例分配

12. 您所在村集体建设用地流转的方式有（可多选）：

□ 出让　□ 转让　□ 出租　□ 抵押　□ 联营　□ 入股

□ 其他

13. 您所在地集体建设用地流转价格的确定方式：

☐ 机构估价　　☐ 双方当事人的协商定价

☐ 村委会自行定价　　☐ 其他

14. 您所在村是否发生过集体建设用地流转纠纷?

☐ 有　　☐ 没有

15. 发生集体建设用地流转纠纷时是怎样解决?

☐ 村干部解决　　☐ 乡镇干部解决　　☐ 县政府解决

☐ 法院诉讼　　☐ 其他途径解决　　☐ 不知道

(三) 您对集体建设用地流转的看法

1. 您认为集体建设用地是否可以流转:

☐ 是　　☐ 不是　　☐ 不知道

2. 您认为集体建设用地使用的主体包括:(注:本问题可多选)

☐ 本农民集体组织　　☐ 本农民集体成员　　☐ 其他农民集体组织

☐ 其他农民集体组织成员　　☐ 房地产商　　☐ 其他人

3. 您认为有集体建设用地自发流转的现象存在吗?

☐ 存在,少量　　☐ 存在,大量　　☐ 不存在　　☐ 不知道

4. 您认为集体外的人可以使用您所在集体的建设用地吗?

☐ 可以　　☐ 不可以　　☐ 不知道

5. 您认为集体建设用地流转的原因是:

☐ 出租比自己经营合算　　☐ 城市化进程加快　　☐ 产业结构变化

☐ 集体建设用地比国有建设用地便宜　　☐ 其他

6. 您认为集体建设用地流转的好处是:

☐ 保护耕地　　☐ 集约利用土地　　☐ 充分利用闲置或低效土地

☐ 增加农民收入　　☐ 其他＿＿＿＿＿＿

7. 您觉得集体建设用地转出的收益如何分给村民合适?

☐ 一次性发钱　　☐ 不发钱,用作村民的社会保障

☐ 按合同每年分发　　☐ 以土地作价入股分红

☐ 其他＿＿＿＿＿＿

8. 您觉得分给村民的收益合理吗？

☐ 太低　☐ 有点低　☐ 合理

9. 您所在地集体建设用地流转的资金管理是否规范：

☐ 规范　☐ 基本规范　☐ 不规范

10. 您所在地集体建设用地流转存在的问题是：

☐ 挤占耕地　☐ 集体资产流失　☐ 农民利益受损　☐ 其他

11. 您认为产生该问题的原因是：

☐ 产权关系不明晰　☐ 法律不健全　☐ 信息不透明

☐ 缺乏建设用地统一市场　☐ 其他

（四）被调查村的宅基地利用和流转情况

1. 贵村每年大概增加几宗宅基地？＿＿＿＿＿＿宗，比 2013 年增加了＿＿＿＿＿＿宗。

2. 贵农村宅基地有减少的情况吗？

☐ 有　☐ 没有

3. 如果有，减少的原因是：

☐ 自然消失　☐ 全家离村，由村上收回　☐ 集中安置，宅基地复垦　☐ 其他

4. 您所知道的宅基地出让价格的确定方式有哪些？

☐ 机构估价　☐ 双方当事人的协商定价　☐ 其他

5. 在贵村一个标准的宅基地（占地 500 平方米左右，允许建房地基 120 平方米左右）大概值多少钱？＿＿＿＿＿元

6. 据您了解未流转户对流转户的看法如何？

☐ 较之以前，没有变化　☐ 有变化，觉得利益取得不合理

☐ 有变化，觉得理所应当

7. 您村宅基地流转过程中常出现的问题有哪些？

☐ 价格不合理，造成农户纠纷　☐ 邻里之间不和

☐ 合同不规范，农户利益受损　☐ 其他

8. 出现宅基地流转问题产生的原因是？

□ 农民知识水平有限　□ 法律法规不健全　□ 缺乏统一的市场
□ 其他

9. 您所在村是否发生过宅基地流转纠纷？

□ 有　□ 没有

10. 发生宅基地流转纠纷时是怎样解决的？

□ 村干部解决　□ 乡镇干部解决　□ 县政府解决
□ 法院诉讼　　□ 其他途径解决　□ 不知道

11. 贵村有宅基地自发流转的现象存在吗？

□ 存在，少量　□ 存在，大量　□ 不存在　□ 不知道

（五）您对农村宅基地流转的看法

1. 您对农民宅基地流转持什么态度？

□ 支持　□ 反对　□ 只要不影响他人就可以　□ 不管

2. 您认为宅基地是否可以流转？

□ 可以　□ 不可以　□ 不知道

3. 您认为私下进行宅基地流转是违法行为吗？

□ 是　□ 不是　□ 不知道

4. 如果政策允许，你支持宅基地流转吗？（选择支持回答第5题，选择不支持回答第6题）

□ 支持　□ 不支持　□ 无所谓

5. 您支持的原因是什么？

□ 能够增加农民收入　□ 促进新农村建设　□ 减少资源浪费
□ 其他

6. 您不支持的原因是什么？

□ 违反国家法律法规　□ 容易出现农民纠纷　□ 价格不好确定
□ 扰乱社会秩序　　□ 其他

7. 您认为集体外的人可以使用您所在集体的宅基地吗？

□ 可以　　□ 不可以　　□ 不知道

8. 您认为哪种宅基地流转方式更好一些？

□ 出让　　□ 转让　　□ 出租　　□ 抵押　　□ 入股　　□ 其他

9. 您认为目前的宅基地流转价格合理吗？

□ 合理　　□ 不合理　　□ 不清楚

10. 您认为宅基地流转对转出户的生活水平有影响吗？

□ 有，积极影响　　□ 有，消极影响　　□ 没有影响　　□ 不清楚

（六）您对国家农村土地管理政策法规的意见和建议（笔录）

1. 您知道目前国家对农村集体土地管理有哪些主要政策法规？

2. 你觉得目前国家对农村集体土地管理的政策法规有哪些不太合理？

3. 根据您在农村工作的实际，您对完善国家的农村集体土地管理的政策法规有什么建议？

二、经营性集体建设用地单位抽样调查问卷

调查地点：_____乡_____村　　时间：2014 年_____月_____日　　调查员_____

调查对象	姓名	性别	年龄	职位	文化程度	所在单位

1. 贵单位的类型：

□ 国有企业　　□ 城镇集体所有制企业　　□ 外商投资企业

□ 私营企业　　□ 股份制企业　　□ 股份合作制企业

□ 港、澳、台投资企业　　□ 其他

2. 贵单位经营的行业：

□ 农林牧渔业　□ 制造业　□ 建筑业　□ 交通运输仓储和邮政业

□ 房地产业　□ 金融业　□ 批发和零售业　□ 住宿和餐饮业

□ 租赁和商务服务业　□ 居民服务等服务业　□ 信息传输、计算机服务和软件业　□ 其他

3. 贵单位这块地有多大？_____平方米；是什么时候取得的？_____年____月；办了集体建设用地使用证吗？_____（有·无）

4. 目前，贵单位对该建设用地的利用情况是：

□ 完全在用　□ 部分在用　□ 闲置　□ 其他

5. 该建设用地是从哪里流转来的？（回答企业或个人的，请从第 21 题开始回答）

□ 村集体　□ 企业（具体名称_____）或个人

回答村集体的（初次流转），请回答 6 ~ 20 题

6. 贵单位选择村集体建设用地的原因是：

□ 建设用地流转费用低　□ 流转手续简单　□ 可以出租

□ 劳动力丰富廉价　　□ 其他_____

7. 贵单位为何不选择国有建设用地？

□ 国有地太贵　□ 手续繁杂　□ 国有地不能出租，一次性投入大　□ 其他_____

8. 是否签订了流转合同：

□ 是　□ 否

9. 流转的合同类型：

□ 口头合同　□ 书面合同　□ 第三方作证　□ 其他

10. 当时贵单位对集体建设用地流转价格的确定方式：

□ 机构估价　□ 双方当事人的协商定价

□ 村委会自行定价　□ 其他

11. 您单位的流转信息来源是：

□ 村民互传信息　□ 村务公开栏　　□ 当地政府网站

□ 当地日报　　　□ 土地流转中心　□ 其他_____

12. 当时，贵单位是按哪种流转形式：

(1) □ 出让　(2) □ 出租　(3) □ 折价入股　(4) □ 其他

选择（1）的，请回答第 13 ~ 16 题：

13. 贵单位转入的价格是_____元/亩，期限是_____年。

14. 如果是国有建设用地，当时的出让价格大概是_____元/亩。

15. 按合同约定，贵单位如果转让该地块，取得的增值收益要与村集体分成吗？

□ 要　□ 不要

16. 要分成的话，分成比例是_____。

选择（2）的，请回答第 17 ~ 19 题：

17. 当时，该集体建设用地的租金是_____元/年，出租年限是_____年，租金的交付方式是_____。

18. 按合同约定，贵单位如果转租该地块，取得的增值收益要与村集体分成吗？

□ 要　□ 不要

19. 要上交的话，上交的比例是_____。

选择（3）的，请回答第 20 题：

20. 当时，该集体建设用地是按_____作价，入了_____股，占_____% 的股份。

（第 5 题回答企业或个人的（二次流转），请从第 21 题开始回答）

21. 流转的形式是：

□ 转让　□ 出租　　□ 抵押　　　□ 入股

□ 兼并　□ 企业改制　□ 司法判决　□ 其他_____

22. 若是按转让形式，转让的面积_____亩，价格是_____元/亩，转让的年限是____年。

23. 若是按出租形式，出租的面积____亩，租金是_____元/年，出租的年限是_____年，租金的交付方式是_____。

24. 贵单位转入该建设用地的原因：

□ 企业扩大生产　□ 规模经营　□ 建设用地流转费用低

□ 企业改制　　　□ 兼并收购　□ 其他

25. 原单位转出集体建设用地的原因：

□ 经营效益不高　□ 企业改制　□ 兼并收购

□ 司法判决　　　□ 其他_____

26. 流转时，是否办理了土地变更登记：

□ 是　□ 否

27. 是否签订了流转合同：

□ 是　□ 否

28. 流转的合同类型：

□ 口头合同　□ 书面合同　□ 第三方作证　□ 其他

29. 流转合同办了公证吗：

□ 有　□ 无

30. 您单位的流转信息来源是：

□ 村民互传信息　□ 村务公开栏　　□ 当地政府网站

□ 当地日报　　　□ 土地流转中心　□ 其他_____

☆ 其他事项（该地块来源、原转出单位其他信息、流转增值收益分配等）笔录：

三、抽样农户调查问卷

尊敬的受访者：

您好！我们是省国土资源厅土地流转研究课题组的调查员，本调查的目的是了解集体建设用地使有权流转存在的问题，对集体建设用地流转提出相关的政策建议。希望得到您的支持与配合。请您根据您所知道的实际情况在字母选项下面打钩，我们通过调查所获信息仅用于学术研究，谢谢您的合作！

调查时间：__月__日；调查地点：____乡___村_组；调查人

员：_____

农户基本情况：

1. 调查对象的性别：□ 男　□ 女

调查对象的年龄：□ 18 ~ 25 岁　□ 25 ~ 35 岁　□ 35 ~ 45 岁
　　　　　　　　□ 45 ~ 55 岁　□ 55 岁以上

2. 您的受教育程度：□ 没上过学　□ 小学　　□ 初中
　　　　　　　　　　□ 高中　　　□ 大中专　□ 本科及以上

3. 您的家庭成员人数：

□ 3 人以下　□ 3 人　□ 4 人　□ 5 人　□ 5 人以上

4. 您家里的常住人口有几位_____

□ 1 位　　　□ 2 位　　□ 3 位　□ 4 位　□ 5 位以上

5. 户主所从事职业：

□ 纯农业（种植业、林牧渔业）　　□ 以农为主兼业

□ 非农为主兼业　　　　　　　　　□ 非农业

6. 您家庭的年纯收入（元）：

□ 10000 以下　　□ 10000 ~ 20000　□ 20000 ~ 40000

□ 40000 ~ 60000　□ 60000 ~ 80000　□ 80000 以上

7. 家庭收入的主要来源：

□ 农业经营　□ 自己经营小本生意　□ 在本地企业打工

□ 外出务工　□ 自己创办企业　　　□ 其他

★8. 您家共有承包土地_____亩，承包年限_____年；实际经营土地_____亩；其中：转入户流入土地面积_____亩；转出户流出土地面积_____亩。

关于土地承包地流转情况的调查：

9. 请问您对土地承包权出让的相关法律了解吗？

□ 完全不了解　□ 略有听闻过　□ 较深入的了解

10. 村里存在承包地流转的现象吗？

□ 非常普遍　□ 有一些　□ 几乎没有　□ 不清楚

11. 有外村人或者是城镇居民在本村进行承包土地的情况吗？

□ 有　□ 没有　□ 不清楚

12. 请问您有意向将自己的土地承包经营权转让吗？

□ 有意向　□ 没意向　□ 不清楚，视情况而定

13. 进行承包地的流转需要向谁申请？

□ 县乡政府　□ 村干部　□ 转入或转出户　□ 不清楚

14. 当地是否存在土地承包纠纷问题？

□ 存在　□ 不存在　□ 不清楚

15. 当你在土地流转中遇到问题，你首先会通过哪里解决？

□ 找村委会协调　□ 直接找承包者协调　□ 提出诉讼

□ 自行解决　□ 其他

16. 主要有哪些土地承包纠纷问题？（可多选）

□ 因订立、履行、变更、解除和终止农村土地承包合同发生纠纷的

□ 因农村土地承包经营权转包、出租、互换、转让、入股等流转发生的纠纷

□ 因收回、调整承包发生的纠纷

□ 因确认农村土地承包经营权发生的纠纷

□ 因侵害农村土地承包经营权发生的纠纷

□ 法律、法规规定的其他农村土地承包经营纠纷

转入承包地的，请回答第 17~19 题

17. 您转入承包地用来：

□ 经营农业　□ 盖房子　□ 办企业　□ 农业合作　□ 用于置换

18. 流转价格与流转后的使用功能有何关系？

□ 不改变用途，价格　□ 不变　□ 较高　□ 较低　____元/亩

□ 流转后用于建房，价格　□ 不变　□ 较高　□ 较低　____元/亩　□ 流转后用于经营型农业，价格　□ 不变　□ 较高　□ 较低　____元/亩

19. 转入承包地后您的生活有没有得到改善？

□ 有了很大的改善 □ 无发生变化 □ 有一点改善 □ 变差了

转出承包地的，请回答第 20 ~ 23 题

20. 你是自愿把土地流转的吗？

□ 自身需要 □ 不愿意的，村委会强性要求

□ 别人这样，我就这样 □ 无所谓，反正地闲着

21. 您土地承包权出让的原因是：（可多选）

□ 务农的收入低 □ 土地流转的收入高 □ 自己打算到城里打工 □ 交换给他人建房 □ 集体要求将土地出让 □ 年老、儿女到城里打工，家中劳动力不足 □ 其他

22. 承包地转出后您从事什么工作？

□ 在当地打工 □ 去城里打工 □ 做小生意 □ 找一些短工做 □ 其他

23. 转出承包地后您的生活有没有得到改善？

□ 有了很大的改善 □ 无变化 □ 有一点改善 □ 变差了

关于农村宅基地流转情况的调查：

（一）关于房屋居住情况的调查

24. 您家共有____处房屋，城镇房屋____处，村里房屋____处。

当前这所住房建于____年，房屋结构是：□ 土坯房 □ 砖混平房 □ 砖混瓦房 □ 木板房

25. 你对目前的住房是否满意：（选择不满意者，回答第27题）

□ 非常不满意 □ 不满意 □ 一般 □ 满意 □ 非常满意

26. 你对目前住房不满意的原因在于：

□ 住房面积小，不能满足家庭人口需要 □ 交通不便

□ 离中心城镇太远 □ 用水不便

□ 排水设施不好 □ 户型结构落后，不适应时代

27. 您对居住周围的环境是否满意：（选择不满意者，回答第

29 题)

　　□ 非常不满意　□ 不满意　□ 一般　□ 满意　□ 非常满意

28. 不满意的原因在于：

　　□ 环境卫生太差，有垃圾　□ 污水处理不好　□ 交通不便

　　□ 公共设施配套不足　　　□ 其他_____

29. 您所居住的村庄是否配备了以下公共设施（可多选）：

　　□ 卫生所　　□ 学校　　　□ 敬老院　　□ 活动场所

　　□ 电话线　　□ 供电设施　□ 供水设施　□ 供暖设施

　　□ 水泥道路　□ 网线

（二）农村宅基地使用情况调查

30. 您认为您所占用的宅基地归谁所有

　　□ 国家　□ 村集体　□ 村民小组　□ 自己　□ 不知道

31. 您是否有闲置的宅基地？

　　□ 有　□ 没有

32. 您认为宅基地及上面的房屋是一个整体吗？

　　□ 是　□ 不是　□ 不知道

33. 您认为宅基地使用权是否有期限？

　　□ 有期限　□ 无期限　□ 不知道

34. 您是否知道政府允许的户均宅基地建房面积是多少？

　　□ 知道　□ 不知道

35. 您的宅基地取得的途径：

　　□ 继承　□ 置换同村人的宅基地　□ 向村集体申请　□ 赠与

　　□ 其他_____

36. 农民申请宅基地的条件包括（可多选）：

　　□ 原有的宅基地面积低于规定标准　□ 原有的宅基地被征收

　　□ 依法分户的新农户　□ 国家工作人员回乡定居

　　□ 华侨回乡定居；　□ 宅基地因自然灾害等原因灭失的

□ 其他＿＿＿＿＿＿＿

37. 宅基地的申请审批是谁说了算？

□ 村长或乡（镇）长说了算　□ 村委会成员讨论决定

□ 村民小组讨论决定　□ 全体村民或者村民代表共同决定

□ 县政府批准　□ 乡镇政府审核　□ 不知道　□ 抽签

38. 您村宅基地的审批结果是否公布？

□ 公布　□ 不公布　□ 不知道

39. 您村有没有"一户多宅"的现象？

□ 有　□ 无

40. 如果有一户多宅的现象，其原因是？（可多选）

□ 继承　□ 自己建的　□ 买别人的房屋　□ 赠与　□ 其他

（三）宅基地流转情况调查

41. 您身边有转让宅基地的现象吗？

□ 有，但很少　□ 有，比较普遍　□ 没有　□ 不知道

42. 村里干涉宅基地流转吗？

□ 干涉　□ 不干涉　□ 不知道

43. 有没有城镇居民在您村购买宅基地？

□ 有很多　□ 有一些　□ 没有

44. 您愿意将不住的房屋和宅基地使用权转让出去吗？

□ 愿意　□ 不愿意　□ 不知道

45. 如果住房和宅基地可以转让，您会优先考虑的因素是：

□ 对象　□ 价格　□ 其他

46. 您希望宅基地流转的形式是：（可多选）

□ 转让　□ 出租　□ 抵押　□ 置换　□ 入股　□ 赠与

47. 您是否流转了宅基地？

□ 是的，转出了宅基地　□ 是的，转入了宅基地　□ 没有

选择转出，请回答附页1的问题；选择转入，请回答附页2的

问题；既有转入又有转出的，回答附页 1 和附页 2 的所有问题。

关于集体建设用地流转情况的调查：

48. 您认为集体建设用地包括哪些：

□ 宅基地　□ 乡镇企业用地　□ 公共事业用地　□ 未利用土地
□ 其他

49. 就您所知，集体建设用地属谁所有：

□ 个人　□ 村集体　□ 村民小组　□ 乡（镇）政府
□ 国家　□ 不清楚

50. 您认为集体建设用地是否可以流转：

□ 可以　□ 不可以　□ 不知道

51. 当地是否存在集体建设用地私下自发流转的现象？

□ 存在，少量　□ 存在，大量　□ 不存在　□ 不知道

52. 您所知道的集体建设用地流转是通过什么方式？（注：本问题可多选）

□ 出让　□ 转让　□ 出租　□ 抵押　□ 联营　□ 入股
□ 其他

53. 您是否参加过村（或组）里农用地转建设用地表决投票：

□ 是　□ 否

54. 您知道您所在地的集体建设用地流转价格是如何确定吗？

□ 机构估价　　　　□ 双方当事人的协商定价
□ 村委会自行定价　□ 不知道

55. 你们村里的集体建设用地流转出去的收益分配情况是否公开？

□ 公开　□ 不公开

56. 您是否取得过集体建设用地流转收益？

□ 是　□ 否

57. 你知道你们村的集体建设用地流转的收益是以何种方式分配的？

□ 全部归村民　□ 全部归村集体支配

□ 乡（镇）政府、村集体组织和村民按比例分配

□ 村集体组织和村民按比例分配

□ 县政府、乡（镇）政府、村集体组织、村民按比例分配

58. 您对现在的收益分配方式满意吗？

□ 满意 □ 不太满意 □ 很不满意

59. 您觉得集体建设用地转出去的收益如何分给村民合适？

□ 一次性发钱 □ 不发钱，用作给村民的社会保障

□ 按合同每年分发 □ 以土地作价入股分红 □ 其他_____

60. 您认为集体建设用地流转的好处有哪些：

□ 保护耕地 □ 集约利用土地 □ 充分利用闲置或低效土地

□ 增加农民收入 □ 其他

61. 您所在地集体建设用地流转存在的问题有：

□ 挤占耕地 □ 集体资产流失

□ 农民利益受损 □ 其他

62. 您认为产生该问题的原因是：

□ 产权关系不明晰 □ 法律不健全 □ 信息不透明

□ 缺乏建设用地统一市场 □ 其他

63. 您所在村是否发生过集体建设用地流转纠纷？

□ 有 □ 没有

64. 你们村发生集体建设用地流转纠纷时是怎样解决的？

□ 村干部解决 □ 乡镇干部解决 □ 县政府解决

□ 法院诉讼 □ 其他途径解决 □ 不知道

65. 您对于现行集体建设用地相关政策法律法规了解吗？

□ 基本了解 □ 了解一些 □ 不了解

66. 您对现行的集体建设用地流转政策满意吗？

□ 满意 □ 不满意 □ 无所谓 □ 不清楚

67. 您了解相关法律法规的途径有哪些？

□ 电视 □ 报纸 □ 干部宣讲 □ 听其他村民说

□ 其他_____

农户对土地征收的看法：

68. 您对土地征地的意愿是：（选愿意的，请回答第 4 题；选不愿意的，请回答第 5 题）

□ 愿意　□ 不愿意

69. 您愿意被征地的原因有：

□ 尽快成为城镇居民　□ 补偿费较多，比种田划算

□ 家庭劳动力不足　□ 本来就不想种田

□ 希望被征收一部分，留有足够口粮田　□ 其他

70. 您不愿意被征收的原因有：

□ 补偿费太少或被拖欠、侵吞　□ 征地后没有进行合理安置

□ 传统观念　□ 除了农业经营外无其他工作技能

□ 社会保障不健全　□ 其他

71. 您希望被国家征收，还是被村里转为建设用地使用：

□ 国家征收　□ 集体转用

72. 您了解土地征收补偿费用包括哪些：（可多选）

□ 土地补偿费　□ 安置补助费　□ 地上附着物和青苗的补偿费

□ 务工费　□ 搬迁补助费　□ 其他

73. 征用土地后政府除了货币补偿安置外，还有哪些补偿措施：

□ 农业生产安置　□ 重新择业安置　□ 入股分红安置

□ 异地移民安置　□ 其他_____

74. 您希望得到的补偿方式是：

□ 农转非并安排工作　□ 发放征地补偿金　□ 异地安置

□ 以土地换保障（60 岁以后每月发放基本生活费）　□ 不知道

75. 建设用地被征用后，村集体发放过土地补偿费吗？

□ 发过，全部发放　□ 发过，但不是全部发　□ 没发过

□ 不知道

76. 您认为现有的征地补偿标准合理吗？

□ 合理，比较高　□ 合理，一般　□ 不合理，太低　□ 不知道

77. 您所在地的土地补偿费的分配方式是：

□ 由集体按比例分配货币　□ 用于基础设施建设

□ 统一购置社保　□ 不知道　□ 其他＿＿＿＿＿＿

78. 您希望怎么分配土地补偿费？

□ 全部发　□ 只发一部分，其余用来解决农村社会保障问题

□ 只发一部分，其余用来修路或者其他公共设施建设

□ 其他＿＿＿＿＿

宅基地和承包地全部或部分被国家征收了的继续回答以下问题。

79. 你的宅基地被国家征地后，是否再申请过宅基地：

□ 是　□ 否

80. 失去土地后，您对自己以及后代的未来感到担忧吗？

□ 担忧　□ 不担忧　□ 无所谓

81. 国家征地后，您就业面临哪些方面的问题：

□ 年龄变大　□ 文化水平和职业技能偏低

□ 外出打工竞争激烈　□ 社会保险不全

82. 失地后您希望政府做哪些事情：

□ 帮助就业　□ 建立和完善社会保障

□ 帮助创业并提供信贷支持　□ 其他

83. 目前您已享受到下列哪几种社会保障待遇：（注：本问题可多选）

□ 农村养老保险　□ 农村合作医疗　□ 农村最低生活保障

□ 农村社会救助　□ 其他　　　　　□ 一种都没有

84. 您对农村社会保障措施满意情况：

□ 基本满意　□ 不满意　□ 说不清

85. 在当地有没有单位或个人拖欠、截留、挪用、贪污征地补偿费？

□ 有　□ 没有　□ 不知道

86. 您和当地农民是通过哪些途径维护自己的权利的：

☐ 游行示威　　☐ 举报信访　　☐ 司法起诉　　☐ 媒体曝光

☐ 网络曝光　　☐ 其他

附页1：宅基地转出户调查问卷

一、转出方与转入方基本情况

1. 情况调查表家庭

	家庭人口数	宅基地处数	户籍	文化程度	职业	距城市远近
转出方						
转入方						

2. 您与转入方的关系是什么？

☐ 城镇居民和村民　　☐ 外村同乡村民　　☐ 本村村民

☐ 小组内村民　　　　☐ 同村亲戚　　　　☐ 直系亲属

二、宅基地流转基本情况

3. 您转出宅基地面积_____亩，流转价格是_____元/亩，总价是_____元。

4. 您转出宅基地的原因是？

☐ 有多处宅基地　　☐ 经济利益驱动　　☐ 急需钱用

☐ 传统文化（如风水等）影响　　　　☐ 在城市购置了房子

☐ 其他

5. 你转出宅基地的方式是什么？

☐ 转让　☐ 出租　☐ 抵押　☐ 置换　☐ 入股

6. 您转出宅基地后，您居住在哪里？

☐ 迁移到城镇　　☐ 继续留在村里，租住他人的房子

☐ 再申请宅基地　　☐ 其他

7. 您认为宅基地转出后您的生活较之以前有何变化？

☐ 获得了收益，生活水平提高　　☐ 没有变化

□ 生活质量变差（原因是_____）

8. 您是否签订了宅基地流转合同？（如选择是请回答第9~10题）

□ 是　□ 否

9. 您签订的合同类型是？

□ 书面合同　□ 口头约定　□ 第三方作证　□ 其他_____

10. 您认为您的合同规范吗？

□ 规范，有单位公证　□ 不规范　□ 不清楚

11. 流转价格是怎样确定的？

□ 中介机构估价　□ 双方当事人的协商定价

□ 村委会定的价　□ 其他

12. 您觉得价格合理吗？

□ 合理　□ 不合理，少了一点　□ 不清楚

附页2：宅基地转入户调查问卷

一、转出方与转入方基本情况

1. 基本情况调查表家庭

	家庭人口数	宅基地处数	户籍	文化程度	职业	距城市远近
转入方						
转出方						

2. 您与转出方/转入方的关系是什么？

□ 城镇居民和村民　□ 外村同乡村民　□ 本村村民

□ 小组内村民　　　□ 同村亲戚　　　□ 直系亲属

二、宅基地流转基本情况

3. 您转入宅基地面积_____亩，流转价格是_____元/亩，总价是_____元。

4. 您转入宅基地的原因是？

□ 原有住房拥挤　□ 村内不再进行新宅基地的批复

☐ 相对自家建房，节约成本　☐ 进行投资

☐ 告老返乡　　　☐ 其他

5. 您转入宅基地的方式是什么？

☐ 转让　☐ 出租　☐ 抵押　☐ 置换　☐ 入股　☐ 其他

6. 目前，您转入的宅基地利用情况是？

☐ 闲置　☐ 利用不充分　☐ 在用　☐ 其他

7. 转入宅基地和房屋后，您对原来的房子是怎么处理的：

☐ 推倒重建　☐ 改建　☐ 重新装修　☐ 稍作维修　☐ 维持不变

8. 您是否签订了宅基地流转合同？（如选择是请回答第9～10题）

☐ 是　☐ 否

9. 您签订的合同类型是？

☐ 书面合同　☐ 口头约定　☐ 第三方作证　☐ 其他_____

10. 您认为您的合同规范吗？

☐ 规范，有单位公证　☐ 不规范　☐ 不清楚

11. 流转价格是怎样确定的？

☐ 机构估价　　☐ 双方当事人的协商定价

☐ 村委会定价　☐ 其他

12. 您觉得价格合理吗？

☐ 合理　☐ 不合理　☐ 不清楚

四、城镇居民购买农村宅基地意愿调查问卷

尊敬的受访者：

　　您好！我们是湖南省国土资源厅农村集体建设用地流转研究课题组的调查员，本调查的目的是了解城镇居民有无转入农村宅基地的意愿，借此了解城镇居民对农村宅基地的需求状况。希望得到您的支持与配合。请您根据您的实际情况在字母选项下面打钩。我们所做的是不记名调查，所获信息仅用于学术研究，不会造成信息泄

露，谢谢您的合作！

调查时间：2014 年__月__日；地点：_____调查员：_____

1. 调查对象的性别：□ 男　　□ 女

您的年龄：□ 18 ~ 25 岁　　□ 25 ~ 35 岁　　□ 35 ~ 45 岁

□ 45 ~ 55 岁　　□ 55 岁以上

2. 您的受教育程度：□ 没上过学　　□ 小学　　　□ 初中

□ 高中　　　　□ 大中专　　□ 本科及以上

3. 您的家庭成员人数：

□ 3 人以下　　□ 3 人　　□ 4 人　　□ 5 人　　□ 5 人以上

4. 您的职业是：

□ 公务员　□ 教师　□ 其他国有事业单位员工　□ 私企白领

□ 工人　□ 小业主　□ 私企老板　□ 国企职工

□ 国企管理人员　□ 自由职业　□ 待业　□ 其他

5. 您家庭的年收入（元）：

□ 50000 以下　　□ 50000 ~ 100000　　□ 100000 ~ 200000

□ 200000 以上

6. 您家共有____套房子，房屋位置：

□ 市内____套　□ 郊区____套　□ 农村____套

7. 您是否有在农村生活的经历？□ 是，_____年；□ 否

8. 您是否希望能在农村购置房屋？

□ 是　□ 否

（选择是的，请继续回答9 ~ 12题；选择否的，仅需要回答本题）

9. 您暂未在农村购置房屋的原因是？（可多选）

□ 资金不足　□ 农村目前交通不便　□ 农村目前基础设施不健全

□ 国家政策不允许　□ 没有找到合适的　□ 还没到时机

□ 其他

10. 您希望在农村购置房屋的原因是？（可多选）

□ 价格低　□ 环境好　□ 乡土情结　□ 农村民风淳朴

☐ 便于照顾老人 ☐ 落叶归根 ☐ 告老还乡 ☐ 其他

11. 你如果选择购置农村房屋，是选择购宅基地自建，还是购现有的农民房屋？

☐ 购宅基地自建 ☐ 购现有的农民房屋 ☐ 视情况而定

12. 如果购得现有的农民房屋，您会选择

☐ 推倒重建 ☐ 重新装修 ☐ 稍作维修 ☐ 维持原状
☐ 不确定

13. 您希望在农村购置房屋主要目的是？（可多选）

☐ 定居 ☐ 休闲娱乐 ☐ 投资 ☐ 其他

14. 您选择购买农村房屋时会考虑哪些因素？（可多选）

☐ 交通便利 ☐ 环境优美 ☐ 安静 ☐ 公共基础设施健全
☐ 其他

15. 一个标准宅基地（总面积 250 平方米左右，允许建筑占地面积 120 平方米左右，不包房屋），你可以接受的价格是

☐ 3 万元以下 ☐ 3 万~5 万元 ☐ 5 万~8 万元
☐ 8 万~11 万元 ☐ 11 万~15 万元 ☐ 15 万元以上

参 考 文 献

[1] 李金莲. 集体建设用地流转研究 [D]. 湖南大学学位论文, 2010.

[2] 陈会广, 陈利根, 马秀鹏等. 农村集体建设用地流转模式的多样化创新——基于政府与市场关系的视角 [J]. 经济体制改革, 2009 (1): 87 - 92.

[3] 殷少美, 李纪军, 周寅康. 集体非农建设用地流转研究评述 [J]. 农村经济, 2005 (9): 36 - 39.

[4] 袁子青. 长沙市集体建设用地使用权流转调研报告 [D]. 湖南大学学位论文, 2011.

[5] 龙开胜. 农村集体建设用地流转: 演变、机理与调控 [D]. 南京农业大学学位论文, 2009.

[6] 张梦琳, 陈利根. 农村集体建设用地流转的资源配置效应及政策含义 [J]. 中国土地科学, 2008 (11): 72 - 75.

[7] 叶成良. 农村集体建设用地流转的现状和问题及其对策研究 [J]. 第二届浙江中西部科技论坛论文集第四卷 (土地分卷), 2005 (11): 161 - 163.

[8] 陈利根, 龙开胜. 我国农村集体建设用地流转的发展历程及改革方向 [J]. 中国农史, 2008, (2): 79 - 84.

[9] 中共中央. 中共中央关于推进农村改革发展若干重大问题的决定. 国土资源通讯. 2008 (10).

[10] 柯峰, 李媛. 农村建设用地流转现状分析 [J]. 安徽农

业科学，2011（28）.

　　[11] 李艳，邱道特，张怡然. 农村集体建设用地流转面临的挑战与建议——以重庆市忠县为例 [J]. 中国农学通报，2009（12）：359 –363.

　　[12] 章梅. 农村集体建设用地入市流转现状及其必要性与可行性 [J]. 现代农业科技，2009（19）：375 –381.

　　[13] 高慧. 集体建设用地流转研究 [D]. 武汉大学学位论文，2005.

　　[14] 贺国贵. 基于保护农民权益的集体建设用地流转研究 [D]. 南京农业大学学位论文，2006.

　　[15] 吕传进，杨洁宇. 集体建设用地流转实务及问题 [J]. 中国土地，2005（6）：17 –18.

　　[16] 王晓霞，蒋一军. 中国农村集体建设用地使用权流转政策的梳理与展望 [J]. 中国土地科学，2009，（4）：38 –42.

　　[17] 孙鹏，徐银波. 我国集体建设用地流转态势与走向判断 [J]. 重庆社会科学，2011（10）：45 –59.

　　[18] 黄庆杰，王新. 农村集体建设用地流转的现状、问题与对策——以北京市为例 [J]. 中国农村经济，2007（1）：58 –64.

　　[19] 叶艳妹，彭群，吴旭生. 农村城镇化、工业化驱动下的集体建设用地流转问题探讨——以浙江省湖州市、建德市为例 [J]. 中国农村经济，2002（9）：36 –42.

　　[20] 项艺. 农村集体建设用地流转研究 [D]. 湖南大学学位论文，2010，12.

　　[21] 崔娟，陶镕. 集体建设用地使用权流转可行性之法理分析 [J]. 中国土地科学，2009（8）：9 –12.

　　[22] 姜开宏，孙文华，陈江龙. 集体建设用地流转制度变迁的经济分析 [J]. 中国土地科学，2005（1）：34 –37.

　　[23] 高迎春，尹君，张贵军等. 农村集体建设用地流转模式

探析 [J]. 农村经济, 2007 (5): 34-36.

[24] 黄小虎. 放开集体建设用地市场时机已经成熟 [J]. 国土资源导刊, 2009 (9): 50.

[25] 储凡亮. 农村集体建设用地流转研究 [D]. 河南大学学位论文, 2009.

[26] 黄庆杰, 王新. 农村集体建设用地流转的现状、问题与对策——以北京市为例 [J]. 中国农村经济, 2007 (1): 58-64.

[27] 黄祖辉, 王朋. 农村土地流转: 现状、问题及对策——兼论土地流转对现代农业发展的影响 [J]. 浙江大学学报, 2008 (2): 38-47.

[28] 王璐, 刘增宏, 张俊平, 杨远光, 陈飞香. 中山市农村集体建设用地流转收益分配的思考 [J]. 广东农业科学, 2009 (7): 260-263.

[29] 赵宏宇. 农村集体建设用地使用权流转问题探析 [J]. 中国房地产, 2012, (9): 60-62.

[30] 李延荣. 集体建设用地流转要分清主客体 [J]. 中国土地, 2006 (2): 14-15.

[31] 李芳芳, 包兴. 健全农地产权, 规范农村集体建设用地流转 [J]. "三农"问题, 2010, (2): 24-26.

[32] 姜爱林. "苏州模式"与农村集体建设用地制度创新 [J]. 数量经济技术经济研究, 2001 (7): 34-36.

[33] 潘光辉. 集体建设用地流转的顺德模式及其启示 [J]. 南方国土资源, 2005 (12): 37-40.

[34] 周京奎, 吴晓燕, 胡云霞. 集体建设用地流转模式创新的调查研究——以天津滨海新区东丽区华明镇宅基地换房为例 [J]. 调研世界, 2010 (7): 24-26.

[35] 诸培新, 马贤磊, 李明艳. 农村集体建设用地发展权配置模式分析: 委托代理视角 [J]. 南京农业大学学报, 2009 (4): 71-

76.

［36］唐健，谭荣．农村集体建设用地价值"释放"的新思路——基于成都和无锡农村集体建设用地流转模式的比较［J］．华中农业大学学报，2013，（3）：10－15.

［37］任小兴．所有权社会化下我国农村集体所有土地使用权流转的思考［J］．社会科学论坛，2010（11）：49－53.

［38］万健，诸培新．基于用地需求者的集体建设用地流转方式影响因素的实证分析［J］．中国农村经济，2010（2）.

［39］韩宁．农村集体建设用地使用权制度模式的实证分析［J］．特区经济，2011（19）：4080－4084.

［40］王辰．农村集体建设用地流转分析——以重庆市为例［D］．西南财经大学，2011，4.

［41］蔡继明．农村集体建设用地流转的主体和利益分配——重庆市和成都市农村集体建设用地流转的政治经济学分析［J］．学习论坛，2010（7）：59－62.

［42］韩璟，卢新海．以"4＋2"工作法助推农村集体建设用地流转的思考［D］.2010年中国土地学会学术年会论文集，2010.

［43］丁关良，陈琴．农村土地承包经营权流转方式研究［J］．中共长春市委党校学报，2004（6）：15－18.

［44］刘瑶，卢炳克，潘莹．集体建设用地使用权流转的利益分配研究［J］．现代商业，2012（3）：87－88.

［45］李志辉．农村集体非农建设用地流转收益分配问题研究［J］．建设社会主义新农村土地问题研究，2006（11）.

［46］李璐，谢晓鸣．浅析集体非农建设用地流转收益分配问题［J］．农村经济与科技，2008，（1）：17－18.

［47］张鹏．农村集体建设用地流转机制与绩效研究——以浙江省湖州市为例［D］．浙江大学学位论文，2007.

［48］王娟．农村集体建设用地流转重点问题探讨［D］．中国

地质大学学位论文，2010.

[49] 牛星，顾洁韵，余梅玲，俞湘艳. 农村集体建设用地入市流转的效益浅析——基于试点城市的实践分析 [J]. 广东土地科学，2011（4）：21-24.

[50] 冯秀萍，林翊. 农民权益保护视角下的农村集体建设用地使用权流转问题探析 [J]. 2009年中国土地学会学术年会论文集，2009（11）.

[51] 万广军. 集体建设用地制度研究文献综述 [J]. 前沿，2011（21）：94-98.

[52] 秦胜荟，杨小雄. 广西农村集体建设用地流转策略探讨 [J]. 轻工科技，2012（10）：99-109.

[53] 赵亚莉，吴群. 农村集体建设用地流转：政府失灵与制度障碍 [J]. 经济体制改革，2010（2）：89-92.

[54] 宋真真，陈银蓉，安济文. 农村集体建设用地流转制度变迁的可能性分析 [J]. 广东土地科学，2010（5）：15-18.

[55] 周思. 农村集体建设用地流转制度完善研究 [D]. 江西财经大学学位论文，2009.

[56] 胡枭. 让流转突破制度性障碍——对集体建设用地流转的思考 [J]. 工作研究，2012（9）：31-33.

[57] 减胜业同志在全省推进农村土地承包经营权流转暨建立村级集体财富积累机制工作调度会上的讲话. 2011河北农村统计年鉴，2010，9.

[58] 陈红霞. 集体建设用地使用权流转必要性的系统论分析 [J]. 学术交流，2009（178）：98-100.

[59] 张传新. 集体建设用地流转制度研究 [D]. 西北农林科技大学学位论文，2009.

[60] 田静婷. 中国农村集体土地使用权流转机制创新研究 [D]. 西北大学学位论文，2010.

[61] 韩冬，唐健，韩立达．基于SI&CU分析的成都市集体建设用地流转政策评估 [J]．中国土地科学，2009（8）：3-9．

[62] 王玉坤．农村集体建设用地流转的比较及政策取向探讨——基于苏州、芜湖、顺德、湖州、重庆的实践 [J]．2009年中国土地学会学术年会论文集，2009（11）．

[63] 陈兴中，孙丽丽，李富忠．农村集体建设用地流转的思考 [J]．湖南农业科学，2009，（10）：156-158．

[64] 袁开春．农村集体建设用地流转问题及政策建议 [D]．首都经济贸易大学，2008（5）．

[65] 金凤广，素英．完善农村集体建设用地流转的对策 [J]．唐山市国土资源局，2010（6）．

[66] 郑州市人民政府关于农村土地承包经营权流转实施财政奖补激励政策的意见 [J]．郑州农村发展报告，2011：300-304．

[67] 段力，傅鸿源．地票模式与农村集体建设用地流转制度的案例研究 [J]．公共管理学报，2011（2）：86-92．

[68] 金丽馥，陆蓉．新农村建设中农村集体建设用地合理流转的新思考 [J]．江海学刊，2009（3）．

[69] 洪宇华．上海市集体建设用地流转政策探索 [D]．复旦大学学位论文，2009．

[70] 郭振杰．"地票"的创新价值及制度突破 [J]．重庆社会科学，2009（4）：71-75．

[71] 郭振杰，曹世海．"地票"的法律性质和制度演绎 [J]．政法论丛，2009（2）：46-50．

[72] 彭作军，段力志．农村集体建设用地权益资本化探析——基于重庆地票实践 [J]．建筑经济，2011（5）：21-24．

[73] 吴义茂．建设用地挂钩指标交易的困境与规划建设用地流转——以重庆"地票"交易为例 [J]．中国土地科学，2010（9）：24-28．

［74］陈燕，姚佳威．重庆地票继续试［J］．实务，2010：46 - 49.

［75］丁新正．农村集体建设用地流转的重点、难点和对策——兼评重庆农村土地交易所的运作［J］．重庆交通大学学报，2009（4）：47 - 50.

［76］黄忠．浅议"地票风险"［J］．中国土地，2009（9）：36 - 39.

［77］魏峰，郑义，刘孚文．我国农村集体建设用地市场配置机制研究——以重庆地票制度为例［J］．现代农业科技，2010（8）：395 - 399.

［78］黄国辅，梁小青．重庆地票试点的湖北思考——基于沙洋王坪村的调研［J］．学习月刊，2011（7）：31 - 32.

［79］刘朝旭，雷国平．重庆地票制度施行中存在的问题与对策［J］．西部论坛，2011，21卷（1）.

［80］刘梦琴，傅跃华．农村集体建设用地制度的演进和创新——以广州市为例［J］．南方农村，2008（6）：28 - 32.

［81］尹放鸣，胡建忠．常德市集体建设用地流转市场建设调查［J］．国土资源导刊，2009（5）：55 - 58.

［82］陈志刚，黄贤金，赵成胜．集体建设用地使用权流转的制度创新经验——宜兴的个案研究［J］．城市发展研究，2007（2）：21 - 25.

［83］汪俊国．农村集体建设用地入市试点与研究——以浙江省湖州市为例［J］."征地制度改革与集体土地流转"学术研讨会论文集（上册），2005（12）.

［84］欧江波．农村集体建设用地使用权流转的规模估计和影响分析——以广州为例［J］．南方农村，2012（6）：4 - 8.

［85］申琪．略论农民集体所有建设用地使用权流转价格评估［J］．亚热带水土保持，2009（1）：40 - 42.

[86] 于晓萍. 栖霞市农村集体建设用地流转问题研究 [D]. 中国海洋大学学位论文，2012.

[87] 刘雅莉. 嵊州市农村集体建设用地流转的调查与思考 [J]. 浙江国土资源，2010 (2).

[88] 胡剑双，刘洋. 沿海发达地区农村集体建设用地流转对策研究 [J]. 转型与重构——2011 中国城市规划年会论文集，2011 (9)：1824 - 1835.

[89] 耿槟，朱道林，梁颖. 基于特征价格模型的农村集体建设用地流转价格影响因素研究 [J]. 生态经济，2013 (1)：56 - 70.

[90] 嵇金鑫，李伟芳，黄天元. 浅议农村集体建设用地流转价格 [J]. 江西农业学报，2008 (10)：133 - 142.

[91] 孙海燕. 我国农村集体建设用地流转价格问题研究 [J]. 农村经济与科技，2011 (12)：83 - 102.

[92] 路婕，江辉，吴克宁. 土地承包经营权流转价格探讨——以河南省为例 [J]. 安徽农业科学，2010 (12)：19662 - 19667.

[93] 喻瑶，段建南，金萍. 影响农村土地流转价格因素分析 [J]. 农业经济，2009 (11)：9 - 11.

[94] 杨杰，任绍敏. 集体建设用地基准地价评估的若干问题探讨 [J]. 安徽农业大学学报，2010 (7)：34 - 38.

[95] 刘金国. 集体建设用地流转价格评估理论与方法研究 [D]. 吉林大学学位论文，2011.

[96] 刘琼. 产权残缺对集体建设用地流转价格的影响研究——以"小产权房"用地为例 [D]. 南京农业大学学位论文，2010.

[97] 冯晓红. 基于土地流转的集体建设用地基准地价研究——以永川区青峰镇为例 [D]. 西南大学学位论文，2012.

后　　记

　　研究农村土地问题，必须倾听农民的心声。为此，本书研究确定了以实地调研为主的研究方法，对农民、基层干部、用地企业进行了全方位的调查。中南林业科技大学罗攀柱教授和任伟琳副教授，分别担任调查组的组长，利用假期带领学生深入农村进行实地调研。参加调研的有：中南林业科技大学研究生贾秀楠、翁明秀、李卉和任超，本科生谢宗林、杨立邦，以及湖南财政经济学院本科生陈宇安。研究生贾秀楠、翁明秀还参与了文献资料的研究；李卉负责收集摘录了相关法律法规；调查数据的整理分析主要由研究生贾秀楠完成。调研过程中还得到了长沙县国土资源局、湘潭县国土资源局、靖州县国土资源局和桃江县国土资源局领导的大力支持。本书是在课题研究报告的基础上写作而成的。课题研究及本书写作过程中，得到了湖南省国土资源厅郭迪跃、刘斌、林目轩、王光佑、侯利球、黄宇萍的指导，并对研究报告提出了修改意见和建议。罗攀柱教授对本书初稿进行了详细审阅。课题组成员、湖南博通工程技术有限公司总经理张建国博士对本课题调研和本书写作提出了许多宝贵的意见和建议。经济科学出版社李雪编辑对本书的出版做了大量细致的工作。在此，一并表示衷心的感谢！